John C. Kornblum | Dieter Kronzucker

Mission Amerika

John C. Kornblum | Dieter Kronzucker

Mission Amerika

Weltmacht am Wendepunkt

REDLINE | VERLAG

Bibliografische Information der Deutschen Nationalbibliothek

Die Deutsche Nationalbibliothek verzeichnet diese Publikation in der Deutschen Nationalbibliografie.
Detaillierte bibliografische Daten sind im Internet über http://dnb.d-nb.de abrufbar.

ISBN 978-3-86881-032-5

Unsere Web-Adresse:
www.redline-verlag.de

Die Verfasser:
Von John C. Kornblum (JK): Kapitel 1, 4, 7, 9, 10, 11, 14

Von Dieter Kronzucker (DK): Kapitel 2, 3, 5, 6, 8, 12, 13

Übersetzung der Texte von John C. Kornblum: Almuth Braun
Redaktion: Tanya Wegberg; Tessa Fanelsa
Umschlaggestaltung: zero Werbeagentur
Umschlagabbildung: gettyimages, Michael Duva
Satz: Manfred Zech, Landsberg am Lech
Druck: CPI – Ebner & Spiegel, Ulm
Printed in Germany

Inhalt

1
Einführung: Mission Amerika

»Die oberste Voraussetzung, um eine Reise durch die Vereinigten Staaten zu genießen, ist eine vorurteilsfreie Haltung und die Bereitschaft, sich an die Sitten und Gebräuche des Landes anzupassen. Wenn der Reisende ein wenig Geduld aufbringt, wird er oft feststellen, dass die Gepflogenheiten, die ihm unvernünftig und bisweilen sogar unliebsam erscheinen, besser für die Umgebung geeignet sind, in der er sich bewegt, als die seines Heimatlandes.« (*Die Vereinigten Staaten nebst Mexiko,* Baedeker, 1893)

Der Titel unseres Buches lautet *Mission Amerika – Weltmacht am Wendepunkt.* Diese Überschrift weist auf den Zweck hin, den wir mit diesem Werk verfolgen. Vor mehr als 80 Jahren erklärte der Publizist Henry Luce das 20. Jahrhundert zum amerikanischen Jahrhundert, und das sollte sich bewahrheiten. Zu keinem Zeitpunkt in der Geschichte hat eine einzige Nation eine derartige Macht und einen derartigen Einfluss ausgeübt wie die Vereinigten Staaten in den vergangenen 80 Jahren. Seit den Tagen des Römischen Reiches hat keine Kultur und Gesellschaft eines einzigen Volkes das Leben auf unserem Planeten stärker bestimmt. Kein anderes Land kann Amerikas Einfluss ignorieren, wenn es seine eigenen Ziele und Zwecke erfolgreich bestimmen will.

Allein aus diesem Grund wäre eine neue Betrachtung Amerikas, seiner Ziele und der Richtung, die es einschlägt, mehr als gerechtfertigt. Doch jetzt, da wir uns dem Ende des ersten Jahrzehnts des 21. Jahrhunderts nähern, ist ein besseres Verständnis Amerikas und seiner Rolle in der Welt noch dringender notwendig.

Wir schreiben dieses Buch zu einer Zeit, da jene Welt sich vor unseren Augen auflöst wie sie nach dem Zweiten Weltkrieg von der Macht Amerikas bestimmt wurde. Und während die alten Gewissheiten verblassen, betritt mit dem 44. amerikanischen Präsidenten eine neue und faszinierende Figur die Weltbühne. Barack Obama verkörpert nicht nur einen neuen Führertypus, sondern auch eine neue Form der amerikanischen Gesellschaft. Er scheint sowohl Amerika als auch der Welt neue Hoffnung zu geben, dass sich die Konflikte der vergangenen Jahre überwinden lassen. Aber er macht auch die großen Herausforderungen deutlich, die eine Zusammenarbeit mit einem Amerika bedeutet, das sich in der Erneuerung befindet.

Unabhängig von ihren Schwächen haben die Vereinigten Staaten den Völkern der Welt in den letzten 60 Jahren erfolgreich eine dynamische Plattform auf Basis aufgeklärter Prinzipien der Offenheit und Gerechtigkeit geboten. Diese sechs Jahrzehnte waren von Krieg und anderen Katastrophen gezeichnet. Aber sie haben auch die größte Verbreitung von Freiheit und Wohlstand in der Geschichte der menschlichen Zivilisation erlebt.

Noch vor wenigen Jahren glaubten viele, die Kombination aus amerikanischer Vision, expandierenden Technologien und der Verbreitung der Demokratie würde zu niemals endendem Fortschritt führen. Inzwischen wissen wir es besser. Die Widersprüche einer Ära des radikalen Wandels überforderten sogar die amerikanischen Fähigkeiten zur Beibehaltung des eigenen Kurses. Die Welt steht vor mehreren Jahrzehnten des Aufruhrs und der radikalen Umwälzungen.

Amerika hat auf diese Herausforderungen reagiert, indem es sein politisches System auf den Kopf stellte. Der neue Führer der Nation ist ein unerprobter Außenseiter. In einer Transformation, die noch vor einem Jahrzehnt undenkbar gewesen wäre, wählten die amerikanischen Bürger einen afroamerikanischen und politisch relativ unerfahrenen Senator aus Illinois in das höchste politische Amt, dessen Vision über Hoffnung und Kooperation sich von den Sichtweisen seines Vorgängers nicht stärker unterscheiden könnte.

Im Verlauf der letzten acht Jahre hat sich die Welt an ein unilaterales, aggressives Amerika gewöhnt, mit dem es sich oft nur schwer kooperieren ließ. In seiner Antrittsrede als US-Präsident wandte sich Barack Obama an die ganze Welt und versprach, Amerika würde wieder ein verlässlicher Partner werden. Er rief zu nichts Geringerem als der »Erneuerung Amerikas« auf. Was genau meint Obama damit? Und wie sollte die Welt auf ein völlig neues Amerika reagieren, das die Bush-Jahre verdrängt?

Obama ist eine einzigartige Persönlichkeit, aber die Gründe für seinen Sieg liegen jenseits seiner persönlichen Fähigkeiten. Schon als die Bush-Regierung ihre Zukunftsvision verkündete, bildete sich in den Vereinigten Staaten eine radikal neue »postmoderne« politische Identität heraus. Obamas eigener Erfolg wird in einem erheblichen Ausmaß davon abhängen, ob er dieses neue amerikanische Bewusstsein mit den traditionellen Fundamenten der amerikanischen Identität verknüpfen und Amerika aus der Krise führen kann.

Dieses Buch handelt nicht von Barack Obama, aber es wird in vielfältiger Hinsicht von ihm dominiert. Jede Beschreibung Amerikas und seiner geistigen Verfassung muss zwangsläufig eine Beschreibung des Obama-Phänomens und dessen Effektes auf das Land sein. Zentrale Absicht unseres Projekts ist, diese Transformation zu beschreiben und zu erklären, um den Lesern die Veränderungen verständlich zu machen, die sich in diesem neuen Amerika vollziehen.

Unser Ziel ist nicht, ein Bild der Nation und seiner Kultur zu zeichnen, noch wollen wir den Leser davon überzeugen, dass die Welt auf eine Krise oder ihren Untergang zusteuert. Dies ist ein Buch, das die Leser dazu einlädt, sich auf Basis der von den Autoren präsentierten Fakten und Eindrücke eine eigene Meinung zu bilden.

Wir haben uns die Aufgabe gestellt, eine Nation im Umbruch zu beschreiben: den Charakter, die Stimmung und die Optionen der Vereinigten Staaten zu analysieren, damit die Leser besser verstehen, wie sich der Wandel, zu dem Barack Obama aufruft, am besten unterstützen lässt. Unser Ziel ist, den Lesern ein Gefühl für die Vereinigten Staaten zu vermitteln – wie diese Nation lebt und denkt und wie man mit »diesem befremdlichen Land« umgehen soll, um die Worte des deutschen Reiseschriftstellers Arthur Holitscher von 1913 zu verwenden.

Der Baedeker-Reiseführer aus dem Jahr 1893 empfiehlt, »ein wenig Geduld« aufzubringen, wenn man sich mit den krassen Widersprüchen zwischen dem Image der Vereinigten Staaten und dem tatsächlichen Leben dort konfrontiert sieht. Die Amerikaner selbst haben ein angeborenes Gefühl dafür, was es heißt, Amerikaner zu sein; es fällt ihnen aber oft schwer, die Funktionsweise ihrer Gesellschaft zu beschreiben.

Wir sind bestrebt, Antworten auf diese Fragen zu finden, indem wir eingehend die amerikanische Mentalität und das amerikanische Verhalten betrachten, wie es sich im Verlauf der letzten vier Jahrhunderte entwickelt hat, und dabei nach Anhaltspunkten für die Zukunft suchen. Aus dieser Perspektive werden wir auch die größten Probleme untersuchen, mit denen Amerika derzeit konfrontiert ist, einen Blick auf seine Freunde und Feinde werfen und eine Prognose über die möglichen zukünftigen Entwicklungen wagen.

Als Grundlage für unsere Beschreibung dient die Geschichte Amerikas und seiner Bevölkerung, erzählt durch die fortlaufende bildhafte Schilderung der Ereignisse, durch welche die Amerikaner ihr Land definieren. Kritische Themen werden nicht als statische Bilder der Politik, der Geschichte und des Verhaltens definiert, sondern als integraler Bestandteil des Dialogs, den die Amerikaner miteinander führen, wenn sie die Führer ihres Landes wählen.

Wir werden beschreiben, wie diese Geschichte die Träume und Ziele der Menschen formt. Und wie sich diese besondere Form des geschichtlichen Gedächtnisses auf das Verhalten der Menschen auswirkt. Barack Obama lässt sich nicht verstehen, wenn man seine Lebensgeschichte nicht kennt und versteht. Aber auch der Arbeiter aus Peoria, Illinois oder der Soldat aus South Carolina sind ein Produkt dieses Hintergrunds.

Mittels dieser Beschreibung werden wir viele der Ursachen offenlegen, die Amerika zur stärksten und demokratischsten Macht in der Geschichte der Welt werden ließen. Seine Geografie, seine Ressourcen, seine Menschen und seine politische Philosophie gehören dabei zu den hervorstechendsten Gründen. Goethe hatte in vielerlei Hinsicht recht, als er ausrief: »Amerika, du hast es besser ...« Doch die besondere Beschaffenheit der amerikanischen Gesellschaft, die enge Beziehung zwischen dem Bedürfnis, sich eine Wildnis untertan zu machen, und dem Empfinden persönlicher Verantwortung sowie der Einsicht, dass die Neue Welt tatsächlich ganz anders als die Alte Welt war, spielten in Amerikas Entwicklung ebenfalls eine zentrale Rolle.

Darüber hinaus werden wir eine Reihe von Gründen untersuchen, warum die Beziehungen zwischen den Vereinigten Staaten und selbst ihren engsten Freunden gelegentlich angespannt sind. Amerikas Macht ist zu groß, als dass es ein unkomplizierter Partner sein könnte. Dem amerikanischen Verhalten, aber auch der Art und Weise, wie vor allem die Europäer auf diese einzigartige Gesellschaft reagieren, die auf der anderen Seite des Atlantiks entstanden ist, liegen tiefere Motive und Gefühle zugrunde.

Seit mehr als vier Jahrhunderten haben Europa und Nordamerika innerhalb einer einzigen Identität gelebt. Ihre Gefühle äußerten sich in beiden Richtungen über den Atlantik auf eine Art, die für das Verständnis ihrer jeweiligen Verhaltensweisen von grundlegender Bedeutung ist. Wir werden erklären, warum das Verständnis der tiefer liegenden Motivationen einer der Schlüssel zum Umgang mit Amerika und den Amerikanern ist.

Selten ist eine Großmacht in den Augen ihrer eigenen Bürger und in den Augen der Welt so tief und so schnell im Ansehen gesunken wie Amerika in den vergangenen acht Jahren unter George W. Bush. Und selten hat sich das Selbstvertrauen so schnell erneuert und wurde der Respekt der übrigen Welt zurückgewonnen wie im Verlauf der Monate seit der Wahl Barack Obamas zum 44. Präsidenten der Vereinigten Staaten. Den Worten des Revolutionsführers Thomas Paine zufolge scheint Amerika weiterhin ungebrochen daran zu glauben: »Es liegt in unserer Macht, die Welt von vorne zu beginnen.«

Und doch macht genau diese Überzeugung, die Welt ganz von vorne beginnen zu können, es selbst ihren engsten Freunden so schwer, die Vereinigten Staaten zu verstehen. Wie wir diskutieren werden, bedroht allein die Idee der Neuen Welt viele Europäer seit dem Zeitalter der Weltentdeckung. Im Verlauf der Jahrhunderte war Amerika für Europa und auch für die asiatischen Gesellschaften eine stetige und schwierige Herausforderung.

Die Amerikaner, deren Identität auf dem Glauben an ihre unerschütterliche Fähigkeit zur Verbesserung beruht, können oft nicht verstehen, warum ihr Verhalten andere so verstimmt. Es fällt ihnen schwer zu akzeptieren, dass andere Nationen eine kontinuierliche Evolution mit schrittweisen Verbesserungen des Status quo den oft aufregenden Umwälzungen vorziehen, nach denen Amerikaner streben. Doch in Zeiten des Wandels und der Schwierigkeiten hat die Mischung aus den amerikanischen Transformationskräften und der historischen Perspektive Europas und Asiens oft zu zahlreichen Vorteilen geführt. Diese Vorteile gewinnbringend zu nutzen, wird in den nächsten Jahren eine der wichtigsten Aufgaben der internationalen Regierungskunst sein.

Obama hat ein Land geerbt, das die Bürde eines finanziellen und politischen Bankrotts trägt. Das amerikanische Leben wurde von Globalisierung, Immigration und neuen Technologien bis zur Unkenntlichkeit verändert. Obama wurde gewählt, weil er den Wählern die glaubhafte Vision vermittelt hat, dass sie ihren *American way of life* beibehalten können, auch wenn sie gezwungen sein sollten, ganz von vorne zu beginnen. Wir müssen davon ausgehen, dass er sowohl zu Hause als auch im Ausland große Schritte nach vorne zu machen beabsichtigt und dass diese Schritte für seine Freunde und Feinde oft beunruhigend sein werden. Wenn man jedoch die Motive dahinter versteht, lässt sich seine Energie zum Nutzen aller einsetzen.

Unsere Bitte an die Leser lautet, sich dem Thema Amerika und seiner Rolle in der Welt mit einem neuen, unverbrauchten und offenen Blick zu nähern. Die Kulturkriege der vergangenen vier Jahrzehnte haben viele intensive Emotionen über die Vereinigten Staaten, Europa und ihre Beziehungen zueinander ausgelöst. Wir alle sind von den Stürmen und Konflikten innerhalb unserer jeweiligen Gesellschaft erschöpft und wütend.

Eine der wichtigsten Schlussfolgerungen, die wir aus der sich anbahnenden neuen Ära ziehen, lautet, dass das politische Leben auf beiden Seiten des Atlantiks wahrscheinlich ruhiger und pragmatischer verlaufen wird. Wir sind von den ewigen Debatten ermüdet und besorgt, dass unsere Gesellschaften scheinbar nicht mehr funktionieren. Auf beiden Seiten des Atlantiks spüren wir den großen Wunsch nach neuen Wegen einer pragmatischen Kooperation, die mit den Stereotypen und Konfrontationen der Vergangenheit aufräumt.

Wir als Beobachter, ein Amerikaner und ein Deutscher, haben die Geschichte der vergangenen 50 Jahre als unmittelbar am Geschehen Beteiligte und bisweilen als Entscheidungsträger miterlebt. Unsere Berufe – der eine Journalist, der andere Diplomat – haben uns darin geschult, Ereignisse mit größtmöglicher Objektivität zu interpretieren. Wir werden unser Bestes tun, um das Vertrauen der Leser zu wahren, die uns bei diesem Vorhaben begleiten.

Wir hoffen, dass dieses Buch eine praktische Anleitung liefert, um die Denkweise der heutigen Amerikaner und ihre Reaktion auf die vielfältigen großen vor uns liegenden Probleme zu verstehen. Unser Ziel ist ein Handbuch der Fakten und Eindrücke, das Amerikanern und Nichtamerikanern deutlich macht, wie die amerikanische Gesellschaft mit den zahlreichen Herausforderungen umgeht, mit denen sie konfrontiert ist, warum die Vereinigten Staaten wahrscheinlich auch weiterhin eine ähnlich wichtige Rolle in der Welt spielen wie bisher und wie Amerika und andere Länder besser zusammenarbeiten können, um diese Rolle in der Zukunft erfolgreicher zu gestalten.

Daniel Boorstin drückte das in seiner klassischen Studie *The Americans, the Democratic Experience* folgendermaßen aus: »Von Anfang an waren die Amerikaner nicht bereit zu glauben, dass ihre Emigration, ihre Expansion, ihre Diplomatie und ihre Kriege keinem höheren Zweck dienten, und diesen Zweck definierten sie üblicherweise als ›Mission‹.«

2
Inauguration – eine amerikanische Legende

Es ist der 20. Januar, 12 Uhr mittags in Amerika, als der gewählte Präsident mit der Eidesformel beginnt und auf halbem Wege innehält. Mir stockt als Kommentator der Einweihungsfeier in einem Berliner Nachrichtenstudio der Atem. Hat der *president elect* es sich im letzten Augenblick anders überlegt? Hält er den Abgrund zwischen Erwartungshaltung und Erfüllung doch für unüberbrückbar? Wählt der Prophet der Veränderung wie vom Blitz göttlicher Erkenntnis getroffen den Weg des Eremiten in die Wüste statt den des Predigers auf die Kanzel?

Seit dem Beginn des wundersamen Aufstiegs des Barack Obama aus der amorphen demokratischen Masse fürchten Fans und Freaks, Gläubige und Abergläubische, politische Wegbegleiter und Konvertiten, Auguren und Handleser, der Protagonist könne versagen oder verschwinden oder auf andere Weise vom Schicksal ereilt werden. Denn Barack Obama ist in ihren Augen nicht nur gewählt, sondern auserwählt. Der Welt erfolgreichste Talkmasterin Oprah Winfrey nannte ihn »the one«, und ihr Millionenpublikum folgte ihrem Impuls.

Obama verkörpert die Vereinigung scheinbar gegensätzlicher Eigenschaften: Demut und Hochmut, Eleganz und Ernsthaftigkeit,

Rhetorik und Körpersprache, ein Sportler mit Waschbrettbauch, der nachdenkliche Bücher schreibt. Ein Reisender, der sein Familienleben pflegt. Ein Visionär, der Cheeseburger liebt. Ein Schlaks mit großen Ohren wie Will Smith und einem Sexappeal wie George Clooney. Ein Bruce-Springsteen-Fan, der auch Bach liebt. Eine Erlöserfigur mit Selbstironie: »Ich bin nicht in der Krippe geboren, sondern auf Krypton« (dem Heimatplaneten von Superman). Wenn es stimmt, dass ein amerikanischer Präsident die Würde eines Königs mit der Macht eines Premierministers vereint, dann kommt bei ihm der Charme des Sunnyboys hinzu. Vor allem aber paart er Talent mit Kompetenz.

Weil im Angesicht der großen Krise alle Hoffnungen auf »dem einen« ruhen, erscheinen Alternativen unsäglich, die vor gar nicht allzu langer Zeit noch Wirklichkeit hätten werden können. Der ehrbare Republikaner John McCain hatte ja immerhin 53 Prozent der weißen Amerikaner und 46 Prozent der Wähler insgesamt auf seiner Seite. Die tüchtige Hillary Clinton lag streckenweise gleichauf im parteiinternen Machtkampf. Der welterfahrene Joe Biden, anfänglich auch ein Präsidentschaftskandidat, macht als Stellvertreter eine gute Figur.

Alle drei und die vielen anderen, die vom Oval Office träumten, wirken jedoch – ein jeder auf seine Art – gestrig. Sie halten den Vergleich nicht aus mit dem Protagonisten, der jung und neu, anders und auf der Höhe der Zeit, attraktiv und glaubwürdig wirkt. Eine mittlerweile parteiübergreifende Zahl von Amerikanern traut ihm alleine die Fähigkeit zu, der Nation den Weg aus den Selbstzweifeln zu weisen. Als er bei der Eidesformel plötzlich innehält, kann dem Beobachter der Gedanke kommen, dass auch ein selbstüberzeugter Obama sich die Sache mit dem Oval Office noch mal überlegt.

Lässt der neue Held im amerikanischen Drama zu *High Noon* sein Volk im Stich? Oder erlaubt sich der coole Typ einen Scherz mit den zwei Millionen Menschen vor Ort und den vielen Millionen in der Welt, die wie ich gebannt auf die Szene starren? Oder – schrecklicher

Gedanke – zeigt der perfekte Kandidat Schwäche? Wie sich heraus-stellt: nichts von alledem. Die Nervosität hatte den Obersten Rich-ter, der die Eidesformel vorspricht, aus dem Konzept gebracht. Der gewählte Präsident lässt ihm Zeit, sich zu sammeln. Barack Obama selbst lässt sich nicht aus der Fassung bringen, hält die Schwurhand oben, seine Linke ruht auf der Lincoln-Bibel, neben der von Michel-le, seiner Frau und First Lady in spe: ein Bild strahlender Ruhe.

Die Veröffentlichung der Gefühle

Am Abend der Vereidigung gleitet das neue Traumpaar über das eine oder andere Tanzparkett auf den vielen Bällen und Galas in Washing-ton. Der frischgebackene Präsident trägt offene Bewunderung für die First Lady zur Schau und fragt ins Publikum: »Wie gut sieht meine Frau aus?« Er nennt sie ungeniert in aller Öffentlichkeit die Liebe seines Le-bens. Und in der Nacht seines Wahlsieges bekennt er vor den Millionen von Zuschauern: »Malia, Sasha, ihr habt keine Ahnung, wie sehr ich euch liebe.« Zur Schau getragenes Glück?

Nein, die öffentliche Bekundung von Gefühlen ist in Amerika nicht nur statthaft, sondern erwünscht. Und das gilt nicht nur für POTUS, das Kürzel für President of the United States, sondern auch für FLO-TUS, die First Lady. Michelle Obama zeigt Muskeln, trägt ärmellos und wirkt ungeniert. Sie kleidet sich nicht nach der Mode, sondern macht selber Mode.

»Sie ist die neue Black Jackie«, meint Designer Wolfgang Joop und lobt ihren ausgefallenen Geschmack, der an Jacqueline Kennedy er-innere. Die Kinder Sasha und Malia dienen als Modelle für Puppen, Michelle Obama konnte verhindern, dass solche Puppen auch noch ihre Namen tragen. Barack Obama ist sowieso für viele Kinder ein Märchenprinz. Sie sind seine treuesten Anhänger, wie die Statistik he-rausgefunden hat.

Der neue amerikanische Volksheld heißt im Code des Geheimdiens-tes »Renegade«, seine Frau Michelle »Renaissance«, die ältere Tochter Malia »Radiance«, eine Anspielung auf ihr strahlendes Wesen, und die jüngste Sasha »Rosebud«, knospende Rose. Für das malerische Quar-tett im Weißen Haus entwickelt sogar der Geheimdienst Poesie. (DK)

Die Geschichte hält für einen Augenblick den Atem an, dann schreibt sie weiter an der amerikanischen Legende. Noch am selben Tag unterschreibt der neue Präsident die ersten Gesetzesvorhaben, allerdings nicht mit der Schwurhand: Obama ist Linkshänder. Zur Sicherheit und für das Geschichtsbuch wiederholt der neue Präsident die Eidesformel vor Richter und Zeugen später hinter den Mauern des Weißen Hauses. Ein historischer Augenblick ist es allemal. Nicht nur wegen des Kandidaten, seiner ungewöhnlichen Biografie und seines außergewöhnlichen Talents – auch wegen der Fortschreibung der Saga von Amerika als dem Land der Verheißung.

Die Wahlmonarchie

Am 25. Mai 1787 trafen sich die Vertreter jener 13 Kleinstaaten, die sich von Englands Krone freigekämpft hatten, bei strömendem Regen in Philadelphia. Sie wollten aus dem lockeren Verbund für die damals gerade vier Millionen Amerikaner ein Vaterland ohne König und Aristokratie schmieden. Nach viel Hader und Streit gab der Konvent der Nation eine Verfassung, die der Erfolgsschriftsteller James Michener so beschrieb: »Wenn es darum geht, die passende Regierungsform gefunden zu haben, dann sind wir die Ältesten.«

Die Demokratie wurde zwar in Griechenland erfunden und hat in England das Laufen gelernt, aber in Amerika war sie von Geburt an zu Haus. Auch über einen Führer verfügte die neue Nation, einen, der über alles Gezänk erhaben war, einen Marschall ohne Adelstitel: George Washington. Die Verfassungsväter seiner Zeit machten Washington nicht zum Imperator. Nicht etwa, weil sie vor dem Anspruch zurückgeschreckt wären – nein, schon in der Gründung wurde Amerika als kommende Weltmacht konzipiert mit einem Hauptstadtplan von majestätischer Dimension. Aber die amerikanische Revolution war ja gerade gegen das Potentatentum in Europa gerichtet.

Thomas Jefferson, Washingtons *Secretary of State* und Verfasser der Unabhängigkeitserklärung, bekämpfte die Monarchie und auch die Präsidentschaft auf Lebenszeit. Er stellte die Volksvertretung über das Präsidentenamt. Nach seinem Willen sollte das Kapitol der Neuen Welt das Haus des Präsidenten überragen: das Volk auf einem Podest, der erste Diener zu seinen Füßen. Er soll den Weg zwischen oben und unten zu Fuß zurücklegen und den Schwur auf die Verfassung vor Parlament und Volk ablegen.

Jefferson war dann der erste Präsident, der so verfahren konnte, weil erst 1801 das kleine Haus des Präsidenten und das Kapitol aus dem Sumpf am Potomac gewachsen waren. Schon damals erfolgte der Gang zum Kapitol in Begleitung des Vorgängers, um den eventuellen Ausbruch offener Feindseligkeiten zwischen der alten und der neuen Regierungsmannschaft zu verhindern. Von vornherein war auch eine Militäreskorte dabei, zum Schutz und weil der Präsident in Personalunion Oberbefehlshaber der Streitkräfte ist.

Jefferson brachte aber auch die messianische Rhetorik in den politischen Sprachschatz ein, wie sie in der von ihm verfassten Menschenrechtserklärung bis heute nachklingt: »Wir halten diese Wahrheiten für ausgemacht, dass alle Menschen gleich erschaffen wurden, dass sie von ihrem Schöpfer mit gewissen unveräußerlichen Rechten begabt wurden ... «

Das Selbstverständnis der Amerikaner nährt sich stets aus hochfliegenden Idealen und sehr realistischen Zielen. Soziologen nennen das *grassroots democracy,* Graswurzeldemokratie. Sie führen diesen Begriff ebenfalls auf Jefferson zurück, der nicht nur ein großer Politiker, sondern auch ein mittelmäßig erfolgreicher Plantagenbesitzer war. Am Ende kam eine Wahlmonarchie heraus, die von der Basis der *grassroots* ausgeht und von den beiden Häusern des Kongresses kontrolliert wird. Diese Wahlmonarchie hat auch Herrschergeschlechter hervorgebracht: die Roosevelts, die Kennedys, die Clintons, ja sogar die Bush-Dynastie.

In manchen anderen erfolgreichen Familien bürgerte sich die Mode ein, die Generationen mit römischen Ziffern zu versehen, wie James Baker III oder Edmund Meese III. Die rheinischen und französischen Schlossnachbauten am Hudson nahe New York oder am Pazifik nahe Los Angeles zeigen, dass sich manche Clans auch fürstlich fühlen. Stephen Hess, ein Historiker, der sich mit Ahnenforschung beschäftigt, hat in den achtziger Jahren einige Stammbäume zurückverfolgt. Er fand dabei heraus, dass 16 dieser Dynastien 8 Präsidenten, 3 Vizepräsidenten, 30 Senatoren und 12 Gouverneure gestellt haben. Dass der Präsident gelegentlich doch direkt aus dem Volke kommt, der Basis der *grassroots,* zeigen Beispiele wie der Erdnussfarmer Jimmy Carter, die Halbwaise Bill Clinton und der Schauspieler Ronald Reagan – Ausnahmen von der Regel.

Auch wenn er nie Präsident geworden ist, so wird doch Senator Edward Kennedy als Galionsfigur des dynastischen Amerika respektiert, ja angehimmelt. Kennedy wiederum hat Barack Obama, den ehemaligen Sozialarbeiter in Chicagos schwarzem und armem Süden, auf den Schild gehoben und ihn zum Kronprinzen gemacht. Caroline Kennedy, die Tochter des ermordeten Präsidenten John F. Kennedy, war seine Wahlhelferin, und Ethel Kennedy, die Witwe des ermordeten Präsidentschaftsanwärters Robert Kennedy, adelte ihn bei einer Begegnung im Jahre 2006 mit den Worten »Now the torch is yours« – nun geht die Fackel an Sie über.

John F. Kennedy war einst der erste Katholik, Obama ist der erste Schwarze im Weißen Haus. Wenn es stimmt, dass die Amerikaner immer den Präsidenten haben, den sie verdienen, dann haben sie jetzt ganz außerordentlich gewählt. Denn jeder Amtswechsel ist gleichbedeutend mit einem neuen Kapitel in der Saga der Nation. Viele Amerikaner glauben dabei an die Vorsehung und an das Versprechen der Präambel, dass alle Menschen gleich geboren sind. Abraham Lincoln hat daraus eine Bürgerreligion zu gestalten versucht, mit den Gründervätern als Propheten und der Unabhängigkeitserklärung als einer Art Neues Testament.

Das Lächeln der Auguren

Deshalb hat auch das Kapitol einen Rang als Petersdom der Demokratie, hat seinen Tempelcharakter wohl auch von den Auguren mitbekommen, jener Priesterkaste im Altertum, die den Willen der Götter erkundete und um die Verheißung wusste. Ihre Überlegenheit gegenüber dem Volk drückten die Priester mit dem »Augurenlächeln« aus. Das passt auf gar manchen Lobbyisten im Kapitol, der eifersüchtig und eitel seinen Tempelbezirk verteidigt.

Jedenfalls nennen die Amerikaner die Amtseinführung *inauguration*. Sie trägt bis heute zivilen und religiösen Charakter. Der Präsident schwört auf die Bibel, »so wahr mir Gott helfe«. Ein Eid ohne diesen Gottesbezug, wie ihn etwa Gerhard Schröder und Joschka Fischer geleistet haben, wäre in den USA unmöglich. Das gilt auch für die europäische Verfassung, die ja ohne göttliche Präambel vorgesehen ist. Zahlreich sind die Geistlichen unterschiedlicher Religionen, die Gottes Segen herbeiwünschen. Obama verzichtete auf seinen Seelsorger Jeremiah Wright aus Chicago, weil der Afroamerikaner in seinen Predigten gern gegen den »Rassismus der Weißen« und die »Willkür in Washington« wettert.

Er bat mit Rick Warren einen Pastor um das Einführungsgebet, der keiner Kirche angehört, aber über die größte Kirchengemeinde in Kalifornien gebietet. In die Saddleback Megachurch in Lake Forest gehen am Wochenende an die 20.000 Gläubige, und des Pastors Glaubensworte erreichen 50 Millionen Fernsehzuschauer. Rick Warren ist ein besonders konservativer Theologe, der Abtreibung mit dem Holocaust gleichsetzt und die gleichgeschlechtliche Partnerschaft für Teufelswerk hält. In einer Diskussion vor den Zehntausenden in der Megachurch hielt Obama dagegen: »Ich propagiere zwar nicht die gleichgeschlechtliche Ehe, aber ich glaube an die Existenzberechtigung eingetragener Lebenspartnerschaften. Ich befürworte das Recht auf Abtreibung, weil ich denke, dass keine Frau diese Entscheidung leichtfertig trifft.« Selbst in dieser in

Amerika wohl wichtigsten ethischen Frontstellung zeigen sowohl Obama wie Pastor Warren gegenseitigen Respekt.

Der Evangelikale preist die Wahl Obamas mit den Worten »Martin Luther King wird im Himmel jubeln«, ein Lob, das so glaubwürdig klingt, weil es eigentlich von der Gegenseite kommt, eine Anerkennung Obamas auch als Erbe Martin Luther Kings, der mit seiner Rede »I have a dream« 1963 die Vision der Gleichberechtigung von Weiß und Schwarz formuliert hatte.

Zum Mittagsmahl mit den parlamentarischen Granden im Kapitol, unter ihnen ein kranker Edward Kennedy, der sich aber die Krönungszeremonie nicht nehmen lassen wollte, gab es dann wieder priesterliche Fürbitten und Danksagungen nach dem religiösen Proporz, der im politischen Washington üblich ist. Dabei war Amerika der erste Staat der Welt ohne Staatsreligion. Aber wie die Zeitschrift *Time* schreibt, »sucht das säkularisierte Volk nach einem Messias«. Den Andersgläubigen unter den TV-Zuschauern mag das ein wenig zu viel der Frömmigkeit sein, aber es zeigt auch ein Kontinuum amerikanischer Präsidentschaft. Das Gesetz mahnt die strenge Trennung von Staat und Kirche an. In Wirklichkeit sind Religion und Politik jedoch eng miteinander verknüpft.

Wobei Obama es wohl mit dem gütigen Gott hält, während sein Vorgänger George W. Bush mehr an den gerechten Gott glaubt. Der wiedergeborene Christ Bush hatte seine Nation ins Gebet genommen und mit ihr seine moralische und militärische Aufrüstung betrieben. Nach dem Anschlag auf Manhattan im September 2001 bekam die Volksfrömmigkeit weiteren Aufwind. Tatsächlich verdankte der 43. Präsident seine Wiederwahl auch der Rückkehr des Sakralen in das amerikanische Herzland vom religiösen Süden bis zum robusten Westen. Gegen die Bedrohung durch die reichlich zitierten »dunklen Mächte der Finsternis« beschwor Bush altamerikanische Tugenden von Kampfeswillen und Bibelfestigkeit. Der Anschlag auf das World Trade Center gab ihm und den Seinen noch Auftrieb.

Seine Wiederwahl am 20. Januar 2004, die mit 40 Millionen Dollar bis dahin aufwendigste Inauguration in der Geschichte des Landes, sah Bush als Geschenk für das Vertrauen, das eine Mehrheit der Amerikaner ihm und seinem Glauben an die Vorsehung entgegengebracht haben. Das Geschenk mussten die Teilnehmer teuer bezahlen: mit Spenden von bis zu 250.000 Dollar pro Sitzplatzkontingent auf der Tribüne und beim Candle-light-Dinner.

Sponsoren waren insbesondere Konzerne der Hochtechnologie, der Rüstungsindustrie oder der Energieproduktion und die Wall Street. Sie hatten George W. Bush den Weg in eine zweite Amtszeit geebnet und erwarteten von ihm Gegenleistungen, etwa bei der Erschließung der Bodenschätze Alaskas, der Honorierung mit Botschafterposten in aller Welt, der Senkung der Steuer oder der Weiterführung des Raketenzauns im Weltraum, der die USA einst unangreifbar machen soll. Auch in der Politik der präemptiven Kriegsführung waren noch viele Aufträge vakant. Die frömmelnden Auguren hatten Grund zur Freude.

Keine Präsidentschaft jedoch verfiel in der zweiten Amtszeit so rasch wie die von George W. Bush. Unter ihm hat die Nation an Ansehen verloren, an Wirtschaftskraft eingebüßt, politisch und moralisch abgewirtschaftet und ist die soziale Schere weiter aufgegangen. Nach der Erfahrung der eigenen Verletzlichkeit durch den Terror und der engstirnigen und vergeltungssüchtigen Reaktion darauf suchten viele Amerikaner nach einem anderen Weg aus der inneren Beklemmung.

Diese Sehnsucht nach Wandel hatten alle Präsidentschaftsbewerber im Wahljahr 2008 auf ihre Werbefahnen geschrieben. Sie setzten auf Hoffnung statt Zweifel. Sie sprachen von Selbstbesinnung statt von Selbstgerechtigkeit. Aber die Nation ist dabei, sich neu zu erfinden. Bei diesem Prozess schaden ihr die vergangenen acht bleischweren Jahre nicht nur, sie dienen als Beleg für einen Irrweg und den entsprechenden Zwang zur Selbsterneuerung.

Ohne einen Versager wie Bush wäre ein Erneuerer wie Obama wahrscheinlich nicht möglich gewesen. Solchen Wechsel haben die Amerikaner aber schon oft in ihrer Geschichte geübt, und stets hilft ihnen der Blick zurück auf die Tugenden aus der Pionier- und Gründerzeit. Die Amerikaner geraten leicht ins Schwärmen, wenn sie von ihren Idealen reden: Freiheit und die freie Entfaltung der Persönlichkeit, Menschenwürde und Menschenrechte, Chancengleichheit und Toleranz.

Die Gründungsidee der Vereinigten Staaten mit ihrem Anspruch auf Macht und Größe war vermessen, ihre Durchführung erwies sich jedoch sofort als praktikabel. Immer wenn die Amerikaner aber feststellen, dass sie sich zu weit von diesen Gründeridealen entfernt oder sich sogar ideologisch verrannt haben, setzt ein politischer und sozialer Korrekturmechanismus ein. Die andere Religion, die andere Meinung, die andere Hautfarbe, das andere Geschlecht, der Parteirebell, ja sogar der Störenfried haben Aufwind, bringen Aufbruchstimmung in verkrustete oder veraltete Strukturen und Denkweisen. Die Veränderung der Gesellschaft und ihrer Normen erfolgt dabei in atemberaubendem Tempo.

Es entsteht auch das Bewusstsein für unverhoffte neue Trennlinien wie die Apartheid zwischen den Nachdenklichen und Genügsamen, den Geist- und Erfindungsreichen auf der einen Seite und den Unbelehrbaren, den Unempfindlichen und den Uninteressierten auf der anderen Seite. Diese Trennung nimmt die Form einer neuen Herausforderung an. Die Nation hat das Land erobert und die Welt gestürmt, jetzt bricht sie anscheinend auf in die Terra incognita der eigenen Seele. Aber die Amerikaner wollen dabei einen rühmlichen Vorreiter, einen mit innerem Adel und majestätischer Statur. Dass es da im so republikanischen Volk einen royalen Phantomschmerz gibt, zeigt die Sehnsucht nach einem neuen Führer, den man verehren und lieben kann und der das moralische und politische Vakuum ausfüllt, das über verbrauchte Programme und abgenutztes Personal entstanden ist.

Noch nie hat die Amtseinführung eines neuen Präsidenten solche Menschenmassen angezogen wie am 10. Januar 2009. Zwei Millionen Zuschauer wollen Bush gehen und Obama kommen sehen. George Bush muss seinem Nachfolger traditionsgemäß das Geleit zum Kapitol geben, und der wiederum bringt ihn nach der Vereidigung bis zum Flugzeug. Spötter meinen: damit der Neue auch sicher sein kann, dass der Alte weg ist. Das Demokratische an dem Ritual ist die Amtsübergabe. Das Imperiale ist die Amtseinführung, sie gerät meist zur Krönungsfeierlichkeit.

Da wehen die Sternenbanner, da krachen die Salutschüsse, da tönen die Trompeten, da singen die Chöre, da marschieren Tausende Soldaten, paradieren Abordnungen aus allen Bundesstaaten, verleihen Bälle gesellschaftlichen Glanz, und jedes Präsidentschaftskomitee fügt etwas Besonderes hinzu. Die Gestaltung des Wechsels jenseits des rituellen Rahmens verrät etwas vom Stil einer neuen Präsidentschaft.

John F. Kennedy ließ sich vom Poeten David Frost ein Gedicht schreiben und von Frank Sinatra ein Liedchen singen, er umgab sich mit der Elite der Nation, und seine Frau Jacqueline brachte Mode in das Ritual ein. Klaus Harpprecht, nach dem Krieg ein früher deutscher Fernsehkorrespondent in Washington, fand, dass unter den Präsidenten des 20. Jahrhunderts John F. Kennedy »den Anspruch des Wahlmonarchentums, das diesem Amt zugehört, am bereitwilligsten erfüllt hat. Das mag die Substanz der Legende sein, die sich nach seinem Tod wie eine strahlende Rüstung um ihn schloss.« Die tödlichen Schüsse von Dallas 1963 trafen eine hoffnungsvolle Jugend über Amerika hinaus ins Herz. Ich als Zeitzeuge empfand den Trauerzug bei Kennedys Beisetzung wie das Staatsbegräbnis eines römischen Kaisers deutscher Nation.

Bill Clinton fuhr mit dem Omnibus von Jeffersons früherem Landsitz kommend in die Hauptstadt ein, an Bord eine Schar multikultureller Gäste, bunt wie der Regenbogen der Ethnien in der Nation. Vor dem Lincoln Memorial ließ er ein Popkonzert aufführen, auf dem Heldenfriedhof Arlington läutete er die Freiheitsglocke. In der Nacht vor der Inauguration erleuchtete ein gigantisches Feuerwerk den Himmel über Washington, und auf einem der Gesellschafts- bälle tanzte er nicht nur, sondern spielte auch Saxofon.

Zu einer imperialen Präsidentschaft geriet auch die Ära Reagan. Der gelernte Filmschauspieler ließ sich im offenen Luxuskabriolett vom Kapitol zum Weißen Haus chauffieren und gab sich dabei wie ein Hollywoodstar. Nach dem Amtsantritt des konservativen Re- publikaners sagte mir 1981 James Reston, der linksliberale Kolum- nist der *New York Times:* »Ich habe Reagan nicht mitgewählt. Aber die letzten Präsidenten, die wir hatten, waren nervös und kompli- ziert. Jimmy Carter wollte jeden Teller selber waschen, und Richard Nixon war gespannt wie eine Trommel. Dieser Reagan ist, so wie er aussieht, gelassen, freundlich und bestimmt.«

Unter Reagan wurde der imperiale Grundriss der Hauptstadt mit neuer Monumentalität ausgefüllt, erhielt die Pennsylvania Ave- nue, dieser eher desolate Durchstich vom Kapitol zum Weißen Haus, neuen glänzenden Anstrich, lebte die Gala im höfischen Stil auf. Mit fortschreitender Amtszeit benutzte Reagan immer häufi- ger das »Wir«. Das klingt nach Pluralis Majestatis. Allerdings teil- ten Ronald und Nancy Reagan das Wir-Gefühl auch der Nation mit: »Amerikaner sein heißt niemals kleinlich oder gewöhnlich sein und wissen, dass Freiheit eine Gnade und ein Geburtsrecht ist.«

Übrigens blieb Reagan bei seinem zweiten Amtseid im Haus. Denn der 20. Januar 1985 war mit 20 Grad minus der kälteste in der Ge- schichte der Inaugurationen. Vielleicht war der frischgebackene Präsident William Harrison für ihn ein abschreckendes Beispiel. Der hielt 1841 bei Eiseskälte ohne Hut und Mantel eine zweistün- dige Ansprache und holte sich dabei den Erkältungstod.

Bei dem in den USA üblichen Ranking, der Bewertung von Präsi- denten, ist der bedauernswerte William Harrison auf Platz 39 gelandet, in der Nähe von George W. Bush auf Platz 36. In der Bestenliste vom Februar 2009 blieben Washington, Jefferson, Lincoln und die beiden Roosevelts vorn. Unter die ersten zehn kamen dann noch Kennedy, Eisenhower und Reagan. Ausschlaggebend für die 65 Historiker in der Jury waren Krisenmanagement, moralische Autorität, wirtschaftliche Vernunft, Beziehungen zum Kapitol und zum Ausland, Gerechtigkeitssinn, Überzeugungskraft und vor allem Vision. Da würde Barack Obama bereits jetzt königlich abschneiden. Aber er weiß und sagt, dass Vorhersagen und Verhaltensweisen bunt, der Alltag und das alltägliche Handeln aber grau sind.

Der Mann ohne Milieu

Auch die Einführung des 44. Präsidenten der USA erfolgte bei grimmiger Kälte. Darunter litt das Beiprogramm, Aretha Franklin sang sich heiser, und das hochkarätige musikalische Quartett, das ein extra für Obama komponiertes Stück aufführte, tat dies im Playback. Die Kameras blieben hartnäckig auf den Cellisten Yo-Yo Ma, den Violinisten Itzhak Perlman, die Pianistin Gabriela Montero und den Klarinettisten Anthony McGill gerichtet, die dramatisch mimten, was zwei Tage vorher aufgezeichnet worden war. »Alles andere wäre bei der Kälte ein Desaster gewesen«, meinte Perlman hinterher.

Komponiert hat das Stück der vielgerühmte John Williams. Von ihm stammt unter anderem die Filmmusik zu *Krieg der Sterne, Indiana Jones* und *Der weiße Hai*. Vorlage dafür war die Hymne der Shaker, das ist eine christliche Freikirche, die in den USA wegen ihrer puritanischen Lebensweise und ihrer Handwerkskunst hohes Ansehen genießt. Shaker dienten auch als politische Berater, zum Beispiel für Lincoln und Roosevelt. Die Komposition mit dem Namen *Air and simple gifts* und ihr Hintersinn drücken Obamas Neigung für das Symbolische aus.

Dasselbe gilt für ein Gedicht, das er bei der Poetin Elizabeth Alexander in Auftrag gegeben hat, einer Freundin aus Chicago. Es handelt von der Verzweiflung der kleinen Leute, die in Hoffnung umschlägt, ein Grundmotiv des neuen Präsidenten. Demut ist angesagt. Deshalb lässt die Inauguration den Pomp vergangener Jahre missen. Der finanzielle Aufwand für diese Amtseinführung stellt mit geschätzten 70 Millionen zwar einen neuen Rekord auf, aber das hat mehr mit der Logistik, den Sicherheitsmaßnahmen und dem Andrang zu tun als mit Prunksucht.

Schwarze Helden der Lüfte

Zur Parade anlässlich seiner Amtseinführung lud Barack Obama die Tuskegee Airmen ein. Das sind Afroamerikaner, die im Zweiten Weltkrieg in der US-Luftwaffe dienten. Die ersten waren gegen den Widerstand vieler weißer Militärs 1941 rekrutiert worden. Die Piloten waren besonders hohen Anforderungen und auch Anfeindungen ausgesetzt und blieben isoliert von ihren weißen Kameraden.

Mit der Fortdauer des Krieges stellten die schwarzen Airmen ihre Leistungskraft immer stärker unter Beweis. Die am Ende 1.000 Mann starke Pilotentruppe schoss 260 Flugzeuge der deutschen Luftwaffe ab oder zerstörte sie am Boden. Legendär wurde ihr Ruf als zuverlässiger Begleitschutz für Bomberstaffeln.

Aber die Anerkennung der Tuskegee Airmen ließ auf sich warten. Damit teilen sie das Schicksal vieler schwarzer Amerikaner, die für ihr Vaterland kämpften und erst spät den Nachruhm genießen konnten, zum Beispiel die 150.000 befreiten Sklaven, die im Bürgerkrieg aufseiten des Nordens in die Schlacht zogen, oder die Buffalo Soldiers, die in den Indianerkriegen ihren Mut bewiesen.

Zur Parade am 20. Januar kamen immerhin 180 Veteranen der Tuskegee Airmen, vermutlich alle Überlebenden. Die Ehre, vor dem ersten schwarzen Präsidenten Amerikas zu marschieren, ließen sie sich nicht nehmen. Wie der greise Leutnant William Broadwater voller Rührung sagte: »Jetzt endlich haben wir unsere Mission erfüllt.« Inzwischen hat auch Hollywood die schwarzen Helden entdeckt: ihre dramatische Geschichte soll noch im Jahr 2009 von George Lucas verfilmt werden. (DK)

Die Parade, die eine Inauguration begleitet, soll zum einen die 50 Staaten der Union repräsentieren, zum anderen dem künftigen Präsidentenpaar gratulieren. Für »Potus«, das Kürzel für den Präsidenten der Vereinigten Staaten, und »Flotus«, die neue First Lady, haben die Organisatoren Schulgruppen aus Hawaii und Chicago ausgewählt. Stolz paradieren die Kadetten der Whitney Young High School in Chicagos Süden vor der First Lady, die als Michelle Robinson dort vier Jahre zur Schule ging.

Aus Hawaii ist eine stattliche Abordnung der renommierten Punahue High School gekommen, einer Privatschule, die Obama unter der Obhut seiner weißen Großeltern besucht hat. Punahues Schüler sind von der Abstammung her Polynesier, Japaner, Chinesen, Portugiesen, Engländer. Barack, der damals Barry gerufen wurde, war im lokalen Lexikon eines von Toleranz geprägten ethnischen Vielerlei »hapa-hapa«, halb schwarz, halb weiß. Steve Case, der Gründer von America Online, war sein Klassenkamerad und schildert ihn als sympathisch, harmoniesüchtig und sehr gut im Basketball.

In seinem Geburtsjahr 1961 war Hawaii noch nicht lange als 50. Bundesstaat in die Union aufgenommen worden. Wäre er zwei Jahre früher zur Welt gekommen, hätte Obama nicht Präsident der Vereinigten Staaten werden können. Geografisch gesehen hat kein Politiker in der Geschichte der USA einen weiteren Weg in die Reichweite des Weißen Hauses zurücklegen müssen.

Seine weiße Mutter und sein aus Kenia stammender Vater hatten sich 1960 in Hawaii kennengelernt. Vater Obama ließ die Familie schon kurz nach der Geburt seines Sohnes im Stich. Seine Mutter folgte einem anderen Mann nach Indonesien, und Barry ging mit. In vier Jahren Djakarta mit seinen Hütten und Palästen, in muslimischen und katholischen Schulen lernte er eine andere, exotische Umwelt kennen. Wenn er überhaupt Vorurteile hatte, hätte er sie in einem solchen multikulturellen Umfeld abgebaut. Als »Afroamerikaner« erkannte er sich erst beim Studium in New

York und als Sozialarbeiter in Chicago. Weil es um so viele »Milieus« geht, kommen ihm alle zustatten, hält ihn doch keines gefangen.

Der Aufklärer Gotthold Ephraim Lessing hätte jemanden wie Obama schon zu seiner Zeit zum perfekten Weltbürger erklärt, weil ihn sein Lebensweg von Fremdbestimmung frei gehalten hat. Medizinisch gesehen eine Stammzelle, psychologisch eine Projektionsfläche, auf der sich eine enorme Vielfalt von Meinungen und Richtungen widerspiegeln kann. Andere bewundern die Fähigkeit Obamas, sich in verschiedene Aggregatzustände zu versetzen, je nach Publikum. Norman Mailer schrieb: »Der Charakter des Präsidenten bestimmt die Nation.« Aber welchen Charakter hat dieser Präsident?, rätseln die Politikstrategen.

Dieser Mann ohne Milieu entwickelt sich also rasant zum Führer eines »Volkes ohne Eigenschaften«, wie die Amerikaner wegen ihrer ethnischen Vielfalt auch genannt werden, und dieses Volk hat offenbar auf einen wie Obama gewartet, so sehnsüchtig, dass der bei seiner Amtseinführung auf jedes Spektakel verzichten konnte. Die Parade, die Vielzahl der Bälle, die zusätzlichen Events entsprangen privaten Initiativen.

Auf der langen Reise Obamas ins Präsidentenamt und zeitlich kurz vor dem Ziel zelebrierte die Glitzerwelt vor dem Lincoln Memorial eine Show für Obama. Stevie Wonder und Bruce Springsteen, Tom Hanks und Forrest Whitaker, Beyoncé und Queen Latifa – Idole der Jugend, die sonst selbst im Mittelpunkt stehen, bildeten eine Art Hofstaat für die Inthronisierung Obamas. Er hat sie nicht gerufen, er hält sogar Distanz, seit seine politischen Gegner ihn in Wahlspots in die Gesellschaft von Britney Spears und Paris Hilton hineinmontiert haben. So oder so, Hollywood liegt ihm zu Füßen. »Er kommt in den Raum, und du willst ihm folgen, irgendwohin, überallhin«, schwärmte George Clooney. »Ich würde für ihn sogar Plastikbecher aufheben, um ihm den Weg freizumachen«, verriet Halle Berry. Hollywood inszenierte das Vorspiel für die »Mission impossible«. Die große Show der Stars zog aber weit weniger Besucher an als die Amtseinführung.

Die Millionen, die da in der klirrenden Kälte ausharrten, waren offenbar nicht wegen der Aufführung gekommen, sondern wegen Obamas Botschaft und seiner selbst. Mit einer Spur Hoffart und großer Selbstsicherheit nahm Obama die Huldigung entgegen. Das Phänomen konnten auch wir Deutschen beobachten, als Obama im Juli in Berlin war. Der Kandidat brauchte ein zugkräftiges Bild für die Wähler zu Hause, viele Menschen, die seiner Botschaft lauschen. Er wählte die Siegessäule, weil ihm das Brandenburger Tor als Kulisse verwehrt worden war.

Die Straße des 17. Juni, die beide Monumente verbindende Allee, wirkt aber optisch eigentlich nur, wenn sie wie eine Fanmeile von Menschenmassen bevölkert wird. Obama ging das Risiko ein und wurde von über 200.000 Zuschauern belohnt, die auf den Fernsehschirmen in den USA ein imposantes Zeugnis ablegten. Die Top-Journalisten in seiner Begleitung wie Diana Amanpour haben die Rede entsprechend gewürdigt. Sie war zwar vor allem für amerikanische Augen und Ohren bestimmt, hatte aber programmatischen Charakter. Ihr Thema war der Fall der Mauer und das Einreißen der Mauern zwischen Freunden und Feinden, zwischen Reichen und Armen, zwischen Rassen und Klassen, zwischen Christen, Moslems und Juden. Ein Vergleich zwischen 1989 und 2009 drängt sich auf.

1989 galt als das Jahr der Hoffnung, der Wende und der Einheit, überwölbt von einer neuen Transparenz, der *glasnost* des Michail Gorbatschow. 1989 kapitulierte der Kommunismus in Osteuropa, was zur Folge hatte, dass sich das Gegenprogramm, der Kapitalismus, nicht mehr als das bessere System darstellen musste. »Ohne die Bremswirkung des Sozialismus geriet der Kapitalismus außer Rand und Band. Der Anschlag auf die Wall Street im September 2001 traf zudem nur ein Zwillingshochhaus und nicht das System«, kommentierte damals zynisch mein Journalistenkollege Gustav Trampe.

Zwanzig Jahre nach dem Mauerfall verhedderte sich die Wall Street in ihrer eigenen Zügellosigkeit, und die Regierung Bush hat es nicht verhindert, vielleicht sogar zugelassen. Das glaubt jedenfalls der renommierte schwarze Journalist David Pinckney.

> »Ich will nicht den Eindruck erwecken, dass Bush und Cheney und die anderen Republikaner wie Honecker und die ostdeutschen Kommunisten sind – aber die beiden Ereignisse, der Fall der Mauer und die Regierungsübernahme durch Obama, haben einen öffentlichen Gefühlsausbruch auf den Straßen der Welt gemeinsam, den Eindruck, dass eine Ära zu Ende ging, sogar dass es zu einem Umbruch kam.«

Ob nun der Geschichte entnommen oder von Überzeugung geleitet, Obama führte seinen Wahlkampf mit den uns so vertrauten Vokabeln Hoffnung, Wandel und Einheit, gestützt durch das Versprechen größtmöglicher Transparenz. Nach den 200.000 in Berlin waren es 2 Millionen auf der Mall zwischen Kapitol und Lincoln Memorial, die dabei sein wollten, als Barack Obama ein neues Zeitalter einläutete.

Das Publikum erwartete Pathos, wie immer, wenn die Nation in Bedrängnis und ein Nothelfer ins Weiße Haus eingezogen war. Alle Präsidenten haben diesen Ruf verspürt, manche haben ihm entsprochen mit Sätzen, die in das Gedächtnis der Nation eingegangen sind, je tiefer in der Geschichte, umso häufiger zitiert. In seinen Grabstein gemeißelt ist der Satz Kennedys: »Frage nicht, was dein Land für dich tun kann, sondern was du für dein Land tun kannst!«

Für das Geschichtsbuch taugten die Worte Franklin Delano Roosevelts, der seine Nation erst aus der Depression und dann in einen Weltkrieg führte: »Das Einzige, was wir fürchten müssen, ist die Furcht an sich.«

Abraham Lincolns Appell an die Einheit der Nation nach dem blutigen Bürgerkrieg und einen Monat vor seiner Ermordung lautete:

»Mit Groll gegen niemanden, mit Mitgefühl für alle ... lasst uns danach streben, unser Werk zu vollenden und die Wunden der Nation zu verbinden.«

Thomas Jefferson sagte nach einem bösartigen Wahlkampf und einer extrem knappen Wahl zum Präsidenten: »Bei allen Meinungsverschiedenheiten gibt es doch keinen prinzipiellen Unterschied. Wir haben sie nur verschiedenartig benannt, die Brüder im Geiste desselben Prinzips.«

Oder Washington in der Zeit größter Verzweiflung und am Rande der Niederlage im Unabhängigkeitskampf: »Die künftige Welt soll wissen, dass in der Tiefe des Winters, wenn nichts außer der Hoffnung und der Tugend überleben konnte, dass Stadt und Land angesichts einer gemeinsamen Gefahr bereit waren, ihr zu begegnen.«

Dieses Zitat des Vaters der Nationen nutzt Barack Obama zum Vergleich in seiner Antrittsrede:

> »Amerika, angesichts der Gefahren, von denen wir alle gemeinsam bedroht sind, in diesem Winter der Mühsal ... lasst uns ein weiteres Mal die eisigen Strömungen überwinden und den Stürmen trotzen, die auf uns zukommen mögen. Sorgen wir dafür, dass die Kinder unserer Kinder sagen werden, dass wir uns weigerten, zu kapitulieren und die Reise aufzugeben, als wir auf die Probe gestellt wurden; dass wir weder umgekehrt noch in Kleinmut versunken sind. Und dass wir mit fest auf den Horizont gerichtetem Blick und mit Gottes Gnaden dieses großartige Geschenk der Freiheit weitergetragen und es sicher an zukünftige Generationen weitergereicht haben.«

Obama beherrscht das Pathos perfekt, setzte es aber nicht selbst ein, dafür zitierte er seine Vorgänger, entweder Wort für Wort oder sinngemäß. Er verlangte eine neue Politik der Verantwortung wie Kennedy. Er setzte Hoffnung über Furcht wie Roosevelt. Er beschwor die Einheit wie Lincoln oder Jefferson. Aber er rechnete auch mit seinem Vorgänger ab: »Wir müssen uns aufraffen und den Staub abklopfen« oder »Es ist falsch, dass man sich zwischen Sicherheit und Idealen entscheiden muss«, harsche Kritik an der Hetz- und Angstpolitik der vergangenen Jahre.

Das Publikum jubelte, nur George W. Bush hörte mit fahlem Gesicht zu. Und sein Vize Cheney, der wegen einer Muskelzerrung, die er sich beim Packen geholt hatte, im Rollstuhl saß und einen breiten schwarzen Hut trug, wirkte wie ein Schattenmann aus einer vergangenen Ära. Freund und Feind machen die beiden verantwortlich für den Ursprung der Krise. Dabei werden die Probleme unter Obama nicht verschwinden, aber die Welt rechnet ihm schon hoch an, dass er sie ans Tageslicht gezerrt hat.

Obama prägte nicht Sätze wie in Stein gemeißelt, sondern entwarf eine Strategie zur Krisenbewältigung, und das entsprach den Nöten und der Erwartungshaltung des Publikums, wie die Reaktionen zeigten. George Parker von der Zeitschrift *New Yorker* lobte: »Er hat etwas Besseres abgeliefert als rhetorische Brillanz – er sprach die Wahrheit, und die wird ihren Platz in der Geschichte finden und ihre eigene Poesie schreiben.«

Die Millenniumsgeneration

Realismus schlug Romantik an diesem 20. Januar. Dennoch löste Obamas Rede bei seinen jugendlichen Anhängern ein gewaltiges Gewitter im Internet aus. Auf Facebook und MySpace, bei Flickr und Twitter, auf all den elektronischen Portalen und Plattformen setzte ein Meinungsaustausch ein, der alle Vorstellungen sprengte und in dieser Dimension nie dagewesen war. Abertausende von Partys wurden per SMS organisiert oder einfach per Internet gefeiert. Der Machtwechsel gilt als Beginn eines neuen Zeitalters, in dem Transparenz und Teamgeist die Geheimniskrämerei und das Parteiengezänk ablösen sollen. Und die Macht liegt bei den jugendlichen Bloggern, so glauben sie, schon wegen ihrer schieren Zahl. MySpace allein verfügt über 3,7 Millionen Unterstützer.

Das hat zum einen mit der explosionsartigen Verbreitung des Internets zu tun, zum anderen auch mit der erstmalig konsequenten Nutzung dieses Netzes durch die Politik. Alle Parteien nutzten die diversen Plattformen für ihre Zwecke, aber es war Barack Obama, der die Möglichkeiten der Kommunikation über das Internet für sich und seine Kampagne einspannte wie niemand zuvor.

Er hatte dabei aus der Arbeit politisch oder sozial engagierter Vorläufer gelernt. Ihr Ziel war die Bildung von Basisgruppen, die sich über das Internet zeitweise für ein Projekt einsetzen. Der Linksintellektuelle Jerome Armstrong prägte im Jahre 2002 dafür den Ausdruck *netroots*, zusammengesetzt aus Internet und *grassroots*.

Der Demokrat Howard Dean hatte die Internetgemeinde im Wahlkampf 2004 erfolgreich umworben und die *netroots* in Kampagnen eingesetzt. Sie nutzten ihm als Wahlhelfer und Sammler von Kleinspenden, dienten ihm aber auch als Basis für eine soziale Bewegung, die sich neben der Partei entwickeln konnte. Die *netroots* folgten Dean wegen seiner Opposition gegen den Irakkrieg und gegen die Polarisierung der Gesellschaft unter der konservativen Rechten. Aber 2004 war der Irakkrieg noch nicht unpopulär genug. Deans Botschaft und der Zeitgeist passten nicht zusammen, zumal diese Botschaft nicht fokussiert genug war und in der Umsetzung durch Kampagnenboss Joe Trippi organisatorische Mängel aufwies.

Die *netroots* aber blieben weiter aktiv. Sie mussten nur auf eine zweite Chance warten, und die kam mit dem Schlagwort vom glaubhaften Wandel, »change we can believe in«, und Obamas raffinierter Internetaktivität. Joe Trippi vergleicht respektvoll und ein wenig neidisch:

>Ich denke, wir waren die Gebrüder Wright ... wir flogen mit
einem dünnen Steuerknüppel und einem Holzpropeller ... aber
die Jungs von heute haben es auf eine neue Stufe gehoben ... sie
haben Boeing ausgelassen ... und sind mittlerweile *Apollo 10*.«

Diese neue Stufe verflocht die modernsten Methoden der elektronischen Kommunikation mit dem Enthusiasmus der jungen Generation, die mit diesem Kommunikationssystem aufgewachsen war.
Glanzstück der Internetkampagne war eine soziale Plattform, die
online und offline Aktivitäten vernetzte, also virtuelle Anleitung in
reale Projekte umsetzte. Wie die deutsche Politikberaterin Kerstin
Plehwe in ihrem vorzüglichen Buch über die Erfolgsstrategie des
Barack Obama schrieb,

>wuchs der Wahlkampf mithilfe des Internets von einer simp-
len Botschaft zu einer echten Bewegung von Person zu Person,
von Freiwilligem zu Freiwilligem, von E-Mail zu E-Mail, von
Hausparty zu Hausparty ... Obamas Bewegung fiel nicht vom
Himmel, sie war Resultat einer durchdachten Strategie, die kon-
sequent auf die Vitalität sozialer Netzwerke setzte.«

Dabei machte Obama sich durchaus schon erprobte Rezepte zu eigen. So hatten sich mexikanischstämmige Rosenpflücker aus Kalifornien in den sechziger Jahren zusammengetan im Kampf um
mehr Rechte und mehr Lohn. Ihr Vorarbeiter César Chávez (übrigens nicht verwandt mit Venezuelas Diktator) entwickelte für diesen Rosenkrieg ein Schlagwort: »Sí se puede«, ja, wir können, auf
Englisch: »Yes we can«. Mit diesem aus dem Spanischen entnom-
menen Schlagwort weckte Obama einen Teil der Jugend aus politischer Passivität.

An der Universität von Puebla in Mexiko formulierte John Holloway
ein Anliegen dieser aufgeweckten Jugend mit dem Slogan »Pregun-
tando caminamos«, fragend gehen wir voran. Parallel zu der amerikanischen und mexikanischen Jugendbewegung bilden sich Inter-
netclans in aller Welt, sogar im Iran, in Saudi-Arabien und in China,

vor allem aber in Kenia, der Heimat seines Vaters. Das »Spread the word«, sag es weiter, fiel überall auf fruchtbaren Boden. Obama wurde vom amerikanischen zum weltweiten Protagonisten des Wandels und verbreitete seine Botschaft über das Internet.

Jedes einzelne Mitglied seiner Internetgemeinde spricht Obama mit Vornamen an, und obwohl seine *friends* wissen, dass dahinter eine Organisation steckt, entsteht ein Zugehörigkeitsgefühl. Die Methode befreite den Kandidaten außerdem aus der Abhängigkeit von der Lobby der Großspender und ihrer anschließenden Kompensation. Die *netroots* wurden zu *fundraisers* und bescherten in ihrer Masse der Kampagne eine finanzielle Überlegenheit, die einmalig in der Geschichte des Wahlkampfes war.

Aber dieser Enthusiasmus an der Basis war auch an Erwartungen geknüpft, an eben jenen Wandel in Gesellschaft und Politik, der eine neue Generation beseelt. Die Soziologen nennen sie die Millenniumsgeneration: junge Leute, die um die Jahrtausendwende herum volljährig geworden sind. Diese Mittzwanziger lehnen den konsumgesteuerten Turbokapitalismus und die Spaltung der Gesellschaft ab. Sie fordern ein Ende der Kriegsmentalität, der Angstpolitik und der Raffgier, der Privilegien für wenige und der Blindheit gegenüber den neuen Herausforderungen von Rezession und Klimawandel.

Auf einer Tagung der »Netroots Nation« in Austin, Texas wurde der Umweltaktivist Al Gore frenetisch gefeiert. Als Vize unter Bill Clinton hatte Al Gore den Internet-Highway energisch gefördert als Demokratisierung des »Zeitgespräches der Gesellschaft« (eine Formulierung des Jesuiten Aswerus). Als Kämpfer gegen den Klimawandel forderte er die 2.000 Blogger in Austin auf, die Erde zu schützen und als Gut der Menschheit zu sehen, nicht als das einzelner Staaten oder Großgrundbesitzer.

Ein Credo der Umweltaktivisten ist die Rede des sagenhaften Indianerhäuptlings Seattle, der 1855 ein Angebot für den Kauf seines Stammlandes zurückwies:

»Wie kann man den Himmel kaufen oder verkaufen oder die Wärme der Erde? Diese Vorstellung ist uns fremd. Wir wissen, dass der weiße Mann unsere Art nicht versteht. Ein Teil des Landes ist ihm gleich jedem anderen, denn er ist ein Fremder und nimmt von der Erde, was immer er braucht ... sein Hunger wird die Erde verschlingen und nichts zurücklassen als eine Wüste.«

Im Kampf gegen den Klimawandel, in der Auflösung der Widersprüche in einer globalisierten Welt sind sich Obama und seine Fans einig. »Er vertritt die Vision einer, unserer Generation«, sagt Clive Build, ein lateinamerikanischer Aktivist aus Arizona, »und bei allen notwendigen politischen Manövern bleibt er doch seinen Prinzipien treu, die auch die unseren sind.«

Am Ende des Wahlkampfes verfügte die *Netroots*-Kartei Obamas über 13 Millionen Namen, eine stattliche Zahl und eine Generationenbewegung, die an die Aktivität der Achtundsechziger erinnert. Damals und im Vietnamkrieg schrien die Peaceniks »Make love, not war« oder »Ho-Ho-Ho Tschi Minh«. Auf den Ashbury Heights in San Francisco feierten die Blumenkinder. Sit-ins, Jesus-Sandalen, Hotpants, »Trau keinem über dreißig«, Marihuana und Woodstock, das Zeitalter des Wassermanns. Der Unterschied zwischen damals und heute: Die Jugend der 1960er Jahre dachte nicht über den Tag hinaus, eine »Me«-Generation. Die Millenniumskinder hingegen betrachten sich als »We«-Generation – kein trennendes Ich, sondern ein verbindendes Wir. Und Obama pflegt dieses Wir-Gefühl.

Noch am Abend des 20. Januar gab der neue Präsident seiner Internetgemeinde die Ehre bei einem Tänzchen auf ihrer nächtlichen Gala. »Wir machten die Anrufe, wir klopften an die Türen, wir schrieben die Schecks«, so laden die jugendlichen Wahlhelfer zu ihrem Ball ein, und Obama würdigte sie: »Wenn ihr nur weiter jene Energie und jene Überzeugungskraft behaltet, die ihr im Wahlkampf gezeigt habt ... dann werden die USA wieder erblühen.« Er zollte seinen jugendlichen Fans Respekt mit der Einrichtung einer neuen Website: www.change.gov. In einer Videobotschaft forderte er seine »Freunde« auf, in Nachbarschaftstreffen Probleme und Themen der Regierung zu besprechen und das Ergebnis zurückzumelden. »So etwas wurde noch nie versucht«, meint David Plouffe, Obamas Kampagnenmanager und der Initiator der neuen Idee, »aber es eröffnet dem Weißen Haus eine andere Beziehung zur Öffentlichkeit ohne den Filter der Medien.«

Diese Offerte zur Bürgerbeteiligung an den Entscheidungen im Oval Office, verbunden mit neuen Kampagnenauftritten, hat sich bereits bewährt. Als das gewaltige Rettungspaket für die amerikanische Volks- und Finanzwirtschaft von den Republikanern im Repräsentantenhaus boykottiert wurde, schlug die öffentliche Meinung zurück – mit einer Verurteilung der Opposition und einem Stimmungshoch für den neuen Präsidenten. Die Amerikaner wünschen keine kleinkarierten Grabenkämpfe, sondern die Zusammenarbeit über parteipolitische Grenzen hinweg. Sie wollten in diesem Augenblick der Not keine geballte Faust als Antwort auf Obamas ausgestreckte Hand, sondern ein nationales Wir-Gefühl. Sie applaudierten dem Hoffnungsträger nicht nur mit hohen Zustimmungsraten, sondern auch schon mit Zukunftsoptimismus. Das Rettungspaket heißt denn auch vorwärts gerichtet »Stimuluspaket«. Noch bestimmt diese Tonalität die 44. Präsidentschaft, obschon sich erste Misstöne in den Chor der Zustimmung mischen. Den einen geht Barack Obama zu weit, den anderen nicht weit genug.

Pendelnd zwischen Selbstzweifel und Selbstvertrauen schwingt sich Amerika in eine neue Ära. Nach der Millenniumsgeneration muss auch der noch wankelmütige konservative Mittelstand für die Reise in eine ungewisse Zukunft gewonnen werden. Das Werben geschieht dort, wo Mr. und Mrs. America zu Hause sind. Wenn man der Statistik glaubt, dann erfolgt das idealtypisch in einer Stadt namens Peoria.

3
Wie läuft es in Peoria?

Peoria ist eine Stadt, die »die Erde bewegt«, meint Caterpillar, der größte Baumaschinenproduzent Amerikas mit Sitz in der mittelgroßen Stadt im Bundesstaat Illinois. Peoria hat »die schönste Villenstraße der Welt«, rief Präsident Theodore Roosevelt nach einer Fahrt auf dem Grand View Drive hoch über dem Illinois River. »Peoria feuert Amerika an«, meinten die Branntweinproduzenten. Vor der Prohibition galt der Getreidehafen als Whiskymetropole der Vereinigten Staaten. Peoria heißt *boom and bust,* ein ständiges Auf und Nieder, sagte mir Bob Michel, lange Jahre Fraktionsführer der Republikaner im Repräsentantenhaus in Washington und stolzer Bürger der Provinzstadt im Mittleren Westen. »Does it play in Peoria?«, fragten bange die Impresarios im Zeitalter der Vaudevilles, der Varietétheater und Wanderbühnen. Denn vor einem Jahrhundert galt Peoria als Probe aufs Exempel: Wenn ein Sketch, ein Stück oder ein Star dort gefielen, dann konnten die Künstler beruhigt auf Tournee durch die Nation gehen.

»Wie läuft es in Peoria?« ist auch heute noch mehr als ein geflügeltes Wort. Es ist die immer neue Frage der Marktforscher, wenn sie ein Produkt platzieren möchten, und eine immer neue Herausforderung für die Meinungsmacher, wenn ein politischer Kandidat ins Rennen geschickt wird. Peoria gilt als Musterstadt für das *heartland,* die tiefe Provinz im Mittleren Westen Amerikas, und hat in jüngerer Zeit dreimal den Ehrentitel »All American City« gewonnen.

Der »Durchschnittsamerikaner« von Peoria verdient 42.800 Dollar im Jahr; er ist ein Mittelding zwischen Millionär und armem Schlucker, Pensionär und Fabrikarbeiter, zwischen konservativ und progressiv. Von der Abstammung her ist er deutsch, dann irisch, dann afroamerikanisch, dann libanesisch, dann, wie der Rabbi Eli Langsam meint, »von überallher«. Der Peorianer ist aber eines nicht, nämlich ein WASP, ein weißer angelsächsischer Protestant, Angehöriger der Gründungsgeneration der USA. Und doch, so hat die Statistik festgestellt, ist er »ein typischer Amerikaner«, vielleicht gerade weil er zu den *checks and balances* neigt, dem System der geteilten Macht. Wenn es um den amerikanischen Präsidenten geht, ist er Wechselwähler: mal so, mal so. In das Repräsentantenhaus in Washington schickt der 18. Bezirk, zu dem Peoria und Springfield gehören, schon lange einen Republikaner. Und in das Provinzparlament in Springfield entsendet er meist Demokraten.

Auf der Suche nach diesem typischen Amerikaner stößt man auf ein Universum im Kleinformat. Wenn man von Springfield, der kleinen Hauptstadt von Illinois, mit Muße und auf Nebenstraßen nach Peoria fährt, trifft man auf Orte wie Pekin oder Canton, New Holland oder Havana, pittoresk und sehr altertümlich am Illinois River gelegen.

In Teheran, einem Ort, der nicht länger als eine Kurve ist, hält mich ein bärtiger Polizist an, fragt nach den Autopapieren des Leihwagens mit New Yorker Kennzeichen und studiert dann lange meinen deutschen Führerschein. Er sagt mir nicht, warum er mich angehalten hat, sondern behauptet, dass nur eine in Illinois ausgestellte Lizenz zur Fahrerlaubnis taugt. Dann droht er: »Sie haben keine legalen Papiere, ich kann Sie ins Gefängnis stecken.« Nachdem er den eindrucksvollen Satz genügend hat wirken lassen, fügt er lässig hinzu: »Es sei denn, Sie bezahlen eine Pfandgebühr von 85 Dollar, und zwar in bar.«

Gesagt, getan. Im nächsten Ort in einem kleinen Gasthaus gebe ich meine Erfahrung zum Besten. Die Empörung der Dorfleute über den Polizisten ist groß, und die Wirtin verspricht: »Wir klären das auf. Denn wir Amerikaner sind nicht so.« Die Wirtin ist Inderin und lebt erst seit 20 Jahren in den USA. Ich habe inzwischen eine Vorladung des Bezirksgerichts in Havana bekommen, zur Zeugenaussage. Alles in Ordnung im Herzland Amerikas, denke ich.

Peoria – aus der Ferne sieht die Kleinstadt ganz ansprechend aus. Im Vordergrund der mächtige Illinois River, auf dem arabeske Schaufelraddampfer entlangziehen. Dahinter kleine Werften und Warenhausgiebel, erkennbar auch der Gaslight District, die Hafenlaternen, die das Vergnügungsviertel markieren. Schließlich eine Silhouette aus Kirchtürmen, Theaterfassaden, Bahnhof und Bürobauten, überragt vom altehrwürdigen Père-Marquette-Hotel. Père Marquette gehörte zu den französischen Gründern der Siedlung, und die Peoria waren ein Stamm des Indianervolkes der Illini. Von beiden, den Franzosen und den Indianern, blieben nur die Namen.

Aus der Nähe bietet Peoria ein anderes Bild, als wäre es nur eine Kulissenstadt, dahinter in sich zusammengefallen oder von einem Hurrikan heimgesucht und nur provisorisch wieder aufgebaut: die Hafenanlagen verkommen, die Theater Ruinen, das Père Marquette renovierungsbedürftig, der Bahnhof stillgelegt. Ein Anbau allerdings wurde recht adrett zur Handelskammer mit Touristeninformation umgebaut, daneben das Gateway House, ein beliebter Versammlungsort der hiesigen demokratischen Partei. Ansonsten Parkplätze in Fülle und sogar neue Parkhäuser, »für die Besucher des neuen Casinos auf der anderen Flussseite, oder für das jährliche Dampfbootrennen, oder für die Sportfans, die ein Spiel ihrer Eishockeymannschaft der Rivermen sehen wollen oder des Baseballteams Peoria Chiefs, oder für Events«, sagt der irischstämmige Jim vom Tourismusbüro und verweist auf eine Barbecue-Party der irischen Amerikaner zu St. Patrick's Day.

Skip und Judy Beck betreiben eine Frühstückspension mit vier Zimmern am Illinois River. Der Hobbyhistoriker Skip schiebt das Toupet zurecht und schwärmt von der Vergangenheit Peorias:

>Es war Warenumschlagplatz und Eisenbahnknoten auf halbem Weg zwischen Chicago und St. Louis. Hier drehten sich die ersten großen Getreidemühlen, hier entstanden die ersten Fabriken zur Herstellung von Ackergeräten, hier hat Charles Duryea das erste benzingetriebene Automobil in den USA entwickelt. Hier floss der Whisky in Strömen, weil er ja auch hier produziert wurde. Entsprechend locker ging es in den Amüsierbetrieben mit Spielcasino und Damenbegleitung zu.<

Die Whiskybarone und Maschinenproduzenten bauten prachtvolle Herrenhäuser hoch über Stadt und Fluss auf dem Grand View Drive. Die Anrainer zitieren gerne Theodore Roosevelt, der in und nach seiner Amtszeit zwischen 1901 und 1908 öfter zu Besuch kam: »Ich bin in alle Welt gereist, aber so eine großartige Villenstraße habe ich nirgendwo gesehen.«

Zwischen Hafenviertel und Père-Marquette-Hotel erstreckte sich vor einem Jahrhundert eine Theaterzeile, fast schon eine Theaterstadt: das Majestic und das Orpheum, das Grand Opera House, Rouse's Hall und Weast's Theatre, Deluxe und Sangamo, Star, Elysium, Grand und Garden, Beverley und Varsity, Columbia und Imperial. Sie alle waren Gastspielhäuser für Varietés und andere Wanderbühnen, Komödien und Tragödien, Big Bands, Singspiele und erste Lichtspiele. Sie dienten als Probe aufs Exempel und Talenttest für Dick Powell und die Marx Brothers, für Spike Jones und Sally Rand, für Duke Ellington und die Dead End Kids, für Arthur Rubinstein und Marcel Marceau. Sogar die große Sarah Bernhardt gastierte hier, bevor sie in fortgeschrittenem Alter noch einmal auf Tournee durch Amerika ging.

Der Kunsthistoriker Bill Knight kommentiert: »Auf die bange Frage des Showbusiness, wie der neue Sketch, das neue Stück, der neue

Star ankommen würde, antwortete ein hartgesottenes und ver-
wöhntes Publikum, das Hunderte von Aufführungen erlebt hatte.«
Der Beifall oder die Pfiffe fällten oft ein endgültiges Urteil. Wenn
dann auch noch die zahlreichen, übrigens meist deutschstämmigen
Kritiker gnädig schrieben, dann konnten die Künstlergruppen ge-
trost auf Tour gehen nach St. Louis, New York oder Chicago. Denn
wenn es in Peoria lief, dann lief es auch im Rest der Nation. In jener
Hochzeit wählte Peoria konservativ.

Die Weisheit der anderen

*In Crève Cœur, früher ein Fort der Franzosen, heute eine Vorstadt von
Peoria, besuche ich »Shotgun Willie's«, eine gut gefüllte Kneipe. Der
studentische Barmann erklärt mir, dass Crève Cœur gebrochenes Herz
heißt und dass Amerika einem Franzosen gleichen Namens eine frühe
Vision verdankt. Hector Crèvecoeur schrieb Ende des 18. Jahrhunderts
über den typischen Amerikaner: »Er lässt alte Vorurteile und Gewohn-
heiten hinter sich, die Früchte seiner Arbeit werden eines Tages große
Umwälzungen in der Welt bewirken. Denn Amerikaner bringen jene
Mischung von Kunst, Energie und Fleiß mit, die den großen Kreis der
Menschheit einst schließen wird.«*

*Der gebürtige Spanier George Santayana beschreibt den Charakter
des typischen Amerikaners wie folgt: »Seine Vorstellungskraft ist intensiv. Wäre der Amerikaner nicht einfallsreich, würde er nicht so sehr
in der Zukunft leben. Aber diese Zukunft steht unmittelbar bevor. Er
arbeitet sich so klar und direkt wie möglich vor in Form von Zahlen,
Maßeinheiten, Plänen. Er steckt seinen Idealismus in handfeste Dinge. Da er die latenten Kräfte in den Dingen begreift, ist er erfolgreich
in der Erfindung, konservativ bei Reformen und schnell bei der Hand
in Notfällen. Sein ganzes Leben lang springt er auf Züge auf, die schon
abgefahren sind, und springt ab, bevor sie anhalten. Niemals bricht er
sich dabei ein Bein oder verpasst einen Zug.«* (DK)

Die Theater sind inzwischen verkommen oder verbaut. Das Palace,
das sich als letzte Bühne noch dem Vaudeville verschrieben hatte, musste einem ziemlich hässlichen Zwillingshochhaus weichen.

Bald soll auch das Madison, ein Gebäude im italienischen Renaissancestil, für einen Hotelkomplex Platz machen, zusammen mit Big Al's Bar, einem Rotlicht-Etablissement, das Al Zuccarini gehört. Er meint: »Wenn es denn sein muss, will ich kein Hindernis für den Fortschritt sein.« Zur Ehrenrettung wurde das Apollo, dessen Bühne schon für eine Parkgarage wegrasiert worden war, von dem Anwalt Tom Leiter 1990 in ein Kulturzentrum umgewandelt: »Hier sollen alle, die Deutschen und die Iren, die Schwarzen und die Weißen, einen Platz für ihre kulturellen Nischen finden und sie mit den anderen Minderheiten in unserer großartigen Nation teilen.«

Von den einst 22 großen Branntweinfabriken, die zum Reichtum der Stadt beigetragen haben, stehen nur noch Ruinen. Die Produzenten und Brauer waren meist deutscher Abstammung, wie auch die Betreiber der Getreidemühlen vor der Stadt. 1910 war Peoria sogar eine zweisprachige Stadt.

Das Ende der deutschen Herrlichkeit kam mit dem Ersten Weltkrieg. Die Temperance-Bewegung, die in ganz Amerika den Alkoholkonsum verbieten wollte, nutzte die antideutsche Stimmung: »Deutsche Brauer schicken ihr in den USA verdientes Geld ins Wilhelminische Reich.« So mussten die Destillerien von Peoria noch vor dem Beginn der allgemeinen Prohibition, also dem landesweiten Alkoholverbot, schließen. Nicht nur das Chicago des Al Capone, sondern auch das Peoria der Shelton Brothers waren danach berüchtigt für Gangsterwesen und Schwarzbrennerei. Die Zeitschrift *Time* nannte Peoria damals »as wide open as the gate of hell«.

Die deutschstämmigen Bürger der Stadt jedenfalls suchten die Anonymität, benannten sich oft um. Im Telefonbuch wimmelt es heute von Kings und Blacks, von Smiths und Millers, die einmal König und Schwarz, Schmidt und Müller hießen. Aus dem Hotel Schwarzwald wurde das Black Forest. Die Kaiser Wilhelm Drummers heißen jetzt Oompah Band. Erst Ende der siebziger Jahre knüpften die Deutschen neue Bande durch eine Städtepartnerschaft zwischen Peoria und Friedrichshafen. Seitdem hängt im gotisierten Rathaus der Stadt eine große Deutschlandfahne, werden deutsche Besucher bevorzugt behandelt.

Es gibt eine historisch bedeutsame Verbindung zwischen Peoria und Friedrichshafen. Der junge Graf Ferdinand von Zeppelin durfte vor 150 Jahren mit Erlaubnis des Präsidenten Abraham Lincoln Aufklärungsballons beobachten, wie sie im amerikanischen Bürgerkrieg eingesetzt worden waren. Der Zeppelin – eine Erfolgsgeschichte, bis die *Hindenburg* bei einer missglückten Landung in Amerika verbrannte. Die Zeppelinwerke von heute und die Baumaschinenfirma Caterpillar unterstützen diese neue Städtepartnerschaft auch in kritischen Zeiten.

Im Jahre 1980 hieß Bürgermeister Dick Carver die deutschen Gäste erst herzlich willkommen und hielt ihnen dann eine Strafpredigt:

> »Wir hier in Peoria können Bilder im Fernsehen nicht begreifen, die antiamerikanische Protestdemonstrationen zeigen. Waren es nicht wir, die dem Vormarsch der Sowjets Einhalt geboten haben? Erst haben wir die Nazis besiegt, dann den Verlierern wieder auf die Beine geholfen, und jetzt machen sie uns auf unserer eigenen Heimaterde Konkurrenz.«

Meine Beziehung zu Peoria begann im Jahre 1956, als ich eine Gruppe von Angestellten der Caterpillar-Werke auf eine Reise durch die Alte Welt führen durfte. »See Europe in seventeen days«, lautete der Werbespruch des Veranstalters. Caterpillar hatte damals dicke Auftragsbücher aus aller Welt, sie waren aber auch in den Jahren vorher nicht schlecht, als die Firma Maschinen für den Rüstungsbetrieb herstellte.

Auf mich wirkten die Gäste aus Übersee reich, kenntnisfrei und konservativ. Sie erschienen mir auch besonders diszipliniert. Anders als deutsche Touristen drängten sie nicht gleichzeitig in den Tourbus, sondern bestiegen ihn nacheinander. Bei jeder kleinen Entscheidung in der Veränderung des Programms beugte sich eine noch so beträchtliche Minderheit der Mehrheit. Sie waren stets pünktlich, fragten aber bei jeder Gelegenheit: »Is the water safe?« Typische Amerikaner ... Die meisten waren deutschstämmig und hatten den deutschstämmigen Ike Eisenhower gewählt, den siegreichen Feldherren im Zweiten Weltkrieg.

Wenn man Caterpillar mit der Zentrale gleichsetzt, dann ist eigentlich überall Peoria, wo Baumaschinen eingesetzt werden, also in aller Welt. Wohl und Wehe der Großfirma bestimmten das Stimmungsbarometer stets über Peoria hinaus. »Als John F. Kennedy hier im Jahre 1960 Wahlkampf machte, lag Caterpillar danieder, liefen die Fabriken auf 50 Prozent ihrer Kapazität, wählte die Stadt katholisch-demokratisch«, erinnert sich der deutschstämmige Maschinenbauer Fred.

Sein jüngerer Kollege Willard Crall hat 36 Jahre für Caterpillar gearbeitet, hat es vom Lehrling bis zum Meister geschafft. Er gehört der Gewerkschaft UAW an, den United Automobile Workers. Die hat 1982 sieben Monate lang gestreikt, am Ende hat Caterpillar 16.000 Arbeiter entlassen. Den größten Schlag erhielt die Wirtschaft von Peoria aber 1994, da streikten die Gewerkschafter 18 Monate lang für Lohnerhöhung, aber auch gegen den Billigimport von Ersatzteilen aus Mexiko. Danach hat sich das Unternehmen wieder gesundgeschrumpft. Willard Crall wurde mit 54 Jahren in den Ruhestand versetzt.

Die Bürger von Peoria haben im Jahre 2000 dennoch George W. Bush gewählt. Umweltprobleme oder der Internet-Highway, die Themen des Demokraten Al Gore, zogen damals in Peoria nicht. Zumal er als »El Bore« galt, als Langweiler. Im Jahr 2004 gingen die Wahlen exakt 50 zu 50 aus; die Zweifel an der Regierung Bush waren gewachsen.

Jim Owens, der Vorstandsvorsitzende von Caterpillar, herrschte zeitweilig über 95.000 Angestellte in aller Welt, davon 17.000 in Peoria. Die *blue collar workers,* die Industriearbeiter, sind dabei in der Unterzahl. Caterpillar ging es wieder gut, bis zum Einbruch der Geschäfte mit der Wirtschaftskrise, die der Finanzkrise auf den Fersen folgte. 2007 konnte der Konzern die schwächelnde Nachfrage im Inland durch Aufträge im Ausland wettmachen, besonders mit gigantischen Bergbaumaschinen für den Abbau von Kupfer und anderen Rohstoffen in Asien und Lateinamerika. Aber 2008 gingen die Aufträge drastisch zurück, und »2009 wird noch schlimmer, als wir angenommen haben«, sagt der Chef des Großkonzerns Jim Owens. Massenentlassungen drohen. Owens hofft jetzt auf die neuen Programme zur Ankurbelung der Infrastruktur, den Bau neuer Brücken, die Reparatur veralteter Verkehrswege. Davon erwartet der Baumaschinenproduzent wieder volle Auftragsbücher.

Bisher war die Globalisierung gut für Peoria. Aber Owens hat schon umgestellt auf »grüne Technologie«, auf treibgasarme Motoren. »Caterpillar stellt sich auf die Zeichen der Zeit ein, wie schon so oft in der jahrhundertealten Tradition«, schreibt Owens. Willard Crall meint: Das dicke Ende kommt noch, eine neue Welle der Arbeitslosigkeit nämlich. Seine Frau hat zwar ein Angebot in der wachsenden Arzneimittelindustrie der Stadt, »aber für 8 Dollar die Stunde, das lohnt sich doch kaum«. Bisher hat sich Peoria jedenfalls immer wieder von Rückschlägen erholt und auf neue Branchen umgestellt.

Jim Ardis, der derzeitige Bürgermeister, hat wie zum Beweis der Erneuerungskraft seiner Stadt ein Gastgeschenk für Besucher parat: eine Kaffeetasse, auf der die »wichtigsten Städte der Welt eingraviert sind: London, Berlin, Paris ... und Peoria«. Gefragt nach dem wichtigsten Beitrag der Stadt für die Welt, zögert Ardis nicht lange: »Immer noch Abraham Lincoln.« Vor dem Court House erinnert eine Statue an den 16. Oktober 1854, den Tag, an dem Lincoln eine mehr als dreistündige Rede für die Sklavenbefreiung hielt.

»Vor fast 80 Jahren haben wir erklärt, dass alle Menschen gleich geschaffen wurden. ... Aber für einige ist Sklavenhaltung offenbar ein

geheiligtes Recht. ... Das verstößt gegen das Prinzip (der Gleichheit).« Lincoln hat noch viele Reden gehalten, auch in Peoria. Aber
der Auftritt an jenem schwülen Oktobertag gilt als maßgeblich für
den politischen Weg Lincolns und den Kampf um die Einheit Amerikas in einem blutigen Bürgerkrieg. Im städtischen Zeitungsarchiv
kann man eine Reportage über den Auftritt nachlesen: »Mr. Lincoln hatte die Ärmel aufgekrempelt, er wirkte etwas unbeholfen,
aber keineswegs unsicher. Es war offensichtlich, dass er wusste, wie
schwerwiegend seine Worte waren und dass er im Recht war. Seine
Worte gingen ans Herz, denn sie kamen von Herzen.«

In Peoria mündete ein Zweig der *underground railway,* jenes geheimen Fluchtnetzes für schwarze Sklaven aus dem Süden. Von allen
Städten im Bundesstaat Illinois tat sich Peoria am schwersten, in
den Bürgerkrieg zu ziehen, dann allerdings mit großer Entschlossenheit. Über 500 Männer haben den Einsatz mit dem Leben bezahlt. Die Nachkommen der befreiten Sklaven bilden heute nach
den Deutschstämmigen die stärkste Bevölkerungsgruppe.

Nach verschiedenen Wirtschaftskrisen, besonders aber nach der
Stadtflucht der Mittelschicht in den fünfziger Jahren zogen Afroamerikaner in die halbverlassene Innenstadt. Die meisten haben
kein Geld, um die Bürgerhäuser zu pflegen oder gar zu restaurie-
ren. An manchen Häusern klebt das orangefarbene Mal der Insolvenz zum Zeichen, dass die Bewohner ihre Hypothekenzinsen
nicht zahlen konnten. Die schwarze Armut in der Unterstadt hat
noch mehr weiße Amerikaner auf die Höhen über dem Fluss vertrieben.

Manager Charles Lieber vom Deutsch-amerikanischen Freund-
schaftsclub sagt: »Für uns ist eine Reise in die City von Peoria weiter als nach Deutschland.« Der Rassendünkel ist noch weit verbreitet. Im Chatroom der Rassisten ist von »Niggern« die Rede
und von ihren Gewaltverbrechen. Viele ältere Afroamerikaner fühlen sich im Gegenzug immer noch als Opfer weißer Willkür. Die
Jüngeren haben das Vorurteil abgeschüttelt.

John Abercrombie ist Computerfachmann. Der 30-Jährige führt eine Gruppe von *netroots,* jungen Leuten, die sich im Internet zusammengefunden haben und mit der Barack-Obama-Kampagne vernetzt sind. John meint: »Wir sind doch alle gleich, wir müssen die Mauern des Vorurteils niederreißen, wie Obama ja beim Besuch bei euch in Deutschland gesagt hat.«

Ron Aberle, der im Souterrain der neu gebauten Twin Towers einen Friseursalon führt, klingt ärgerlich: »Ich habe nichts gegen die Schwarzen, aber dass sie nur zur Wahlurne drängen, weil ein Afroamerikaner Kandidat ist, stört mich.« Die Afroamerikaner machen in Peoria 20 Prozent der Bevölkerung aus. Erstmals in ihrer Geschichte haben sie sich in großer Zahl für die Wahlen eingeschrieben. Die Aktivistin Jackie Petty erinnert sich: »Am 10. Oktober, dem letzten Tag der Einschreibefrist, kamen bei strömendem Regen noch einmal 740 Afroamerikaner und trugen sich in die Listen ein.« Sie folgten dem Versprechen des Hoffnungsträgers Barack Obama.

Ihre Kandidatin für das Provinzparlament in Springfield ist die attraktive junge Schwarze Jehan Gordon. Sie hat wohl »an 60.000 Türen geklopft und 100.000 Bittschriften verschickt«. Und sie profitiert von dem Netzwerk, das die Obama-Kampagne unter den Neuwählern gespannt hat. Diese kommunizieren über die verschiedenen Portale im Internet. Sie sind so eng und so zeitnah miteinander verbunden, dass sie wie Vogelschwärme gleichzeitig aufsteigen und gemeinsame Standorte und Ziele ansteuern.

Die jugendlichen Obama-Fans und Jehan Gordon fühlten sich privilegiert, als Ende August 2008 in Springfield der Kandidat für die Vizepräsidentschaft der Partei vorgestellt werden soll. Die *netroots* erfuhren es vor der Allgemeinheit und sogar vor den Medien. Sie erhielten die Nachricht über Handy. Früher als die anderen strömten sie in Bussen und Privatautos in die Hauptstadt von Illinois und hatten Vorrang, während wir Journalisten uns durchwühlen mussten, um vor dem kleinen Parlamentsgebäude einen Platz mit Sicht zu erkämpfen. Lange vor dem Auftritt mussten wir alle durch die langwierigen Sicherheitskontrollen. Da war Jehan Gordon schon längst vor Ort. Barack Obama sorgt für die Seinen.

Peoria hat aber auch zusammen mit Springfield einen Sitz im Repräsentantenhaus in Washington zu vergeben. Diesen 18. Wahlbezirk holen sich traditionell die Republikaner. 1956 gewann ihn der hochdekorierte Weltkriegsveteran Bob Michel und hielt ihn für vier Jahrzehnte, Anfang der achtziger Jahre allerdings mit Schwierigkeiten. Im Oktober 1982 und kurz vor Wahlen zum Repräsentantenhaus leistet der Präsident, nämlich Ronald Reagan selbst, Schützenhilfe. Reagan genoss hier fast Bürgerrecht, denn er ging im nahen Eureka ins College. Sogar Charlton Heston, Filmstar und Waffenlobbyist, war zur Verstärkung ins Bürgerzentrum von Peoria gekommen.

Gemeinsam versuchten sie die Leute in Peoria zu überzeugen, dass die »Reaganomics« funktionieren würden, die Theorie nämlich, dass Hilfe für die Unternehmer zu einem *Trickle-down*-Effekt führt und dass dann auch für die Arbeitnehmer mehr übrig bleibt. Die Bewohner von Peoria wählten Reagan und gaben auch Bob Michel wieder ihre Stimme, auch wenn die »Reaganomics« nicht nach Höhenflug, sondern nach Bauchlandung aussahen. Erst der Demokrat Bill Clinton sollte den US-Haushalt wieder in Ordnung bringen.

Als später gegen ihn ein Amtsenthebungsverfahren wegen Meineids eingeleitet wurde, saß ein weiterer Politiker aus Peoria dem Untersuchungsausschuss vor, Ray LaHood, der Bob Michel im Amte folgte. Ray LaHood ist arabischer Abkunft und ein Verehrer Abraham Lincolns. Der Nachkomme libanesischer Einwanderer hat die Feierlichkeiten zu Lincolns 200. Todestag im Jahre 2009 vorbereitet. Nicht nur das verbindet ihn mit Barack Obama, der sich als Nachfolger Lincolns sieht, sondern auch seine überparteiliche Haltung in entscheidenden Fragen der Nation.

Obama hat LaHood zum neuen Verkehrsminister ernannt, damit ist der Mann aus Peoria der zweite Republikaner, den der Demokrat Obama in sein Kabinett holt. Dem Verkehrsministerium unterstehen über 50.000 Arbeitnehmer. Das Ministerium wird im Rahmen der Investition in die Infrastruktur, die in den USA ziemlich marode ist, mit viel Geld ausgestattet. Ein Beispiel für den schlechten Zustand des Nahverkehrssystems ist die S-Bahn in Chicago, die sich ächzend und stöhnend durch die glänzende Hochhauskulisse bewegt. Zunächst aber bewilligte LaHood der Bundeshauptstadt Washington den Bau einer Bahnlinie von der City zum internationalen Flughafen. Das machte Eindruck auf die lokale Politik. Die Bestallung von LaHood wiederum machte den Weg frei für einen weiteren republikanischen Politiker aus Peoria: Aaron Schock.

Der attraktive und aktive Millionärssohn war schon als Teenager ein *community organizer*, ein Organisator schulischer und kommunaler Initiativen, war als Twen der jüngste Abgeordnete im Repräsentantenhaus von Illinois und konnte bei seiner Wiederwahl 2006 fast 40 Prozent der schwarzen Stimmen von Peoria für sich gewinnen, ein Brückenbauer auf dem republikanischen Ufer also.

Aaron Schock wurde seinem Namen mit ziemlich schockierenden Vorschlägen gerecht. Er will Freiheitskämpfer gewinnen für den Einsatz im Iran nach dem Vorbild der *freedom fighters*, der Contras, die Reagan für den Kampf im kommunistischen Nicaragua hatte ausbilden lassen. Er hat auch schon einmal Taiwan Pershing-Raketen in Aussicht gestellt für die kommende Auseinandersetzung mit China. Aber der junge Mann kümmert sich glaubhaft um die Belange seines Wahlkreises und wurde 2008, im Jahr der demokratischen Machtübernahme, von über 50 Prozent der Einwohner von Peoria zum Repräsentanten im Kongress von Washington gewählt. Dort ist er wiederum der Jüngste im alternden Kollegenkreis. »Ich bin ein wenig einsam da, was meine Generation angeht. Aber ich verneige mich in Demut vor den einigen Hunderttausend Wählern, die einen 27-Jährigen zu ihrer Vertretung in Washington gemacht haben.« Die Rhetorik könnte von Barack Obama stammen.

Aaron Schock gibt zu: »Wenn Obama uns etwas gelehrt hat, dann war es die Nutzung der neuen Medien, um die Jugend zu erreichen. Da machte Obama einen sehr viel besseren Job als der republikanische Kandidat McCain.« Peoria hat also für den Kongress rechts gewählt und für die Präsidentschaft links. In dieser »All American City«, dem Spiegel der Nation, lief es im Jahre 2008 gut für Barack Obama. 69.500 Bürgerinnen und Bürger von Peoria haben sich für die Wahlen registrieren lassen.

Von den abgegebenen Stimmen entfielen 23.996 auf den republikanischen Präsidentschaftskandidaten McCain und 45.765 auf Barack Obama. So eindeutig ging Peoria noch nie mit der Mehrheit der Nation, fast schon führte die Mittelstadt am Illinois River die Mehrheit an. Auf dem Grand View Drive nahm man das still, fast ergeben zur Kenntnis, in anderen bürgerlichen Vororten machte sich Ärger Luft: »Die Armen werden die Reichen fressen« oder »Am 4. November ist Amerika gestorben«.

In den Straßen der Unterstadt wurde wild gefeiert. Im Gateway House fiel Jehan Gordon jedem einzelnen Anhänger um den Hals. Aber auch Aaron Schock hat es geschafft, er wird seine Ideen in den Kongress in Washington tragen. Vorher aber, als noch amtierendes Mitglied im Parlament von Illinois, betrieb er das *impeachment* mit, das Absetzungsverfahren gegen den Gouverneur des Bundesstaates.

Der Demokrat Rod Blagojevich war bei dem Versuch ertappt worden, den vakanten Sitz seines Parteifreundes Obama zu versilbern. Für den Republikaner Aaron Schock ein gefundenes Fressen. Im Repräsentantenhaus von Washington, der nächsten Stufe auf der Karriereleiter, bekam es der ehrgeizige Neuling gleich mit Barack Obama zu tun. Der inzwischen amtierende Präsident wollte sein Konjunkturpaket zur Rettung der Volkswirtschaft bei Caterpillar in Peoria verkaufen. Im Präsidentenflugzeug nahm er den CEO von Caterpillar Jim Owens und den Abgeordneten Aaron Schock mit auf die Reise. Von dem einen erwartete er Zusammenarbeit, von dem anderen Zustimmung bei einer Ansprache vor der Belegschaft von Caterpillar.

Aber Owens traute dem Stimuluspaket nicht, wollte 20.000 Leute weltweit entlassen, und Schock stimmte im Kongress in Washington mit Nein. Dabei hatte Obama ihn einen »very promising young man« genannt. Die Zeitschrift *Time* zählt Schock zu den Hoffnungsträgern einer neuen republikanischen Generation, ein Obama der anderen, der konservativen Seite. Die Probebühne Peoria versorgt die Nation noch immer mit neuen Akteuren im Drama der amerikanischen Geschichte.

4
Hoffnung und Zurückweisung

Die europäische Entdeckung und Besiedelung der Neuen Welt ist eine der größten Überlieferungen der Menschheitsgeschichte. Die beiden Kontinente der westlichen Hemisphäre wurden aus ihrer traditionellen Existenz gerissen und für die europäischen Nationen in eine »neue Welt« verwandelt. Amerika blieb ein separater Ort, aber seine Gesellschaft, seine Ökonomie und sein Schicksal wurden zu einem Spiegelbild Europas, seiner Geschichte und Konflikte. Die Kulturen und Gesellschaften der Urbevölkerung Amerikas wurden entweder zerstört oder bis zur Unkenntlichkeit verändert. Gleichzeitig wurden auch die Europäer dauerhaft durch die Einflüsse aus der Neuen Welt verändert, indem sie auf der anderen Seite des Atlantiks ein Spiegelbild ihrer selbst schufen.

Diese gegenseitige Befruchtung zwischen den Europäern und ihren amerikanischen Abkömmlingen prägt ihre gemeinsame Existenz seit beinahe 500 Jahren. Bis heute versteht keine der beiden Seiten des Atlantiks wirklich, in welchem Maße sie von der jeweils anderen Seite beeinflusst wird. Der Akt der Erforschung und Kolonialisierung des neuen Kontinents war in seinen Konsequenzen derart dramatisch und weitreichend, dass weder die Entdecker noch ihre Nachkommen die Implikationen ihrer Existenz im vollen Umfang verstehen können. Wir sind ein kulturelles und soziales Gebilde, das Dutzende unterschiedlicher Identitäten birgt. Keine kann sich von dem Bedürfnis freimachen, die atlantische Welt in ihrem jeweiligen Image zu definieren.

Zu Beginn ihrer Souveränität verspürten die Vereinigten Staaten den dringenden Wunsch, sich unabhängig von der europäischen Heimat zu definieren. Indem sie behaupteten, sich grundlegend von Europa zu unterscheiden, obwohl sie weiterhin enge Bindungen daran hatten, erschufen die Vereinigten Staaten das, was ich als »Mythos der Verortung« bezeichnen würde. Der Glaube an den amerikanischen Exzeptionalismus wurde zu einem fest verwurzelten Bestandteil der Psychologie der Vereinigten Staaten.

Seit dem Zweiten Weltkrieg haben die Europäer diesen Prozess umgekehrt. Ein daniederliegender Kontinent musste ein neues Gefühl der Identität entwickeln, die durch Krieg und Teilung zerstört worden war. Der eigene »Mythos der Verortung« der Europäer bestand darin, sich von der globalen Vision der frühen Entdecker zu verabschieden und ihre Zukunft innerhalb der geografischen und organisationellen Grenzen eines Nachkriegseuropa zu definieren, selbst als ihre Interessen bereits weit über diese Grenzen hinausreichten.

In Wirklichkeit verliefen die kulturellen und ökonomischen Grenzen, welche die verschiedenen Identitäten definieren, niemals quer durch den Atlantik. Unser reiches kulturelles Erbe entzieht sich einer simplen Aufspaltung in ein Europa und ein Amerika. Im Verständnis des Prozesses der Hoffnung und Zurückweisung, der unsere beiden separaten Identitäten geformt hat, liegt einer der Schlüssel zum Aufbau einer Zukunft des Wohlstands auf beiden Seiten des Atlantiks im neuen Jahrtausend.

Ich habe schon früh aus meiner eigenen Familie etwas über Hoffnung und Zurückweisung erfahren. Meine Großeltern sowohl väterlicher- als auch mütterlicherseits waren in Europa geboren: zwei in Ostpreußen und zwei im britischen Cornwall. Meine deutschen Großeltern emigrierten 1882 kurz nach ihrer Hochzeit. Sie waren weder arm noch politische Flüchtlinge; sie wollten ganz einfach ein neues Leben in der Neuen Welt aufbauen.

Als sie ihre Hochzeit planten, erzählte meine Großmutter Luise ihrem Verlobten Christian, ihre Cousine habe sie eingeladen, zu ihnen nach Amerika zu ziehen. Sie wollte auswandern, Christian jedoch nicht. »Gut«, sagte sie daraufhin, »dann gehe ich eben alleine.« Selbstverständlich ging er mit. Sie wurden Farmer und bekamen acht Kinder. Doch trotz des Drängens eines ihrer Söhne wollten sie nie nach Deutschland zurückkehren. Sie weigerten sich auch, mit ihren Kindern Deutsch zu sprechen. Sie wollten, dass diese ausschließlich Amerikaner wären.

Wie meine Großeltern wanderten die Europäer aus vielfältigen Gründen nach Amerika aus. Wie auch immer ihre Absichten lauteten – die Auswanderer und die Kräfte, die sie zum Aufbruch drängten, waren unauslöschlich von dieser Erfahrung gezeichnet. Hinweise auf die Ursprünge des heutigen amerikanischen Verhaltens lassen sich in der Geschichte der europäischen Einwanderer finden. Darüber hinaus wurde die politische und ökonomische Geschichte Europas erheblich von der großen geografischen Expansion der europäischen Zivilisation beeinflusst, die durch die Besiedelung Amerikas ermöglicht wurde.

Zahlreiche wichtige Güter des heutigen europäischen Lebens, zum Beispiel Zucker, Tabak und Kartoffeln, stammen aus dieser Neuen Welt. Noch bedeutungsvoller für unsere Zwecke ist allerdings die Art und Weise, wie die frühe Entwicklung dauerhafter Gemeinschaften in Nordamerika sowohl die Ökonomien als auch das intellektuelle Leben Englands und Frankreichs stimulierten. Sowohl die industrielle Revolution in England als auch die Französische Revolution erhielten ihren Stimulus durch Ereignisse in der neuen Welt. Doch auch die Versklavung der afrikanischen Völker war eine Folge der neuen Kolonien, ebenso wie die Ausrottung vieler eingeborener Kulturen.

Unser Ziel ist nicht, die komplette Geschichte der neuen Welt nach-zuzeichnen. Wichtiger ist das Verständnis, wie sich die nordameri-kanischen Gebiete, die in erster Linie von Engländern, Franzosen und Nordeuropäern besiedelt wurden, zu den modernen Nationen USA und Kanada entwickelten. Diese beiden Länder teilen mehr als eine gemeinsame Grenze. Der Reichtum, der von Europäern auf ihrem damaligen Territorium erarbeitet (oder geraubt) wurde, die Schlachten, die gefochten wurden – vor allem die, in denen sich Engländer und Franzosen gegenseitig bekämpften –, sowie die dar-aus resultierende Expansion der europäischen Gesellschaften über den Atlantik sind für die heutige amerikanische *narrative* von zen-traler Bedeutung.

Als Erstes kamen die Entdecker, die sich auf den Weg machten, um das Abenteuer zu suchen oder einfach nur Geld zu verdienen. Ko-lumbus überzeugte die spanische Krone davon, dass er die osmani-sche Kontrolle der Routen nach Asien durchbrechen konnte, indem er einen westwärts gerichteten Kurs über den Atlantik aufzeichnete, über den er nach Japan gelangen würde. Diese Berechnungen ent-puppten sich als falsch, aber die Erträge seiner Reise waren um ein Vielfaches höher, als seine Sponsoren erwartet hatten. Geschichten über die ungeheuren Reichtümer, die die spanischen Entdecker in Mittel- und Südamerika vorfanden, oder die reichen Zuckerrohr-vorkommen in der Karibik regten die Fantasie Hunderter vor Aben-teurern an, die sich auf den Weg in die Neue Welt machten.

Expeditionen nach Virginia oder Kanada wurden von Investoren, den Risikokapitalgebern der damaligen Zeit, aus dem einfachen Grund finanziert, dass sie hofften, zu Reichtum zu gelangen. Vor allem die Entstehung englischer Siedlungen wurde sowohl von der wachsenden Schicht der Industriellen und Kaufleute als auch von der zunehmenden Zahl einfacher Bürger begünstigt, die ein neues Leben in der Neuen Welt beginnen wollten.

Für die Europäer des 16. und 17. Jahrhunderts war diese Welt ge-nau das – sehr neu, sehr unbekannt und bisweilen furchterregend.

Die Entdecker brachten Geschichten von Städten aus Gold und Ungeheuern aller Arten mit. Dort gab es in den Anden Eingeborene mit Köpfen wie Hunde, patagonische Riesen, die mehr als drei Meter groß waren, Albino-Hermaphroditen, Schlangen und alle möglichen anderen Ungeheuer.

Wenn Augenzeugenberichte nicht ausreichten, erfanden die Daheimgebliebenen einfach die unglaublichsten Fantasiebilder. Das Problem war, dass die Neue Welt so ganz anders und bisweilen sehr exotisch war. Ihre Geografie, ihr Klima und ihre Bewohner boten mehr als genug Stoff, um Schriftsteller und Intellektuelle für Jahrhunderte über das Leben und die Eigenheiten ihrer Einwohner grübeln zu lassen.

Zum Beispiel stellten europäische Schriftsteller bereits im 16. Jahrhundert, als noch sehr wenige Europäer in Amerika lebten, die Werte des dortigen Lebens infrage. Die Vorstellung einer derart ungezügelten Wildnis weckte das Interesse der europäischen Bevölkerung, das die herrschenden Monarchen zu kontrollieren versuchten. Die Bilder primitiver freier Völker brachten viele soziale Theorien ins Wanken, die von Intellektuellen im Rahmen eng geknüpfter Strukturen entwickelt worden waren – ein Erbe des feudalen Europa. Für einige konnte es daraus nur eine Schlussfolgerung geben: Amerika war ein massiver Fehler, ein Beispiel für die verfehlte Navigation Kolumbus' und für die kriminellen Absichten der Entdecker, die ihm nachfolgten.

Diesen Gefühlen verlieh der Comte de Buffon in seiner 1774 erschienenen *Histoire Naturelle* Ausdruck:

> »In diesen melancholischen Regionen bleibt die Natur unter ihrem alten Gewand versteckt und zeigt sich nie in frischer Tracht. Da sie weder gepflegt noch kultiviert wird, öffnet sie nie ihren segensreichen Leib ... In diesem öden, verlassenen Zustand welkt, verfault und verkümmert alles. Die Luft und die Erde, überladen mit Feuchtigkeit und schädlichen Dämpfen, sind nicht in der Lage, sich selbst zu reinigen oder von dem Einfluss der Sonne

zu profitieren, die ihre belebendsten Strahlen vergeblich auf die frigiden Massen richtet.«

Mit Beginn des 17. Jahrhunderts veränderte sich der Charakter der englischen Kolonien in Nordamerika. Von nun an kamen Einwanderer, die ihre Heimat auf der Suche nach einem neuen Leben verlassen hatten und weniger nach Gold und Reichtümern gierten. Viele der ersten Gruppen, die in das englische Nordamerika kamen, waren Religionsgemeinschaften, die Schwierigkeiten hatten, in der repressiven Atmosphäre Europas zu existieren. Andere waren Sozialreformer, die danach strebten, neue Formen der Gemeinschaft zu gründen. Und viele waren einfach Menschen, die sich ein besseres Leben wünschten.

Da waren die berühmten Puritaner, die aus ihrer englischen Heimat über Holland nach Massachusetts kamen. Da waren die Mennoniten aus Krefeld, die als erste offizielle deutsche Siedler 1683 das Gebiet des heutigen US-Bundesstaats Pennsylvania besiedelten, das später zu den 13 Gründerstaaten der Vereinigten Staaten von Amerika gehören sollte. Pennsylvania selbst wurde von dem Quäker-Führer William Penn als Hafen für Ausgestoßene aus Europa organisiert. Unmittelbar südlich davon gründete Lord Calvert die Maryland Colony als Refugium für Katholiken, die in England den Stachel der Intoleranz spürten.

Hier muss erwähnt werden, dass die meisten Engländer und Franzosen kein Interesse am Bezwingen der Wildnis in der Neuen Welt hatten. Diese erschien ihnen seltsam, gefährlich und abgelegen. Vor allem in den englischen Kolonien waren diejenigen, die bereit waren, sich in der Neuen Welt niederzulassen, oft wahre Gläubige mit einer entweder streng religiösen, sozialen oder rein kommerziellen Orientierung. Zu den stärksten Motivationen vieler dieser Gruppierungen gehörte die Mischung aus strengen Prinzipien, dem Wunsch nach einem besseren Leben und einer Betonung der Eigeninitiative. Eine Gruppe folgte der nächsten, bis die Gesellschaft in Britisch-Nordamerika ihre dauerhafte Gestalt annahm.

Die französischen Entdecker und Einwanderer, die noch vor den Engländern den Sankt-Lorenz-Strom bis zu den Großen Seen überquert hatten, entwickelten in diesen Gebieten eine starke Stellung. Viele heutige Städte in den Vereinigten Staaten wie Detroit, St. Louis und New Orleans wurden ursprünglich von Franzosen besiedelt. Als Folge der Schlacht auf der Abraham-Ebene vor den Toren der Stadt Québec im Jahr 1759 mussten die Franzosen im Rahmen des Pariser Friedens einige Jahre später ihre Territorien in Kanada an die Briten abtreten. Der kulturelle und ökonomische Einfluss der Franzosen blieb in den Gebieten bis zum Mississippi jedoch noch bis in die Anfänge des 19. Jahrhunderts unverändert stark.

Allerdings bestimmten die englische Sprache und das britische Wirtschafts- und Rechtssystem den Lebensstil und die Zukunft sowohl der Vereinigten Staaten als auch Kanadas. Die Macht der britischen Monarchie wurde seit mehreren Jahrhunderten von einem gewählten Parlament begrenzt. Die Tradition freier kaufmännischer und intellektueller Gesellschaftsklassen war fest etabliert. Die Zahl der Freidenker aller Richtungen vermehrte sich ständig, und das trotz der häufigen Unterdrückung durch die britische Krone und die Kirche von England.

Harvard-Professor David Landes kommentiert dies in seinem wegweisenden Buch *The Wealth and Poverty of Nations* (deutsch: *Wohlstand und Armut der Nationen*) folgendermaßen:

>»Für einige Nationen, zum Beispiel Spanien, stellte die Öffnung der Welt eine Einladung zu Reichtum, Prunk und Anmaßung dar – eine ältere Handlungsweise, jedoch in wesentlich größeren Dimensionen. Für andere, Holland und England, war es eine Chance, neue Dinge auf eine neue Art und Weise zu tun, die Welle des technologischen Fortschritts einzufangen. Und für wieder andere wie die amerikanischen Indianer war es die Apokalypse,

ein grauenhaftes Schicksal, das ihnen von außen aufgezwungen wurde.«

Diese Elemente – der feste Glaube an die Integrität der eigenen Sache, das offenere und liberalere Wirtschafts- und Sozialsystem Großbritanniens und die Unberechenbarkeit eines ungezähmten Kontinents – trugen allesamt zu dem Gefühl des Ehrgeizes bei, der bis zum heutigen Tag ein grundlegendes Merkmal der Vereinigten Staaten darstellt. In den Worten von Tocqueville: »Das ganze Leben eines Amerikaners gleicht einem Glücksspiel, einer revolutionären Krise beziehungsweise einer Schlacht.«

Die gemäßigten, leicht zugänglichen Territorien im Norden Amerikas boten den Dynamiken der englischen Gesellschaft im 17. und 18. Jahrhundert einen perfekten Ort zur Entfaltung. Vor allem der Luxus von Raum und freiem Land, der fruchtbare Boden und die Sicherheit vor ausländischen Invasionen, die der Ozean bot, ähnelten dem Inselstaat England und boten die perfekte Umgebung für die Entwicklung der britischen Kultur des 18. Jahrhunderts zu dem Individualismus Amerikas, wie wir ihn heute kennen. Trotz seiner ausgesprochen großen Diversität bleiben die Vereinigten Staaten eine Gesellschaft, die auf den angelsächsischen protestantischen Traditionen beruht, einschließlich des Selbstvertrauens und oft auch der Selbstgerechtigkeit, die aus dem Leben auf einer sicheren und wohlhabenden Insel resultieren.

Die neuen Kolonien waren offen für neue Einwanderer und boten im Gegenzug Freiheit und Hoffnung auf Wohlstand. Es waren jedoch fleißige, familienorientierte Gemeinschaften, die von den Neuankömmlingen erwarteten, dass sie im Einklang mit der Moral des protestantischen Nordeuropa lebten. Gott und die Bibel waren für viele der neu gebildeten Gesellschaften die obersten Leitprinzipien. Harte Arbeit und Liebe zur Familie bestimmten die öffentliche Moral. Und vor allem hatten diese neuen Amerikaner die unwirtlichen europäischen Reviere verlassen, um ein neues Leben und ein neues Freiheitsgefühl zu finden, das ihnen in ihrem Heimatland oft verwehrt wurde.

Die Reichtümer des neuen Kontinents bescherten vielen Kolonien eine üppige Ernte. Zusammen mit ihrem Gefühl der moralischen Bestimmung machte es das erfolgreiche Leben den Einwanderern in Amerika leicht zu glauben, sie seien auserwählt. Sie waren diejenigen gewesen, die den alten, dunklen Kontinent gegen eine strahlende Zukunft in Amerika eingetauscht hatten.

Die Entbehrungen, die sie erleiden mussten, waren lediglich der Beweis für die Tugend ihrer Sache. Beinahe von Anbeginn betrachtete sich die Neue Welt als Beispiel für die gesamte Menschheit. John Winthrop, Gouverneur der Massachusetts Colony, verkündete 1630 eine Vision, die das amerikanische Denken bis heute leitet: »Wir müssen uns als Stadt auf einem Hügel betrachten; die Augen aller Menschen sind auf uns gerichtet.«

Vision und Mission in einem

Das Gefühl der Mission, das die frühe Periode der Kolonialisierung prägte, wird mit erstaunlicher Präzision von dem Projekt Plimoth Plantation im Süden von Boston eingefangen. Im Verlauf der Jahre hat eine private Stiftung ein Dorf nachgebildet, das der ersten Siedlung nachempfunden ist, welche die Pilgrims nach ihrer Ankunft auf dem amerikanischen Kontinent im Jahr 1620 gründeten. Der Kalender in Plimoth zeigt das Jahr 1627. Die Einwohner des Dorfes schlüpfen in die Rollen der Siedler aus dieser Zeit. Sie haben die damaligen regionalen Akzente gelernt, sich die Fertigkeiten der Handwerker und Farmer angeeignet, und sie können über die Hoffnungen sprechen, die diese kleine Gemeinde nur sieben Jahre nach ihrer Gründung hegte.

Ein Eindruck, der sich dem Besucher von Plimoth sofort aufdrängt, ist die Gewissheit der Einwanderer, ihr Vorhaben stehe unter dem Schutz Gottes. Heute würden die Pilgrims möglicherweise als religiöse Extremisten gelten. Jede ihrer Handlungen war von der Bibel geleitet. Bevor sie nach Amerika kamen, hatten sie sieben Jahre im holländischen Leiden gelebt, um der Einengung durch die britische Krone zu entkommen. Doch so tolerant Holland auch war, absorbierte es auch ihre Kultur. Die Pilgrims machten sich auf den Weg nach Amerika, um ihre Einzigartigkeit zu bewahren.

Eine derartige Gewissheit führte fast automatisch zu Selbstgerechtigkeit und Entfremdung sowohl vom Heimatland als auch von der neuen Umgebung, in der sie lebten. Die Massachusetts Colony überlebte zum großen Teil dank der Hilfe der eingeborenen Bevölkerung. Doch das Gefühl der moralischen Überlegenheit der Pilgrims war so stark ausgeprägt, dass sie nie eine Gemeinschaft mit den kultivierteren Ureinwohnern ihrer Region bildeten.

Fünfzig Jahre nach der ersten Besiedlung von Massachusetts wurden die Beziehungen so angespannt, dass zwischen den englischen Siedlern und den eingeborenen Amerikanern ein wahrhafter Krieg ausbrach, der als »King Philip's War« bekannt ist. Dieses Muster zog sich durch die gesamte westliche Expansion der USA in Nordamerika. Jede Bedrohung der Sicherheit der Siedler galt als moralische und kulturelle Katastrophe, die um jeden Preis verhindert oder beseitigt werden musste. Die eingeborenen amerikanischen Völker wurden aus ihrem Heimatland vertrieben oder einfach dezimiert. Ein ausgeprägtes Gefühl dieser Bedrohung durch Ungläubige war in George W. Bushs Krieg gegen den Terrorismus zu spüren.

Diese Tendenz, die Geschichte der Nation als ein auf den Konflikt zwischen Gut und Böse fokussiertes Nationalepos zu definieren, charakterisierte das amerikanische Leben beinahe von Anfang an. Die frühen Pilgrims, die die Siedlung Massachusetts Colony gegründet hatten, waren fromm und intolerant zugleich. Ihr aggressiver und kontrollierter Lebensstil lässt sich heute in zahlreichen Aspekten des amerikanischen Verhaltens wiederfinden.

Eine Nation, die gezwungen war, am Rande der Wildnis zu leben, hatte wenig Zeit für die Feinheiten der europäischen Zivilisation oder für die Introspektion, die etablierte Gesellschaften mit einer langen politischen Tradition betreiben. Als Ergebnis konzentrieren sich die Amerikaner auch heute noch stärker auf die Bildung ihrer Gesellschaft als auf die Erklärung ihrer Bedeutung.

Europäer kritisieren oft das Fehlen einer wahrhaft intellektuellen Debatte in den Vereinigten Staaten sowie die Oberflächlichkeit vieler Gespräche. Auch die Amerikaner selbst verurteilen häufig die anti-intellektuellen Tendenzen in ihrem öffentlichen Leben. Doch am Ende haben sie wenig Zeit für eine komplexe soziale und strukturelle Analyse, die das Fundament des »intellektuellen« Diskurses in den traditionelleren Gesellschaften Europas und Asiens bildet. Amerikaner ziehen aus dem Staat weder Trost noch Autorität. Sie betrachten ihre Welt nicht als eine Sammlung von Gemeinschaften und Loyalitäten, welche die Wohltätigkeit eines oft störrischen Staates suchen. Sie empfinden keine Notwendigkeit, sich Fragen über die Ursprünge ihrer Gesellschaft zu stellen oder darüber nachzudenken, ob diese gerecht ist oder nicht, noch haben sie ein Gespür für Tragik. Sie leben ihre tägliche Gerechtigkeit und können in der Selbstanalyse keinen Wert erkennen.

Die Interessen der europäischen Monarchien an der Besiedelung Amerikas unterschieden sich stark von den Interessen der meisten Einwanderer. Es ist offensichtlich, dass wir dieselben Wurzeln haben. Die beiden Seiten des Atlantiks verbindet ein gemeinsames Schicksal, und zwar fast vom Moment der ersten Besiedlung des neuen Kontinents an. Die Identität Europas und Amerikas ist allerdings auch eine des Wettbewerbs und der Entfremdung.

Der europäische Fokus lag auf Macht und wirtschaftlichen Vorteilen. Die meisten der großen Kriege, die im 16. und 17. Jahrhundert in Europa geführt wurden, wurden auch in Amerika geführt. Mit dem fortschreitenden 18. Jahrhundert legte das merkantilistische System des Handels mittels der Bildung von Imperien ein neues Fundament für Wohlstand in Europa.

Die Verwalter der europäischen Kolonien teilten den moralischen Eifer der Siedler für die Rechtschaffenheit ihrer amerikanischen Erfahrung daher nicht. Sie blickten mit Argwohn und Zynismus auf die religiösen Überzeugungen vieler Siedler. Da sie eine tiefe Skepsis gegenüber den Mythen ihrer eigenen Gesellschaften hegten, gingen sie davon aus, dass die Amerikaner in Bezug auf die von ihnen dargestellten Werte genauso unehrlich waren. Anstelle moralischer Überlegenheit sahen sie oft Korruption, Unehrlichkeit und sogar Ruin in dem kolonialen Abenteuer. Sie behandelten die Kolonien als rohe, unzivilisierte Orte.

Als sich eine separate amerikanische Gesellschaft zu entwickeln begann, waren die Hoffnungen der neuen Amerikaner den Zielen der Gouverneure ihrer Kolonien oft genau entgegengesetzt. Für alle, die in der alten Heimat geblieben waren, war Amerika keineswegs ein gelobtes Land, sondern eine finstere Wildnis, die sich für wirtschaftliche oder militärische Ziele ausbeuten ließ, aber kein Teil der europäischen Zivilisation.

Im Gegenzug versuchten die Kolonialisten zu demonstrieren, dass sie nicht nur eigenständig waren, sondern dass ihre Version der europäischen Gesellschaft besser als die ihrer Mutterländer war. Dieser Streit über die Frage, wer der rechtmäßige Erbe der großen westlichen Traditionen ist, prägt die transatlantische Debatte bis heute.

Amerika als Spiegel
der europäischen Gesellschaft

Die endlose europäische Debatte über die Natur Amerikas erreichte ihren Höhepunkt im 18. Jahrhundert und flammte zu Beginn des 20. Jahrhunderts erneut auf. In jedem Fall fiel sie mit großen Umwälzungen zusammen, die sich in Europa vollzogen. Vielleicht liegt auch hier ein Ursprung der starken europäischen Amerika-Skepsis der letzten 15 Jahre.

Schließlich war die Besiedelung Amerikas Teil einer nach außen gerichteten Explosion des europäischen Handels, der europäischen Kultur, Religion und militärischen Macht, die eigentlich die erste moderne Phase der »Globalisierung« darstellte, wie wir es heute nennen. Zwischen 1500 und 1900 veränderten sich die gesamten geografischen, politischen und kulturellen Landkarten der Welt unter dem Druck der englischen Weltentdeckung. Große Teile der Welt wurden der übrigen Menschheit durch die Heldentaten der europäischen Abenteurer »eröffnet«. Diese Entdeckungsreisen ließen in der Folge neue Produkte und Industrien entstehen.

Fast von Anbeginn des Zeitalters der Entdeckung machten sich die europäischen Entdecker und Einwanderer im Zuge des Aufbaus ihres neuen Lebens in den neuen Territorien an die Ausrottung der eingeborenen Völker. Die Indianer in der Karibik, die Ureinwohner Nordamerikas, das Reich der Inka und Azteken – alle verschwanden unter dem Druck der europäischen Expansion. An vielen Orten wurden sie durch gebürtige Europäer ersetzt, die ihre eigenen, aus ihrem Heimatland mitgebrachten Versionen einer Gesellschaft etablierten.

Dieser Prozess vollzog sich besonders lückenlos in Nordamerika, Australien, Neuseeland und Teilen Südamerikas. Die »europäisierten« Kolonien bewegten sich rasch von Abhängigkeit in die Unabhängigkeit und zu etablierten Nationalstaaten auf Basis europäischer Sprachen und Traditionen. In vielen Fällen führten diese neuen Länder die Demokratie und das Prinzip der Gleichheit schneller ein als ihre ehemaligen Heimatländer. Sie wurden für ihre Offenheit und ihren Mangel an Respekt für die Verhaltensweisen der Alten Welt bekannt.

Im 18. Jahrhundert hatten die amerikanischen Kolonien noch eine weitere wichtige Funktion, nämlich als Deportationsziel für »unerwünschte« Personen aus der Alten Welt. Die Europäer der damaligen Zeit glaubten, das beste Mittel zum Umgang mit sozialen Störenfrieden bestehe ganz einfach darin, sich ihrer zu entledigen, das heißt sie zu deportieren. Dass diese Störenfriede möglicherweise zu den kreativsten Elementen einer autoritären Gesellschaft gehörten, wurde von den Europäern nicht erkannt und sollte sich als großer Gewinn für Nordamerika und Australien entpuppen.

Die britischen Kolonien in Nordamerika und die spanischen und französischen Kolonien in Südamerika begannen, als große Außen-Strafkolonien für die ehemaligen europäischen Mutterländer zu fungieren. Der südliche Teil der Vereinigten Staaten entwickelte dagegen eine eher merkantile Kultur, die oft die Großgrundbesitzgebiete Englands nachahmte. Ihre Vermögen wurden häufig auf großen Farmen erwirtschaftet, deren Überleben von der Sklaverei abhing. Diese Besiedelungsmuster beeinflussen das Leben in den Vereinigten Staaten bis zum heutigen Tag.

Die amerikanische Revolution, die von den Vereinigten Staaten so groß gefeiert wird, galt in England als das Werk von Profiteuren, Spekulanten und Schurken, die zur Rebellion gegen das Mutterland aufhetzten, um sich ihre eigenen Taschen zu füllen. Frankreich war über die Möglichkeit begeistert, die Unruhe des amerikanischen Pöbels auszunutzen, um die Engländer in Amerika niederzuhalten und zu schwächen und sich damit für die demütigende Niederlage bei Québec im Jahr 1759 zu rächen, die Frankreich letztlich aus Nordamerika vertrieb. Der englische Lexikograf Samuel Johnson kommentierte das kriminelle Verhalten, das zur amerikanischen

Revolution führte: »Ich bin bereit, alle Menschen zu lieben, außer einen Amerikaner.«

Es erübrigt sich die Erwähnung, dass der Reichtum und der Nationalstolz der Europäer während dieser Jahrhunderte immens zunahmen. Ein Gefühl der europäischen »offenkundigen Bestimmung« entstand, das bis zu den Kriegen des 20. Jahrhunderts unverändert anhielt. Das galt allerdings auch für die Debatte über den Sinn des europäischen Engagements in dieser Neuen Welt. Das 18. Jahrhundert war das Zeitalter des Diskurses und der Logik. Gelehrte Schriftsteller dieser Epoche sahen in der Entdeckung Amerikas Zeichen der brennendsten Probleme der Zeit. Interessanterweise wurde ein Großteil dieser Diskussion von französischen Gelehrten geführt, wie zum Beispiel Guillaume Reynal, dessen *Geschichte der Neuen Welt* mehr als 30 Bände umfasste. Doch auch britische Historiker und Theologen spielten eine wichtige Rolle.

Drei Themen scheinen diese erste große transatlantische Kontroverse dominiert zu haben: die Verkommenheit Amerikas und seiner Einwohner, die negativen Effekte der europäischen Gesellschaft auf die weltweite Suche nach Reichtum und Macht, die am dramatischsten von Amerika repräsentiert wurde, aber auch die Offenheit und Demokratie der Gesellschaften, welche die ausgewanderten Europäer dort gebildet hatten.

In seiner Beschreibung dieser Debatte des 18. Jahrhunderts kam der renommierte amerikanische Historiker Henry Steele Commanger zu der Schlussfolgerung:

> »An diesem Punkt war klar, dass diejenigen, die fragten: War Amerika ein großer Fehler?, nicht wirklich über Amerika sprachen, sondern über die Alte Welt, über Natur und Zivilisation, Merkantilismus und Physiokratie, über die Korruption und Ungemache, an denen ihre eigenen Gesellschaften krankten.«

Die Unabhängigkeit von Großbritannien gab den vier Millionen Einwohnern der Vereinigten Staaten neues Vertrauen und neue Tatkraft. Die Aufgabe der Eroberung eines neuen Kontinents wurde zum Brennpunkt großer Energien. Die erste Expansion in Richtung Westen fand mit der Entdeckung des Bergpasses Cumberland Gap statt, des ersten Landwegs über das Gebirge der Appalachen. Eine regelrechte Flut von Einwanderern ergoss sich daraufhin nach Tennessee und Kentucky sowie entlang des Mississippi.

Thomas Jefferson bereitete den Weg für das amerikanische Gefühl der »offenkundigen Bestimmung«, der *manifest destiny*. Das ist eine amerikanische Doktrin des 19. Jahrhunderts, der zufolge die Vereinigten Staaten einen göttlichen Auftrag zur Expansion hatten, vor allem über die Grenzen des Mittleren Westens hinaus in Richtung Pazifik. Jefferson kaufte Frankreich einen großen Teil des amerikanischen Kontinents ab, der vom Mississippi bis zum heutigen Kanada reichte. Dieser sogenannte »Louisiana Purchase« fügte dem amerikanischen Charakter ein neues und entscheidendes Element hinzu. Das »Grenzland« war Laboratorium und Fundament einer ehrgeizigen amerikanischen Nation. Jefferson selbst glaubte, die amerikanische Expansion würde zu einem »Imperium für Freiheit« führen. Er fügte hinzu: »... Ich bin davon überzeugt, dass keine Konstitution jemals so gut für ein ausgedehntes Imperium und für Selbstregierung ausgearbeitet wurde.«

Diese Expansion in Richtung Westen verstärkte die Eigenschaften Selbstvertrauen, Ehrgeiz und Pietät, die von den ersten Einwanderern 200 Jahre zuvor etabliert worden waren. Amerika wurde eine raue und aggressive Gesellschaft, in der Fleiß und Gewinnstreben eine höhere Wertschätzung genossen als Stabilität und Kultur.

Die besondere Natur der Amerikaner

Während dieser Periode begannen sich zwei besondere amerikanische Eigenschaften zu entwickeln, welche die Vereinigten Staaten von ihren europäischen Wurzeln unterscheiden: Fairness und Konformität.

Aus dem Pragmatismus resultiert der amerikanische Glaube an Fairness, eine Eigenschaft, die von Europäern oft gepriesen wird. Als ich zum ersten Mal nach Deutschland kam, stellte ich fest, dass es im damaligen Sprachgebrauch keine echte Übersetzung für das amerikanische Wort *fairness* gab. In der Zwischenzeit hat der englische Originalbegriff, der den Umgang mit anderen Menschen beschreibt – nämlich ausgewogen, tolerant und pragmatisch –, in weiten Teilen Europas Eingang in die jeweilige Landessprache gefunden. Fairness beschreibt eine Eigenschaft, die sich die meisten Amerikaner selber zuschreiben würden, und damit hätten sie wahrscheinlich recht. Eine Gesellschaft, die sicher in ihren Verankerungen ist, hat keinen Bedarf an Streitigkeiten und der hitzigen Verteidigung gegensätzlicher Standpunkte, wie es in vielen anderen Gesellschaften der Fall ist. Sie kann es sich leisten, anderen Menschen mit anderen Ansichten tolerant zuzuhören und mit ihnen zu kooperieren.

Diese Lektion habe ich Mitte der achtziger Jahre sehr eindrücklich gelernt, als ich US-Gesandter im geteilten Berlin war. Ich machte mir Sorgen darüber, dass die Diskussion über die Zukunft Europas aufgrund der großen Friedensdebatte, die von den Konflikten über die Stationierung von Mittelstreckenraketen in Europa sowie von den Unruhen in Polen und anderen osteuropäischen Ländern ausgelöst worden war, vom Kurs abkommen würde. Nach meiner Ansicht hatten die deutschen Befürchtungen über die Gefahr eines Nuklearkriegs die deutsche Öffentlichkeit dazu veranlasst, die demokratische Gewerkschaftsbewegung Solidarność nicht in dem Umfang zu unterstützen, der nötig gewesen wäre.

Um diesen Problemen auf den Grund zu gehen, organisierte ich in meinem Amtssitz regelmäßige Dinner-Veranstaltungen, auf denen die Zukunft Mitteleuropas diskutiert wurde. Die Teilnehmer kamen aus unterschiedlichen Ländern und vertraten die unterschiedlichsten Ansichten. Ich fand die Gespräche überaus anregend und nützlich. Doch bald wurde ich von den Reaktionen vieler deutscher Teilnehmer überrascht. Einige sagten, sie würden nicht wiederkommen, weil sie nicht mit Leuten an einem Tisch sitzen könnten, die derart gegensätzliche Meinungen vertraten. Ein Teilnehmer sagte mir, er könne niemals mit Solidarność zusammenarbeiten, egal wie demokratisch diese Bewegung sei, weil sie von der katholischen Kirche unterstützt würde.

Andere dagegen beglückwünschten mich. Sie sagten, sie hätten an meinem Tisch Menschen kennengelernt, mit denen sie in einem anderen Kontext niemals gesprochen hätten. Diese Menschen begrüßten das amerikanische Bekenntnis zu Fairness und Offenheit, selbst wenn sie einen Großteil der Ansichten, die bei meinen Dinner-Veranstaltungen geäußert wurden, nicht teilten.

Doch so positiv amerikanische Fairness auch sein kann, wir finden genau hier zwei fundamentale Paradoxe des amerikanischen Lebens: Konformismus und Selbstgefälligkeit ... Als Folge einer fehlenden Grundsatzdebatte besteht auch die Tendenz, Menschen oder Politiker abzulehnen, welche die grundlegenden Glaubenssätze der populären Kultur infrage stellen. Wenn die Fundamente einer Gesellschaft als endlos offen für Verbesserungen betrachtet werden, müssen diejenigen, die nicht an Amerikas Streben nach Perfektion glauben, irgendwie anders und vielleicht sogar gefährlich erscheinen. Wenn die Wünsche der Bevölkerung als gottgegeben gelten, werden diejenigen, die eine Einschränkung dieser Wünsche vorschlagen, zur Zielscheibe der Kritik und bisweilen sogar der Wut.

Freiheit und Toleranz sind in Amerika weit verbreitet. Doch wie oben erwähnt beruhen die Fundamente der amerikanischen Identität auf den Prinzipien der Anschauung und des Verhaltens, nicht auf organischen Gemeinschaften oder historisch basierten Institutionen. In der heutigen, vom Computer geprägten Sprache würden wir sagen, dass Amerikaner in einer virtuellen Nation leben, in der die Prinzipien und Institutionen durch Verhalten und nicht durch etablierte Strukturen gebildet werden.

Es gibt keine lange historische Tradition, auf die sich zurückgreifen lässt. Diese Eigenschaft wurde auch von Tocqueville beobachtet: »In Amerika errichtet die Mehrheit gewaltige Barrieren rund um die Meinungsfreiheit; innerhalb dieser Barrieren mag ein Autor schreiben, was er möchte, doch wehe, er überschreitet sie.«

Selbst in ihrem Individualismus neigen die Amerikaner zu einem größeren Konformismus in Fragen des Geschmacks und der Moral als viele Europäer. Das Bedürfnis, sich an etablierte Verhaltensmuster anzupassen, war notwendige Voraussetzung, um als Einwanderer in der neuen Heimat akzeptiert zu werden.

Es sind die Konflikte innerhalb der europäischen Gesellschaften, die ebenfalls die Tendenz zum Attackieren grundlegender Prämissen des Lebensführung bestätigen. Anders als immer noch oft in Europa schließen Amerikaner Angehörige anderer Gruppen nicht aus der Gesellschaft aus. Will ein Neuankömmling jedoch von der amerikanischen Gesellschaft akzeptiert werden, muss er in jeder Hinsicht ein »Amerikaner« werden.

Diese Eigenschaft setzt sich bis heute im austauschbaren Erscheinungsbild der amerikanischen Städte, dem Fehlen tiefgründiger intellektueller Gespräche und Debatten sowie in der schnellen und oft heftigen Reaktion auf Kritik von außen fort. Selbst die leisesten Zweifel und die mildeste Kritik von außen werden allzu oft als »Anti-Amerikanismus« abgestempelt.

Alternative Lebensstile werden toleriert, aber nur innerhalb des traditionellen amerikanischen Rahmens. Und im diplomatischen Umgang nehmen amerikanische Verhandlungsführer oft streng

Vorbild und Feindbild

In den 1980er Jahren und während der Regierung Reagan produzierten mein Korrespondenten-Kollege Hans-Joachim Friedrichs und ich
die Sendereihe Bilder aus Amerika. Wir reisten in das amerikanische
Hinterland und über seine Nebenstraßen, schilderten den amerikanischen Alltag und seine Besonderheiten. Wir fanden eine freundliche und friedliche Gesellschaft, die so gar nicht zur Kraftmeierei
und Kriegsrhetorik im Weißen Haus passte. Damals stellte Friedrichs
fest: »Alles, was du über Amerika sagst, stimmt – und das Gegenteil
auch.«

Das Amerika-Image bildet sich also im Auge des Betrachters. Die einen freuen sich über Jeans und Jazz, den American way of life und
seine optimistische Grundaussage. Die anderen fragen: Was ist das
für ein barbarisches Volk, das die Indianer ausrottet, Atombomben
abwirft, Folterkammern unterhält und Amokläufer heranzieht? Was
ist das für ein Land, das Blut für Öl vergießt, Napalm auf Reisbauern
wirft und seine Besten selbst umbringt, wie Martin Luther King und
John F. Kennedy? Was sind das für Politiker, die das eigene Volk und
die Welt anlügen, um Kriege zu führen und Macht zu demonstrieren?

Jene, die Amerika nur durch die Feindbildbrille sehen, halten die USA
für die gemeinste und gefährlichste Nation der Welt. Dieser Antiame-
rikanismus ist dann salonfähig, wenn amerikanische Präsidenten
wie Ronald Reagan oder George W. Bush mit dem Säbel rasseln. Er
schläft auch nicht, sondern schlummert nur, wenn Amerikaner Gutes
tun, wie großzügige Spenden für Afrika und den Kampf gegen Aids,
den Sieg über den Faschismus und Geld für den Wiederaufbau Europas. Heilsbringer wie Bill Clinton und Barack Obama werden daran
gemessen, wie oft sie Frieden sagen und für ihre Verbündeten ohne
Gegenleistung einstehen, wie oft sie auf die Krisen der Welt verwei-
sen und doch auf Diplomatie setzen. Der Betrachter von außen sieht
Amerika schwarz oder weiß, als Vorbild oder als Feindbild. Dabei ist
es eine Nation wie andere auch – nur größer, mächtiger und deshalb
öfter zur Verantwortung gezogen. *(DK)*

prinzipientreue Positionen ein, die ihre eigenen Interessen unterminieren. Ein Großteil des Verhaltens der amerikanischen Regierung in den letzten acht Jahren lässt sich auf dieses Merkmal der nationalen Persönlichkeit zurückführen.

Es sind diese tiefen Unterschiede im kulturellen Verständnis, welche die Kluft zwischen den Ursprüngen der Gesellschaften markieren, die einst die amerikanischen Kolonien gründeten, und dem Bewusstsein der Europäer, die in diesen Kolonien lebten. Diese Kluft repräsentiert die nie endende Geschichte, die sich bis zum heutigen Tag direkt auf den Umgang zwischen Amerikanern und Europäern auswirkt.

»Ich mag sie nicht. Ich mag ihre Prinzipien nicht. Ich mag ihre Umgangsformen nicht. Ich mag ihre Ansichten nicht. Ich mag ihre Regierung nicht«, schrieb Frances Trollope, eine englische Dame der Gesellschaft, die in den zwanziger Jahren des 19. Jahrhunderts mit ihrer Familie sieben Jahre lang in den Vereinigten Staaten lebte.

Trollope wurde später mit ihrem Buch *Domestic Manners of the Americans* berühmt, das sie nach ihrer Rückkehr nach England veröffentlichte. Sie war die erste von zahlreichen europäischen Reiseschriftstellern, die im 19. Jahrhundert dramatische Berichte über Amerika nach Hause sandten. Graf Alexandre de Tocquevilles Buch *De la démocratie en Amérique* (deutsch: *Demokratie in Amerika*) ist eine klassische Analyse eines Bewunderers der amerikanischen Gesellschaft, die bis zum heutigen Tage nicht an Relevanz verloren hat. Die Mehrheit schien jedoch mit Sigmund Freud übereinzustimmen, der nach seinem ersten Besuch der Vereinigten Staaten in einem Brief an seine Frau schrieb: »Amerika ist ein Fehler, ein gigantischer Fehler.«

So rau das Leben in Nordamerika auch gewesen sein mag, es bot eine Belohnung, die viele der europäischen Intellektuellen nicht genügend gewürdigt haben, und zwar das Gefühl individueller Freiheit und Leistung; die Freiheit, nach den eigenen Vorstellungen zu leben und zu denken. Und vor allem die Freiheit, die Gesellschaft und selbst die Geschichte als Teil der individuellen Ambition zu betrachten und nicht als Aufeinanderfolge von Dynastien, Kriegen und Erlassen, wie es in Europa oft der Fall war. Freiheit und Wohlstand wurden nicht von einer repressiven Aristokratie ausgepresst, vielmehr sind sie das Produkt individueller Leistung. Der »Staat« im europäischen Sinne existiert nicht. Oder wie Hegel einst sagte: »Amerika ist eine bürgerliche Gesellschaft ohne Staat.«

Henry Adams war der Enkel des zweiten amerikanischen Präsidenten, John Adams. Ende der fünfziger Jahre des 19. Jahrhunderts verbrachte er ein Jahr an der Universität in Berlin. In der Beschreibung seiner dortigen Lehrtätigkeit, die er viele Jahre später in seinen gefeierten Memoiren *The Education of Henry Adams* präsentierte, reflektiert er über die ablehnende Haltung der Amerikaner gegenüber Autorität:

> »Die Ausbildung war nicht schlecht. Es war das System, das die systemlosen Amerikaner mit Schrecken erfüllte ... Keine andere Fähigkeit als das Gedächtnis schien Anerkennung zu finden; am wenigsten die Verwendung des Verstands ... Die deutsche Regierung ermutigte nicht zur rationalen Argumentation ... Alle staatliche Bildung und Erziehung gleicht einer Art Dynamo, der dazu dient, den Volksverstand auf die Drehung und Beibehaltung der Kraftlinien in die Richtung zu trimmen, die für die Staatszwecke am effektivsten ist.«

Die meisten Amerikaner schienen schon frühzeitig mit Platon übereinzustimmen, der in seinem *Ion* schrieb: »Die Dichtung liegt näher an der entscheidenden Wahrheit als die Geschichte.« Amerikaner glauben, dass Freiheit und soziale Harmonie aus diesem beinahe poetischen Zusammenspiel der Elemente entstehen. Der berühmte amerikanische Historiker des 19. Jahrhunderts, Frederic Jackson Turner, sah in der Offenheit der großen nordamerikanischen Grenze die reine Verkörperung dieser amerikanischen Eigenschaften. Amerikaner, so sagte er, »hegen eine Antipathie gegen Kontrolle«.

Amerika gab diese demokratische Hoffnung während der Revolutionen von 1848 an Europa zurück. Die Vereinigten Staaten waren das einzige große Land, das die Souveränität der Frankfurter Nationalversammlung anerkannte. Als Beitrag der Navy zur neuen deutschen Demokratie sandte Amerika sogar eine bemannte Fregatte nach Bremen. Und als die Revolution niedergeschlagen wurde, flohen die Europäer zu Tausenden nach Amerika, um in Freiheit zu leben.

1848 setzte eine Welle der europäischen Emigration in die Vereinigten Staaten ein, die bis zum Ersten Weltkrieg dauerte. Die Konsequenzen dieser großen Migrationsbewegung werden üblicherweise aus ökonomischer und kultureller Perspektive beschrieben, aber die Grundlagen, die 1848 gelegt wurden, hatten ebenfalls einen wichtigen Effekt auf die zukünftige Entwicklung Europas und der Vereinigten Staaten. Und diese Effekte waren nicht immer positiv.

Professor Horst Dippel von der Universität Kassel erinnert an die heftigen politischen Auseinandersetzungen in Deutschland vor und nach der Revolution von 1848:

> »Doch diese Auseinandersetzungen führten nicht zu einer Stärkung der Freiheit des Einzelnen in Deutschland, sondern zu einer Betonung des Übergewichts des Staatsgedankens, und das in einer Zeit, als Millionen Deutsche das Land verließen, um in Amerika ein neues Leben zu beginnen ... die Auswanderer hatten eine Vorstellung von Freiheit und menschlichen Entfaltungsmöglichkeiten, von Leben, Freiheit und dem Streben nach Glück in Amerika.«

Die Ziele der Zeit um 1848 fanden ein großes Echo in den Vereinigten Staaten. Das amerikanische Bild von Europa wurde stark durch politische Flüchtlinge und Einwanderer beeinflusst. Wichtig ist dabei der Umstand, dass die großen Auswandererströme zeitgleich mit dem Beginn der europäischen Konflikte und des autoritären deutschen Nationalismus entstanden.

Das heißt, die Auswanderung war für die Beziehungen zwischen Europa und den USA seit dem 19. Jahrhundert ein zweischneidiges Schwert. Auf der einen Seite führte sie zu engen Kontakten und einer Integration der pragmatischen Aspekte der europäischen Kultur in die amerikanische Ethik. Ich bin zum Beispiel sicher, dass die positive amerikanische Haltung gegenüber Deutschland nach dem Zweiten Weltkrieg durch diese unterschwellige Bindung beeinflusst wurde.

Auf der anderen Seite führte sie zu einer verhohlenen Antipathie, die bis heute anhält und die ich bei meinen eigenen Großeltern erlebt habe. Die Einwanderer, und besonders die deutschen Einwanderer, wurden zu anderen, amerikanisch geprägten Europäern: tatkräftig und erfolgreich, aber äußerst individuell; sie lehnten die autoritäre Gesellschaft des Kaiserreichs entschieden ab. Hier liegen auch die Wurzeln des amerikanischen Isolationismus, der die USA so lange von einem Eingreifen in europäische Konflikte – mit verheerenden Folgen – abgehalten hatte. Die Liste der erfolgreichen, konservativen Deutsch-Amerikaner ist sehr lang. Aber nur selten identifizieren sie sich mit dem harmonischen Sozialstaat, wie man ihn heute in Deutschland findet. Donald Rumsfeld steht stellvertretend für viele dieser konservativen Deutsch-Amerikaner.

Die Antipathie beruhte auf Gegenseitigkeit. Ein nationalistisches Deutschland blickte unsicher und argwöhnisch auf den großen nordamerikanischen Partner. Manche fühlten sich von den amerikanischen Ambitionen überfordert. Wenn man heute die politische Berichterstattung aus dieser Zeit liest, erfährt man von den starken Bedenken, die aufgrund der deutsch-amerikanischen »Machtkonfrontation« auf beiden Seiten des Atlantiks herrschten.

Viele waren über die amerikanische »Systemlosigkeit«, wie es Henry Adams vor 150 Jahre nannte, immer noch sehr beunruhigt. Der berühmte Reisejournalist Arthur Holitscher beschrieb die Situation schon 1913:

»Die treibende Unruhe ist es, aus der man hier herüben so vieles erklären muss. Die Hast Amerikas ist keine simple Hetzjagd nach dem Dollar ... Sondern der Dollar ist nun mal eben die gegenwärtige Münzeinheit, durch die die ungeheuere Arbeit, die Amerika in seiner Hast fördert, bezahlt wird. Aktivität ist das Wort, das dieses Land, das Rätsel dieses befremdlichen Landes erklärt ...«

Dieses befremdliche Land. Wie ähnlich doch die heutigen Urteile klingen, wie bekannt die Vorwürfe der amerikanischen Kulturlosigkeit, der berüchtigten »amerikanischen Zustände« und des amerikanischen Unilateralismus!

Partnerbeziehung und Ablehnung im 20. Jahrhundert

Gegen Ende des 19. Jahrhunderts hatte sich Amerika zu einem ernsthaften Wettbewerber im Weltgeschehen entwickelt, und die Diskussion darüber, welche Seite des Atlantiks das beste Modell für die neue Industrierevolution bot, war im vollen Gange. Die wachsenden Imperien Englands und Frankreichs sowie die prosperierende industrielle Gesellschaft in Deutschland boten erheblichen Raum für Diskussionen. Als ehemalige Kolonie lehnten die Vereinigten Staaten den Kolonialismus ab und verurteilten England und Frankreich regelmäßig für ihren Imperialismus. Im Jahr 1898 trat Amerika auf die Weltbühne, indem es den kurzen Spanisch-Amerikanischen Krieg gewann und dem spanischen Imperium in der Neuen Welt ein Ende setzte.

Doch selbst als Amerikaner in Heerscharen an deutschen Universitäten studierten, wuchs die Ablehnung des imperialen Systems und des Autoritarismus des Kaiserreichs. Die Kritik am deutschen System wurde so laut, dass der renommierte Industriepsychologe Hugo Münsterberg, der 1863 in Danzig geboren wurde, seine Reputation aber in Amerika erwarb, ein kurzes Buch mit dem Titel

American Traits from the Point of View of a German schrieb. Tatsächlich handelte das Buch von deutschen Eigenschaften. Es war eine sehr persönliche Anstrengung eines bekannten Deutsch-Amerikaners, um Sympathie für das deutsche politische und gesellschaftliche System zu wecken. Ihm war nur wenig Erfolg beschieden.

Ähnliche Beschreibungen des europäischen Lebens habe ich auch noch im 21. Jahrhundert von Amerikanern gehört. Dem amerikanischen Denken haftet etwas Anarchisches an, das dazu führt, dass Geschichte als eine anschauliche Darstellung individueller Leistungen präsentiert wird, die fast immer einem höheren Zweck dient. Die Widersprüche zwischen den hehren Prinzipien der Gründungsväter und der Realität eines rauen Grenzlands wurden durch die Verfolgung einer Mission überwunden, für die das amerikanische Volk von Gott auserwählt worden war. Die Worte der ersten Einwanderer klangen 1830 so wahr wie 1630. Und tatsächlich hallen sie auch heute noch weithin hörbar in der amerikanischen politischen Rhetorik wider.

Nichtamerikaner stellen oft Unstimmigkeiten zwischen der amerikanischen Rhetorik und den Realitäten der Geschichte und der eigentlichen Gesellschaft fest. Vor allem, wenn sie die Vereinigten Staaten zum ersten Mal besuchen, sind Europäer, die mit amerikanischen Legenden und der amerikanischen Popkultur aufgewachsen sind, über das wahre amerikanische Leben enttäuscht. Und oftmals haben sie recht.

Die meisten Ausländer verstehen auch nicht, warum Amerika sie oft so sehr irritiert. Viele suchen die Nähe zu Amerika, aber da gibt es ein schwarzes Loch, in das sie immer wieder hineinfallen. Oft ist es gar nicht die Substanz, die sie stört, sondern der wiederholte Ausdruck von Gefühlen, einer religiösen Überzeugung oder von Patriotismus: An den Gebäuden wehen zu viele Fahnen. All das ist auf eine Art und Weise irritierend, die sie nicht beschreiben können. Doch wenn sie davon erfahren, nehmen sie Amerika als ungemütlich und gelegentlich sogar gefährlich wahr. Ein Großteil des sogenannten Anti-Amerikanismus wird in Wahrheit von diesem schwarzen Loch verursacht – dieser Kluft zwischen der wahrgenommenen Realität und der Art und Weise, wie sich die Amerikaner selbst darstellen. Diese Selbstdarstellung wirkt letztlich unzutreffend, falsch und sogar bedrohlich.

Noch schwerer ist jedoch zu verstehen, dass der Glaube an die Tugend und den letztendlichen Erfolg ihres Landes beinahe einhellig von allen Amerikanern geteilt wird, und zwar trotz der schärfsten Kritik an den amerikanischen Bedingungen seitens der Amerikaner selbst. Diese Überzeugung, dass Amerika sich auf dem richtigen Weg befindet, ist unter den armen Immigranten und den unterprivilegierten Schichten sogar noch stärker ausgeprägt.

Der renommierte deutsch-amerikanische Experte Gebhard Schweigler schreibt über diesen Aspekt der amerikanischen Kultur: »... weil die Amerikaner im Konsens über die liberal-demokratischen Werte vereint waren, weil sie an das Versprechen des Exzeptionalismus glaubten und weil es ihre politische Kultur erlaubte und diese sie dazu ermutigte, aktiv nach der vermeintlichen Perfektion zu streben, gelang es ihnen auf beinahe einzigartige Weise, die Konflikte zu bewältigen, die sich aus der Kluft zwischen Glaubensbekenntnis und Glaubwürdigkeit ergaben: Sie wurden zu einer ›treibenden Kraft‹ für die Reformierung des politischen Systems.«

Der herausragende Automobilpionier Henry Ford drückte diesen Gedanken einst sehr volksnah aus, als er angesichts der alten europäischen Schlösser ausrief: »Geschichte ist Quatsch!« Doch derselbe Henry Ford erbaute in seinem Heimatort in der Nähe von Detroit ein Museum für Americana. Es erzählt Amerikas Geschichte des Fortschritts und Glücksempfindens durch Architektur, Industriegüter und Volkskunst. Zu Tausenden strömen die Schulkinder in dieses Museum, um etwas über amerikanische Geschichte zu erfahren – die Geschichte als Poesie.

Reform, nicht Revolution; die Notwendigkeit der Imperfektion als Glaubensfundament. Wie zuvor erwähnt, würde ein Astronom dieses heimliche Element der amerikanischen Gesellschaft als schwarzes Loch bezeichnen. Es ist aber ein überaus christliches Prinzip: Erlösung durch die Beichte der Sünden. Jeder amerikanische Präsident, einschließlich Barack Obama, präsentiert seine Version aus der Perspektive der Rückkehr zu den Prinzipien einer idealen Gesellschaft anstelle ihrer grundlegenden Veränderung. Die Geschichte wird nicht als Warnung über die Vergangenheit verwendet; sie dient auch nicht als Regelkatalog, an dem sich das Verhalten orientieren soll, sondern als Stimulans zur Erzielung noch größerer Leistungen.

Als Barack Obama seine Einführungsrede mit der Verkündung seiner Absicht begann, »Amerika zu erneuern«, meinte er damit nicht, dass die Vereinigten Staaten ein neues politisches oder Wirtschaftssystem bräuchten oder dass die Prinzipien, auf denen die Nation beruhte, ihre Gültigkeit verloren hätten. Ganz im Gegenteil: Durch die Erneuerung Amerikas beabsichtigt Obama, das Land in seinen ursprünglichen Zustand zurückzuversetzen. Das ist die Quintessenz der amerikanischen Identität.

Und es ist diese Gewissheit der Erlösung durch Mangel an Perfektion, der Amerikas Freunde so oft verärgert, da er als Arroganz oder Provinzialismus, zumindest aber als Mangel an Sensibilität für die realen Probleme in der Welt betrachtet wird. In den meisten Fällen sollte dieses Gefühl des amerikanischen Exzeptionalismus jedoch nicht mit Arroganz oder fehlender Sensibilität verwechselt werden. Vielmehr handelt es sich dabei um den Mechanismus, mit dem Amerikaner Schwierigkeiten und Enttäuschungen bewältigen. Sie kehren zu den obersten Prinzipien, den amerikanischen Ureigenschaften, zu Gott und der amerikanischen Konstitution zurück. Sie nutzen diese Grundlage, um Energie für das nächste Kapitel ihrer Geschichte zu sammeln. Das Verständnis der Bedeutung dieser amerikanischen Eigenschaft ist grundlegend für das Verständnis der Zusammenarbeit mit den Vereinigten Staaten.

Gleichzeitig führt diese »virtuelle« nationale Identität, wie ich sie beschrieben habe, zu besonderen Eigenschaften, die man in Ländern mit einer traditionsreicheren Geschichte vergeblich sucht. Einige dieser Eigenschaften sind gut, so zum Beispiel der amerikanische Pragmatismus und die amerikanische Fairness. Einige sind weniger gut, wie Konformität, Eifersucht und der unverantwortliche Konsum der Ressourcen der Welt. Auch das sind Elemente der amerikanischen Gesellschaft, die man verstehen muss, wenn man erfolgreich mit den Vereinigten Staaten zusammenarbeiten will.

Für Präsident Obama war die Hervorhebung dieser nicht unbedingt positiven Merkmale der amerikanischen Gesellschaft angesichts der derzeitigen Krise so wichtig, dass er sie in seiner Einführungsrede erwähnte:

> »Wir bleiben eine junge Nation, aber in den Worten der Heiligen Schrift heißt es: Die Zeit ist gekommen, alles Kindische abzutun. Die Zeit ist gekommen, um unsere lebendige Tatkraft nochmals zu bestätigen, uns für unsere bessere Geschichte zu entscheiden und das kostbare Geschenk, diese noble Idee voranzutragen, die von Generation zu Generation weitergereicht wird: das gottgegebene Versprechen, dass alle Menschen gleich sind, alle Menschen frei sind und alle eine Chance zur Verfolgung ihres vollkommenen Glücks verdienen.«

»Alles Kindische« ist eine Bezugnahme auf den 1. Korintherbrief, Kapitel 13, Vers 11, in dem es heißt: »Da ich ein Kind war, da redete ich wie ein Kind, war klug wie ein Kind und urteilte wie ein Kind. Da ich aber ein Mann ward, legte ich ab, was kindisch an mir war.« In einer Nation der scheinbar endlosen Reichtümer und des kontinuierlichen Wachstums galt die stetige Mehrung des Wohlstands und der Besitztümer beinahe als Quintessenz alles Amerikanischen. In einer solchen Nation war es ein mutiger Akt von einem neu gewählten Präsidenten, den Bürgern direkt und unverhohlen in den Worten der Bibel mitzuteilen, dass es Zeit sei, erwachsen zu werden.

Obamas Zitat wurde von den Anhängern Präsident Bushs als unnötige Ablehnung des Geistes der Reagan- und Bush-Jahre kritisiert. Und da haben sie recht, aber man könnte ebenso gut die Jahre unter Präsident Clinton hinzufügen. Von der Konformität des Glaubens zu Selbstsucht und Eifersucht im persönlichen Geschmack und Verhalten ist es nur ein kleiner Schritt. Ein derartiger Mangel an charakterlicher Reife ist eine traditionelle Schwäche einer Gesellschaft, die davon überzeugt ist, dass ihre Reichtümer das Ergebnis ihrer eigenen Anstrengungen und Talente sind.

Bis zum heutigen Tag versuchen Politiker und Kirchenoberhäupter, ihre Glaubensanhänger im Kampf gegen die Sünden Habsucht und Begierde zu versammeln. Die mangelnde Reife der herrschenden amerikanischen Klasse ist ständiges Thema des politischen Diskurses. Diese Tendenz war in Zeiten des boomenden Wachstums der zwanziger Jahre, der achtziger Jahre und gegen Ende des 20. Jahrhunderts besonders ausgeprägt. Die Bedingungen dieser Jahre gaben der kindischen Unreife in Regierung und Gesellschaft Auftrieb.

Der neue Präsident hegte unzweifelhaft eine große Absicht, als er diese Passage seiner Rede verlas. Amerika hat zu lange als eine Nation gelebt, die sich nicht um die Kosten beziehungsweise die Folgen ihrer Handlungen schert; als eine Nation, die hemmungslos die natürlichen Reichtümer der Welt verbraucht, die andere Kulturen missachtet und glaubt, dass jede Einschränkung des persönlichen Verhaltens antiamerikanisch ist. Das sind die Menschen, die Hypotheken mit zweitklassiger Bonität verkauft, aber auch gekauft haben; die Menschen, die spritfressende Fahrzeuge fahren und auf Naturland unnütze Häuser bauen. Obama versteht den Charakter des amerikanischen Volkes sehr gut. Er weiß, dass sich sein Land am Rande des politischen Bankrotts und der wirtschaftlichen Insolvenz befindet. Er weiß auch, dass Amerika nie wieder stark sein wird, wenn es sich jetzt nicht von »allem Kindischen« verabschiedet.

5
Chicago Homeland

Chicago hat eine neue Touristenattraktion: den Barack Obama Heritage Trail. Kein Bewohner der drittgrößten amerikanischen Stadt ist so schnell zur Legende geworden wie der 44. Präsident der Vereinigten Staaten, der gut 20 Jahre lang im multikulturellen Stadtteil Hyde Park gelebt hat. Und so bieten Stadt und Stadtteil Sightseeingtouren auf den Spuren des schwarzen Mitbürgers an: Zu Fuß geht es zum Lokalblatt *Hyde Park Herald*, für den der Senator im Abgeordnetenhaus von Illinois Kolumnen schrieb und für den sein engster Mitarbeiter David Axelrod als Reporter arbeitete. Dann zur Universität, wo der Jurist in Raum V Recht gelesen hat, und zum Buchladen um die Ecke, in dem der eifrige Leser oft gestöbert hat und auch seine eigenen Bücher vorstellte.

Ein Höhepunkt ist der Hyde Park Hair Saloon, weil der Friseur Zariff gerne redet und sich als »erster schwarzer Barbier eines amerikanischen Präsidenten« feiern lässt. Der Haarschnitt kostet übrigens 21 Dollar. Natürlich dürfen Lieblingslokale nicht fehlen, wie ein Modeitaliener für festliche Anlässe, eine Pizzeria für die Kinder, ein karibisches Lokal für mittags, eine amerikanische Snackbar für zwischendurch und – wieder ein Höhepunkt – der Ort, wo einst das Eiscafé stand, in dem sich Barack und Michelle zum ersten Mal trafen.

Es folgen Appartements, in denen er erst allein und dann mit Ehe-frau logierte. Ihr viktorianisches Backsteinhaus auf der Schokola-denseite von Hyde Park ist allerdings abgeriegelt, seit August 2008, als die Partei ihn zum offiziellen Kandidaten gemacht hat. Vorher hatten es TV-Reporter, so auch ich, gern und oft als Kulisse für Auf-sager benutzt.

Mit dem Ausflugsbus geht es dann zur Boutique von Maria Pinto, die Michelle modisch und preiswert eingekleidet hat, sowie zum Stadion der Chicago White Sox, dem Lieblingsbaseballteam Oba-mas, der selber aber begeisterter Basketballer ist. Das Wahlkampf-quartier des Kandidaten an der Michigan Avenue wird nur von au-ßen gezeigt. Zu versteckt ist es im Kluczinsky Federal Building. Als ich es einmal besuchte, fielen mir das karge Mobiliar und die Papp-becherkultur auf, aber auch ein Korb mit einem Schild darüber: »Spende deine Shampoos, Seifen und andere Hotelutensilien für die Obdachlosen.« Und natürlich gehört das Hutchinson Field im Grant Park dazu, wo Obama in der Nacht vom 4. auf den 5. Novem-ber 2008 seine Siegesrede hielt.

In der Tour nicht eingeschlossen ist ein Besuch von »Big Shoul-ders«, einer Filmproduktion mit Sitz hoch oben im Hancock Buil-ding, wo Obama seine so erfolgreichen Videobotschaften aufnahm. Der Name »Big Shoulders« – breite Schultern – geht auf ein Ge-dicht des großen Schriftstellers Carl Sandburg zurück, der vor ei-nem knappen Jahrhundert die Kriminalität und das raue Vorgehen der Macher und Mächtigen in Chicago brandmarkte.

Auch die Trinity Church am südlichen Stadtrand gehört nicht zum Besuchsprogramm. In dieser evangelischen Megachurch hat Pas-tor Wright die Obamas getraut und ihre Kinder getauft, aber auch schwarzen Klasenkampf gepredigt. Zu heikel ist die Position der afroamerikanischen Kirche gegenüber dem Staat. Als der Kandidat sich im Wahlkampf 2008 von seinem Seelsorger losgesagt hatte, sa-hen das viele Afroamerikaner als Verrat, andere als notwendigen Schritt über die Brücke zur konservativen weißen Wählerschaft.

»Let's forget those childish things«, sagt der Tourguide – eine Anspielung auf die Bibel, die Präsident Obama auch in seiner Antrittsrede nutzen sollte. Spätestens in der Gemengelage in Chicago hat der Kandidat die Kinderschuhe ausgezogen. Keine Stadt in Amerika kämpft so verbissen mit sich selbst, keine hatte aber auch so mit der Natur zu kämpfen, die nur sehr widerwillig bereit war, Menschen zuzulassen. Scharf pfeift der Wind vom Michigan-See her. Hart sind die Winter, trockenheiß sind die Sommer, und unwirtlich war die Landschaft.

Die indianischen Ureinwohner nannten die Sumpflandschaft am See Chi-ga-gou, »Ort, der nach Zwiebel und Stinktier riecht«, und mieden das Gebiet. Dieser Geruch verschlimmerte sich mit der Ankunft der Schweineschiffe auf dem Mississippi und der Rindertrecks aus dem Wilden Westen in die Schlachthöfe von Chicago. Und wenn zwei Politiker eine stille Abmachung auf Gegenseitigkeit treffen, heißt das bis heute *pork barreling,* in etwa: »Jeder kriegt ein Stück vom Schwein ab.«

Durch das blutige Schlachtergeschäft erlebte das raue Chicago einen frühen Wohlstand, den Hans Peter Rosenberg in einem Essay so beschrieb:

> »In einer Stadt, in der Stammbäume sich mehr auf Rinder und Schweine bezogen als auf Familientraditionen, war politischer Einfluss konsequenterweise oft genug wenig mehr als eine weitere Ware, die man kaufen konnte. Korruption sicherte das Gleichgewicht zwischen den wirtschaftlichen und den politischen Eliten … «

Aber dann stieß in einer stürmisch-heißen Oktobernacht 1871 die Kuh von Mrs. Leary eine brennende Laterne um und entfachte den größten Brand in der Geschichte der Vereinigten Staaten. Chicago – damals immerhin schon eine Stadt von 300.000 Einwohnern – verkohlte zur Unkenntlichkeit … und entstand wie Phönix aus der Asche neu. Schon 22 Jahre später prahlte es mit einer Weltausstellung, wie sie prachtvoller und weitläufiger die Welt noch nie gesehen hatte. Die Paläste und Pavillons im schwülstigen Stil spanischer Neorenaissance mussten jedoch schnell der neuen Hochhausarchitektur weichen, die durch die Erfindung des Stahlbetons und des Sicherheitsfahrstuhles möglich wurde. »Form follows function«, heißt die Devise bis heute. Mit rücksichtslosem Abriss schafften die Stadtväter und die Immobilienhaie Platz für kühne Architektur.

Die Chicago School wurde weltberühmt mit John Wellborn Root, der die Bauten seiner Vorgänger als »Abführarchitektur« und »Wassersuchtstil« bezeichnete und mit The Rookery (Krähenhorst) ein Haus mit 17 Stockwerken ohne die bis dahin übliche Ornamentik schuf. Frank Lloyd Wright brachte dann das organische Bauen ein. Kurz vor seinem Tod 1959 hörte ich als Student den greisen Wright sein Credo noch einmal vortragen: ein Gebäude bestehe nicht aus Wand und Dach, sondern aus dem Wohnraum, also müsse man von innen nach außen bauen und nicht umgekehrt. Tatsächlich entstehen auch heute noch die Wolkenkratzer von innen nach außen, wie das Skelett des neuen Trump Tower eindrucksvoll zeigt. Auch deutschstämmige Architekten wie Ludwig Mies van der Rohe und Helmut Jahn beteiligten sich an der himmelstürmenden Architektur der City. Der Millennium Park mit dem Pritzker-Pavillon ist neues Glanzstück der Stadt, gebaut mit dem Geld der Pritzker-Familie, die auch Obama im Wahlkampf freigebig unterstützte.

Und immer noch machen Abrissbirnen jenen *alleys*, den berüchtigten Hinterhöfen von Alt-Chicago, den Garaus, die in der Realität und in Gangsterfilmen eine so prominente Rolle spielen. Die Armut hat sich dabei immer mehr in den Süden der Stadt zurückgezogen, wo aber schon das nächste Großprojekt der Stadt geplant ist: ein olympisches Gelände im Rahmen der Bewerbung Chicagos für die Spiele 2016. Zu dieser Zeit könnte Obama noch Präsident sein, wenn er eine zweite Amtszeit gewinnt.

Das Ende der Talentschmiede?

Gehen Amerika die Ideen aus? Hat das Land der Pioniere und Patente die Erneuerungskraft verloren? Flüchtet die hochgerühmte Ingenieursfantasie ins Ausland?

Die USA sind immer noch Weltmarktführer in Wissenschaft und Technik. Aber, so meint Judy Estrin von Cisco Systems, »neue Produkte wie iPod und Facebook wurden schon vor einem Jahrzehnt entwickelt«. Und es fehlt die Saat, die morgen aufgehen soll.

Die USA sind immer noch die Heimat der meisten Eliteuniversitäten der Welt (30 von 40). Aber, so klagt John Kao von der Harvard Business School, »wir sind in Wissenschaft und Technik auf Platz vier zurückgefallen« – hinter Singapur, Taiwan und Schweden.

Die USA produzieren immer noch die meisten Nobelpreisträger der Erde. Aber, wie Steve Lohr von der New York Times schreibt: »Die Konkurrenzfähigkeit des Landes hat stark gelitten in der letzten Dekade.« Das umfasst den Einsatz von Risikokapital, wissenschaftlicher Recherche und Lehrerausbildung.

In Harvard, Stanford und Princeton wächst immer noch eine hoch qualifizierte akademische Jugend heran. Allerdings, so vergleicht der »Entrepreneur« Robert Compton die allgemeine Studentenqualität in den USA mit Indien und China, »haben dort 30 bis 45 Prozent Ingenieursabschlüsse, in den USA sind es 5 Prozent«.

Besonders alarmierend sei, dass 60 Prozent der Doktoranden an Amerikas technischen Hochschulen Ausländer sind, sagt mir Caroline Eckstine, CEO einer Marketinggesellschaft mit Ablegern in Singapur und China: »Sie finden Amerikas Wirtschaft nicht mehr so attraktiv und gehen nach dem Studium nach Asien zurück.«

Das wiederum liege auch an den Gesetzen zur Aufenthaltsgenehmigung in den USA, die nach dem Attentat auf das World Trade Center verschärft worden sind.

Jedenfalls hat sich in den Bush/Cheney-Jahren ein innovation gap aufgetan. Das hatten beide Bewerber um die amerikanische Präsidentschaft erkannt. John McCain nannte das Ringen um Bildung und Innovation »die Bürgerrechtsbewegung von heute«. Und Barack Obama, immerhin lange Jahre Professor an der Chicago

University, die von Fermi bis Friedman Ideengeber am laufenden Band produzierte, widmete seine erste Ansprache vor dem Kongress diesem Thema. Am 24. Februar 2009 verkündete er: »Die Antworten auf unsere Probleme liegen nicht außerhalb unserer Reichweite. Sie liegen in unseren Labors und Universitäten, in der Vorstellungskraft unserer Unternehmer und im Stolz des fleißigsten Volkes der Erde. Wir müssen uns allerdings zusammenreißen, die Herausforderungen der Zeit mutig annehmen und von neuem Verantwortung für unsere Zukunft übernehmen.«

STEM ist dabei das Stichwort, ein Kürzel für Science (Wissenschaft), Technologie, Ingenieurswesen und Mathematik. STEM beherrscht auch die Debatte unter den 50 Gouverneuren in den USA. Ihnen will der Staat finanziell unter die Arme greifen und mehr Ansporn verleihen, um besonders das Problem der Lehrerausbildung selbst zu lösen, das außerhalb der Eliteschulen im Argen liegt. Besonders wichtig jedoch ist dem neuen Präsidenten die Motivation der Jugend selbst: »Sie muss wieder Spaß am Studium bekommen, Fleiß als Tugend sehen und nicht als Last.«

Es war Thomas Edison, der vor über 100 Jahren die Erfindungskunst so definierte:»1 Prozent ist Inspiration, 99 Prozent sind Transpiration.« (DK)

Chicago Gangland

Unternehmer und Politiker gehen weiter gemeinsam die Aufgabe an, eine Stadt der Zukunft zu bauen. Dabei half ihnen immer wieder die kriminelle Energie der Gangs der Unterwelt. Es ist zu jener Verflechtung gekommen, die bis heute als Chicago-Prinzip bezeichnet wird.

Ein Spielhöllenbesitzer namens Michael Cassius McDonald gilt als Gründer dieses Prinzips, in dem gute Jobs und lukrative Verträge im Gegenzug für politische Unterstützung und milde Gaben vergeben wurden. The Store, wie McDonalds vierstöckiger Spielsalon hieß, wurde an fragwürdigem Leumund nur noch übertrumpft von

The Castle, einem Horrorhaus, in dem während der Weltausstellung von Chicago (1893) über 100 Gäste, vor allem junge Damen aus dem Ausland, spurlos verschwanden. Der Gastgeber Henry Howard Holmes gilt als der erste Serienmörder der amerikanischen Geschichte.

Zur Vermählung von Mord und Bestechung kam es dann unter dem Mafiaregime des Gangsters Al Capone. Der ließ seine Konkurrenten im Geschäft mit Drogen, Prostitution und Glücksspiel reihenweise umbringen und verhalf 1927 William »Big Bill« Thompson zur Wiederwahl als Bürgermeister von Chicago. Thompson trat an mit dem Versprechen, gegen die organisierte Kriminalität vorzugehen, unterdrückte jedoch stattdessen jeden Versuch zur Reform. Nach seinem Tod fand man in einem Safe 1,5 Millionen Dollar in bar. Chicago erhielt den Beinamen »Gangland«.

Und der Gangsterboss war lange Al Capone. Er wurde letztlich nicht etwa wegen vielfachen Mordes oder wegen Erpressung und Bestechung verurteilt, sondern wegen Steuerhinterziehung. Und das, obgleich er sein Schmiergeld doch gewaschen hatte, übrigens tatsächlich in Waschsalons – Geldwäsche eben.

Die Bürger von Stadt und Bundesstaat unterscheiden allerdings sorgfältig zwischen Tricks zur Selbstbereicherung und Methoden der politischen Durchsetzung. So haben Vater und Sohn Daley Chicago mit Unterbrechungen über 40 Jahre lang regiert, eben mit jener Parteimaschine, die nimmt und gibt, je nach angestrebtem Ziel, wobei die Machterhaltung stets Priorität hat. Dabei kungelte die Politik durchaus mit der Unterwelt, wurden dunkle Geschäfte und Gegengeschäfte abgeschlossen, aber der Stadt hat es nicht geschadet. Es gibt wenige Bürgermeister, die ihre Stadt so geprägt haben wie die Daleys, es gibt aber auch wenige, die ihre 50 Ratsherren, die *aldermen,* so in der Hand hatten.

Die *aldermen* sind die Umsetzer der Parteimaschine. Seit der Zuzug schwarzer Amerikaner in die Südstadt zunahm, konnten auch diese zu *aldermen* aufsteigen. In dieser neueren Abteilung des Apparates hätte auch Jesse Jackson Unterschlupf finden können. Der junge Bürgerrechtler hätte Zollinspektor im Hafen von Chicago werden können. Er ging stattdessen als Verkaufsagent zu *Ebony,* der ersten Zeitschrift von Schwarzen für schwarze Amerikaner. Hans Massaquoi, langjähriger Redakteur der Zeitschrift, erinnert sich: »Wir hätten fast einen der begabtesten Kommunikatoren verloren.« Massaqoui, der Sohn liberianischer Diplomaten, verbrachte seine Kindheit in Deutschland und hat darüber ein Buch geschrieben: *Neger, Neger, Schornsteinfeger.*

Den *aldermen* geht es hauptsächlich um Machterhalt durch *patronage.* Eine andere Sorte Netzwerkpolitiker ist häufiger in Illinois. Die Zeitung *Chicago Sun-Times* zählt beginnend mit dem Jahr 1972 mindestens 79 gewählte Politiker im Bundesstaat, die eines Verbrechens überführt worden sind – darunter der geachtete Kongressabgeordnete Dan Rostenkowski, der sich für nicht vorhandene Angestellte bezahlen ließ, oder der würdige Staatssekretär des Bundesstaates Powell, der im Jahr 30.000 Dollar verdiente, aber weitere 800.000 in Schuhkartons sammelte.

Dazu kommen 27 verurteilte *aldermen* und drei Gouverneure, die Dreck am Stecken hatten. Der erste war in einen Pferdewettenskandal verwickelt, der zweite ließ sich seine Yacht *Governor's Lady* aus der Staatskasse bezahlen, der dritte, George Ryan, verkaufte ungelernten Lkw-Fahrern Führerscheine. Diesen George Ryan, übrigens ein Republikaner in der langen Reihe demokratischer Gouverneure, überführte der 2001 in Chicago eingesetzte Ermittler Patrick Fitzgerald der Korruption.

Rod Blagojevich, der bereits eine politische Laufbahn als Abgeordneter zunächst in Illinois, dann im Repräsentantenhaus in Washington hinter sich hatte, bewarb sich erfolgreich um Ryans Nachfolge. Bei seiner Amtseinführung am 13. Januar 2003 in Springfield versprach Blagojevich, er werde der Korruption ein Ende bereiten, »die zu verbreitet, zu akzeptiert und zu verwurzelt ist«. Der Demokrat serbischer Abkunft betrachtete sein Amt jedoch selber vornehmlich als Pfründe. Auch er regierte nach dem dreisten Chicago-Prinzip »Eine Hand wäscht die andere«.

Dieses Prinzip ist in der Stadt am Großen See so stark verankert, dass es nur von außen entwirrt werden kann. Und so war es denn der ortsfremde Patrick Fitzgerald, der die Praktiken in der politischen Clique von Illinois unter die Lupe nahm und schon seit einigen Jahren dem Gouverneur von Illinois auf die Finger schaute. Fitzgerald ließ sowohl sein Büro in Springfield, der kleinen Hauptstadt von Illinois, als auch seine Residenz in Chicago überwachen.

Patrick Fitzgerald war schon vor seiner Ankunft in Chicago 2001 als scharfer und findiger Ermittler geachtet und gefürchtet. Der Staatsanwalt hatte einen politischen Skandal in Washington aufgedeckt, nämlich die Enttarnung einer CIA-Agentin als Racheakt des Weißen Hauses. Es ging der Regierung Bush damals um Beweismaterial für den angeblichen Besitz von Atomwaffen in geheimen Depots des Diktators Hussein. Geheimagentin Valerie Plame gehörte einer Taskforce an, die solche Massenvernichtungswaffen im Irak aufspüren sollte, aber nicht fündig wurde. Auch der angebliche Transfer von Uran aus dem afrikanischen Staat Niger in den Irak erwies sich als unwahr.

Valerie Plames Ehemann, Joseph C. Wilson, ein ehemaliger Botschafter in Afrika, war in eigener Recherche unabhängig von seiner Frau zu einem ähnlichen Ergebnis gekommen. Er schrieb daraufhin in der *New York Times* einen Kommentar, in dem er das Weiße Haus beschuldigte, das amerikanische Volk bewusst irrezuführen, um den Krieg gegen den Irak zu legitimieren. Daraufhin ließ das Büro des Vizepräsidenten Cheney durch einen Hinweis an die Presse die Tarnung von Valerie Plame auffliegen. Dieses Verfahren leugnete das Weiße Haus bis zum Ende. Patrick Fitzgerald konnte als Sonderermittler das böse Spiel aufdecken. Scooter Libby, ein enger Berater des Vizepräsidenten, wurde zum Sündenbock erklärt und des Meineids schuldig gesprochen.

Dieser Patrick Fitzgerald also setzte seine Leute in Chicago auf den amtierenden Gouverneur Blagojevich an. Der Günstling des demokratischen Parteiapparates stand schon unter dem Verdacht der Vorteilsnahme und Korruption in anderen Fällen. So knüpfte er Steuernachlässe und Auftragsvergaben an Zahlungen in seine Wahlkampfkasse. Subventionen für die in finanzielle Bedrängnis geratene *Chicago Tribune* machte er abhängig von der Entlassung unliebsamer Reporter der Zeitung. Die kritische Berichterstattung dieses großen amerikanischen Blattes leidet nunmehr unter einer Entlassungswelle, die der neue Eigner Sam Zell, ein Immobilientycoon, eingeleitet hat.

Eine Chance auf viel Geld sah Blagojevich in der Berufung eines Nachfolgers für Barack Obama als Senator von Illinois in Washington. Ein Gouverneur kann ein vakant gewordenes politisches Amt zwischen zwei Wahlzeiten nach eigenem Gutdünken besetzen. Der Gouverneur allerdings wollte den Senatssitz meistbietend verschachern. Das ging aus Abhörprotokollen hervor, die der Untersuchungsrichter Patrick Fitzgerald anfertigen ließ. Sie stammten aus einem Lauschangriff auf Büro und Wohnung des Gouverneurs, die verwanzt worden waren.

Da war von Bewerbern die Rede, die sich in Bestechungsangeboten gegenseitig übertrumpften, aber auch von Verärgerung über Kandidaten, die kein Geld lockermachen wollten. Dies begleitet von reichlich Fäkalsprache, die seine Frau Patricia lautstark unterstützte, weshalb die Medien sie als »ungewaschenes Maul« und »Lady Macbeth« karikierten. »Abraham Lincoln hätte sich im Grab umgedreht«, empörte sich Fitzgerald.

Frühmorgens am 9. Dezember 2008 wurde der Gouverneur im Trainingsanzug und in Handschellen im Hinterhof seines Hauses abgeführt – das Bild von Illinois als politischem Schurkenstaat trübte auch den tugendhaften Glanz des Kandidaten der Wende, der vier Tage zuvor im Grant Park in Chicago seinen Wahlsieg gefeiert hatte. Barack Obama war gerade im Gespräch mit dem ehemaligen Vizepräsidenten Al Gore über die Erderwärmung, als ein Reporter ihn zu der Affäre befragte. Er habe nichts davon gewusst, beteuert Obama, »und es widerspricht alldem, für das meine Kampagne steht«.

Das klingt glaubhaft, zumal er in den Tonbandaufnahmen aus dem Gouverneurspalast als *motherfucker* bezeichnet wird, der nichts außer Anerkennung angeboten habe, als es um die Nachbesetzung seines vakanten Sitzes im Senat zu Washington ging. Repräsentantenhaus und Senat von Illinois leiteten mit überwältigender Stimmenmehrheit ein Amtsenthebungsverfahren ein, das Anfang Februar 2009 in die Tat umgesetzt wurde und damit die ebenso peinliche wie schändliche Ära Blagojevich beendete. Der balkanstämmige Amerikaner konnte aber noch vor seiner Abwahl einen Afroamerikaner als Nachfolgekandidat für Obama nach Washington entsenden, den Juristen Roland Burris.

Der war im Senat erst willkommen, als er unter Eid aussagte, nichts mit den anrüchigen Praktiken im Haus des Gouverneurs zu tun zu haben. Bei einer strengen Anhörung hat Burris nun doch zugegeben, in Gegengeschäfte verwickelt gewesen zu sein. Der Meineid könnte Grund für seine Amtsenthebung werden – schon deshalb, weil die Demokraten fürchten, dass Obamas früherer Sitz bei den nächsten Wahlen nach all den unehrenhaften Vorgängen an die Republikaner verloren gehen könnte.

Obama hatte sich nicht selbst in seine Nachfolgefrage eingemischt, aber doch seinen künftigen Stabschef, Rahm Emanuel, ebenfalls einen Politiker aus Illinois, mit der Sondierung beauftragt. Und da gerät das unmittelbare politische und persönliche Umfeld des gewählten Präsidenten unter Verdacht. Einige Vertraute tauchen in der Bewerberliste auf. Das FBI ermittelt einen Mann als Kandidat Nummer fünf in der Nachfolgefrage, der den Obamas eng verbunden ist: Jesse Jackson junior.

Der Sohn des großen Bürgerrechtskämpfers gehört seit 1995 dem Repräsentantenhaus an. Er war aktiv an der Wahlkampagne von

Barack Obama beteiligt, seine Schwester Santita war Brautjungfer bei der Hochzeit der Obamas, seine Frau Sandi arbeitet als *alderman* in Chicago. Sandi sollte eigentlich auch Chefin der Lotterieverwaltung in Chicago werden, hat aber die 25.000 Dollar Bestechung nicht bezahlt, die Gouverneur Blagojevich für die Bestallung verlangt hatte.

Jesse Jackson junior hatte sich ganz öffentlich für die Nachfolge seines Freundes und Parteigenossen Barack Obama interessiert und musste wissen, dass diese nur über das »Chicago-Prinzip« erreichbar war. Da kommt eine der vielen Interessenvertretungen in Chicago ins Spiel. Diese Vielvölkerstadt schart sich um ihr attraktives Wolkenkratzerzentrum in ethnisch ziemlich geschlossenen Stadtteilen. Ob sie nun ursprünglich aus Polen, aus Irland, aus Italien, aus dem Libanon oder aus Deutschland kamen, sie alle bilden mächtige Lobbys.

Eine davon ist die der Inder. Sie wählen demokratisch, sind gute Geschäftsleute und mit den Jacksons, Vater und Sohn, befreundet. Die Freundschaft rührt aus der »Regenbogenkoalition«, die Jackson senior 1988 für seine Kandidatur um die amerikanische Präsidentschaft gegründet hatte, um seine ethnische Basis zu verbreitern. Mit seiner anderen Organisation PUSH (People United to serve Humanity) zielt Jackson senior auch auf Indien.

Als nun die indischen Geschäftsleute in Chicago die Chance sahen, einen Jackson in das wichtige Amt des Juniorsenators von Illinois zu hieven, veranstalteten sie ein *fundraising* für Gouverneur Blagojevich, das offensichtlich viel Geld einbrachte. Einerseits war das nach den Vorstellungen des Gouverneurs wohl noch nicht genug, andererseits gibt Jackson vor, von diesen Machenschaften nichts gewusst zu haben. Aufgewühlt tritt er zu seiner Ehrenrettung vor die Presse: »Ich dachte fälschlicherweise, der Gouverneur würde fair und nach den Verdiensten der Bewerber handeln.«

Und da wäre der Gouverneur wohl nicht an Jackson junior vorbeigekommen, denn der gilt nach Obama als der wichtigste Nachwuchspolitiker unter den Afroamerikanern von Chicago. Das hat natürlich mit dem Ruhm seines Vaters als einem der Erben des ermordeten Martin Luther King zu tun, aber auch mit den Leistungen des Sohnes in der Sozialarbeit unter den schwarzen Einwohnern Chicagos und schließlich mit seinem bedingungslosen Einsatz für die Ziele des Barack Obama.

Dafür stellte er sich sogar gegen seinen Vater, als der über Obama abfällig sagte: »Der spricht zu den Schwarzen von oben herab.« Hintergrund war eine Predigt Obamas anlässlich des Vatertages, in der er Kritik übte an der mangelnden Fürsorge junger Schwarzer gegenüber Kindern, die sie in die Welt gesetzt und dann den Müttern überlassen hätten. Jackson junior konterte: »Obama sagt oft nicht, was die Leute hören wollen, sondern was sie hören sollen.« Und das gilt auch für Jackson junior. Dabei hat er sich oft schon mit den Mächtigen im Parteiapparat angelegt, sowohl mit Chicagos trickreichem Bürgermeister Daley als auch mit dem bestechlichen Gouverneur Blagojevich.

Jedenfalls herrscht unter den schwarzen und weißen Politikern des demokratischen Apparates im Bundesstaat eine Gemengelage, aus der sich ein aufstrebender junger Politiker eigentlich nicht heraushalten kann – eigentlich! Konnte Barack Obama seine verdächtig steile Karriere außerhalb dieser demokratischen Parteimaschine vollziehen? Hat seine weiße Weste dabei keine dunklen Flecken davongetragen?

6
Obama, eine unwahrscheinliche Geschichte

Der Mann aus dem Nichts

»Eines Tages verließ ich New York, setzte mich in ein klappriges Auto und fuhr nach Chicago, eine Stadt, in der ich mich nicht auskannte und in der ich niemanden kannte.« So beschreibt Barack Obama in einer verfilmten Selbstdarstellung seine Ankunft in der multiethnischen Stadt am Großen Michigan-See. Das war im Jahre 1985, und der 24-jährige Newcomer hatte ein wohl ziemlich freudloses Politikstudium an der Columbia University in New York als Bachelor hinter sich, mit einer Abschlussarbeit über nukleare Abrüstung in der Sowjetunion.

Im Übrigen war New York für ihn nicht Broadway und Nachtleben, sondern schäbiges Harlem und schwere Lektüre: Augustinus und Martin Luther King, Nietzsche und Niebuhr, schwarze Kirchen und tiefe Gedanken. Nach einem Anschlussjahr als Mitarbeiter bei einem renommierten Wirtschaftsberater ließ er den gut dotierten Job sausen für eine schlecht bezahlte Stelle in einer Organisation für Umweltschutz, die der mehrfache Präsidentschaftskandidat Ralph Nader ins Leben gerufen hatte. Sein Organisationstalent erschöpfte sich dann in der unbezahlten und erfolglosen Kampagne für einen Provinzpolitiker aus Brooklyn.

»Nach sechs Monaten war ich pleite, arbeitslos und aß Suppe aus der Dose«, schrieb Obama über diesen Engpass in seiner Laufbahn und Seelenwelt. Die Rettung kam mit einem Angebot für kirchliche Sozialarbeit in Chicago. Gerald Kellman, ein Jude, der zum katholischen Glauben konvertiert war, suchte schwarze Organisatoren für die afroamerikanischen Gemeinden der Kirchen im Süden Chicagos und fand »einen jungen Mann, der sehr in seinen Ideen verfangen war«, wie Kellman sich erinnert.

Der Jungakademiker traf auf geschlossene Fabriken, verlorene Arbeitsplätze, kaputte Schulen, hilfsbedürftige Menschen. Endlich konnte Obama seine Theorien der Probe aufs Exempel unterziehen. Die Visionen von Weltverbesserung und mitmenschlicher Solidarität verwandelten sich allerdings in den armseligen Schwarzenvierteln am Rande der Großstadt zu mühseliger Kleinarbeit.

In einer Siedlung für schwarze Weltkriegsveteranen, nach einem früheren Gouverneur von Illinois Altgeld Gardens genannt, setzte Obama sich für die Entfernung von Asbest in den Mauern der Reihenhäuser ein. Er organisierte in schwarzen Pfarreien ein Jobtraining für arbeitslose Industriearbeiter. Er versuchte, den schwarzen Jugendlichen im schmutzigen Grau der Sozialbauten von Roseland die Lethargie auszutreiben und Sinn für die Gemeinschaft einzutrichtern.

Susan Walker, die Managerin des *Hyde Park Herald,* einer Stadtteilzeitung im Süden Chicagos, kennt Obama aus dieser Anfangszeit. Sie hat seine Energie bei vielen Anlässen erlebt: »Da ging er von Haus zu Haus, um eine Bürgerversammlung zu organisieren, und wenn er auf mehr als acht Mitglieder kam, galten sie schon als Baracks Armee.« Sie spricht von der Gestaltung eines Pavillons in einem düsteren Straßenzug, über die Mobilisierung einer Hausgemeinde für eine Kläranlage und über die furchtlose Konfrontation mit marodierenden Jugendlichen.

Stolz zeigt mir Susan Walker die Originalausschnitte der vielen Artikel, die der politische Aktivist für den *Hyde Park Herald* verfasst hat: »Er hat damals in penibler Kleinarbeit ein Detailwissen erlangt, das ihm beim Aufbau seines Netzwerkes von großem Nutzen war.« Sein Mentor Gerald Kellman lobt: »Er ist wundervoll, wenn es um die Kontaktaufnahme mit Leuten geht, die ihm und seiner Sache helfen könnten.« Aber wie Obama später selber sagte, war die Zahl seiner Siege damals klein und bescheiden. Er gelangte zu der Überzeugung, dass nur die Macht des Staates die Schwarzen aus ihrer Verflechtung von Armut, Unkenntnis und dem Hang zur Gesetzlosigkeit befreien kann. Wie es der mächtige Bürgermeister von Chicago, Richard Daley, formulierte: »Man braucht Macht, um den Ohnmächtigen zu helfen.«

Im Herbst 1988 gelang dem Streetworker der Sprung von der Vorstadtstraße im Süden Chicagos auf die Eliteuniversität von Harvard. Beworben hatte er sich auch in Stanford und Yale. In seiner Vorstellung konnte er nun auf höchstem Niveau die Wege der Macht und ihrer Verflechtung studieren, »wie Unternehmen und Banken operieren, warum Immobilienprojekte gelingen oder scheitern«. Die dabei erworbenen Kenntnisse und Erkenntnisse wollte er zur Anwendung bringen, »wo sie besonders gebraucht werden, in Altgeld und Roseland, ich würde das Wissen zurückbringen, so wie Prometheus das Feuer gebracht hat«.

In Harvard lernte Obama nicht nur eine reiche weiße Oberschicht kennen, sondern setzte sich dieser überwiegenden Mehrheit gegenüber im wichtigsten Amt durch, das die juristische Fakultät zu vergeben hat: Im Februar 1990 wurde er als erster Afroamerikaner Chefredakteur der renommierten *Harvard Law Review*. Eine unterlegene Mitbewerberin von damals, Lisa Hay, nennt seine Antrittsrede »die bewegendste Ansprache über die Verheißung Amerikas, die ich je gehört habe«. In einem Interview mit dem *National Journal* erinnert sich Hay an das dazugehörige Galadiner im Boston Harvard Club: »Weiß gedeckte Tische mit gedruckten Einladungskarten und einem Bedienungspersonal aus Afroamerikanern und Latinos, die ihre Arbeit einstellen und genauso gebannt zuhören wie die angehenden Anwälte in ihren Gesellschaftsanzügen.«

Das Thema dieser nachhaltigen Ansprache war das Amerika der unbegrenzten Möglichkeiten, für das er, Obama selbst, ein Beispiel sei. Mutter weiß und emanzipiert, Vater schwarz und kaum präsent, Stiefvater und Halbschwester aus Java, die Großeltern in Kenia sind Muslime, die Großeltern in Hawaii Protestanten, eine multikulturelle Welt.

Mit summa cum laude schloss der frischgebackene Anwalt 1991 in Harvard ab. Er fasste sein Thema von der »einen Nation und der einen Welt« später in einem Buch zusammen, *Dreams from My Father*. Es gilt als literarischer Glücksfall. Allerdings nahmen die Großen in der Literatur das erst wahr, nachdem der Autor politisch so erfolgreich wurde. Wer so gut schreibt, regiert auch gut, meint Toni Morrison. Die afroamerikanische Schriftstellerin und Nobelpreisträgerin hatte einst Bill Clinton als »ersten schwarzen Präsidenten« unterstützt wegen seines Engagements für die Gleichberechtigung. Heute ist sie glühende Anhängerin von Barack Obama und begründet das:

> »Die Tatsache, dass Obamas Eloquenz sich auch seiner Schreibweise mitteilt, gibt mir Hoffnung. Gutes Schreiben erfordert nicht nur Kompetenz, sondern intellektuelle Neugier und die Fähigkeit, das Leben aus mehr als einer Perspektive zu betrachten, und das Gefühl ist beruhigend, dass diese Qualitäten wieder in das Oval Office einkehren.«

Für die Erstausgabe von *Dreams from my Father* von 1995 zahlen Liebhaber heute 7.000 Dollar.

Zurückgekehrt nach Chicago, war Obama damals froh über erste Käufer bei einer Autogrammstunde im Lieblingsbuchladen in Hyde Park, denn seine politische Laufbahn hatte gerade erst begonnen.

Die Bürgerrechtsbewegung wurde auf ihn aufmerksam. Sie hat ihre Wurzeln im Süden, aber das intellektuelle Zentrum des schwarzen Nationalismus ist Chicago. Von hier aus hatte Jesse Jackson seine Kampagnen für die Präsidentschaftswahlen 1984 und 1988 gestartet. Die Erben von Martin Luther King sahen in Obama ein Nachwuchstalent, allerdings ohne jenen Fanatismus, der die Bewegung lange angetrieben hatte. Besonders im Süden von Chicago predigten sie Gewalt.

Schon vor der Geburt Obamas waren hier die »Black Panthers« mit Angela Davis als Galionsfigur beheimatet gewesen. Die schwarze Marxistin hatte in Frankfurt Adorno gehört, in Ostberlin Honecker die Hand geschüttelt und in den USA Anschläge geplant. Stokely Carmichael legte sich mit den friedlichen Schwarzen an, sie nannten ihn »Vater des Hasses und Mutter der Gewalt«. Malcolm X agitierte gegen die weißen Behörden, bis er 1965 erschossen wurde. Drei Jahre später ereilte Martin Luther King, der sich nie von Malcolm X distanziert hatte, dasselbe Schicksal.

Die »Nation of Islam« kämpft heute noch gegen »die weißen Teufel«. Ihr derzeitiger Führer Louis Farrakhan ist mit Muammar Gadafi befreundet und steht der großen Marienmoschee an der Stony Island Avenue vor. Er verhielt sich Obamas politischen Ambitionen und Ideen gegenüber allerdings neutral. Andere, weniger radikale, aber doch auch militante Schwarzenführer wie Jesse Jackson und Bobby Rush sehen den Aufstieg Obamas mit Argwohn. Er bleibt für sie ein Außenseiter, eher ein Brückenbauer zwischen Schwarz und Weiß als ein Vorkämpfer der afroamerikanischen Sache.

Die meisten Führer der Schwarzen sind wie Jesse Jackson auch Geistliche. Glaube und Gesellschaftspolitik sind Geschwister in der großen schwarzen Gemeinde Chicagos, der größten in Amerika. Wobei die Religionszugehörigkeit selbst keine so große Rolle spielt. Ob nun apostolisch oder katholisch, baptistisch oder methodistisch – in allen Sonntagsmessen feiern die Schwarzen mit Gesang und Gebet ihre gemeinsame Abkunft und ihre Schicksalsgemeinschaft, und die Prediger nutzen den spirituellen Anlass für Auslegungen der Bibel, die weit über das Religiöse hinausgehen.

Michael Pfleger, ein deutschstämmiger Linkskatholik und einer der wenigen weißen Prediger im Süden Chicagos, klagt die Regierung an: »Sie kann ein Labor im All reparieren, aber nicht die Deiche von New Orleans.« Der Pfarrer der Salem Megachurch James Meek beschimpft kompromissbereite Mitbrüder als »Haushaltsneger«. Der Reverend Jeremiah Wright von der Trinity Church nennt die Nation »die Vereinigten Staaten von Weiß-Amerika«. Das liegt in der Tradition der Selbstwahrnehmung der Gläubigen als Opfer der Sklavenpolitik, der »Erbsünde« der Nation.

> »Die Kirche spielt immer noch eine zentrale Rolle in der afroamerikanischen Gesellschaft, denn sie war die einzige autarke Institution in einem von den Weißen beherrschten System«, sagte mir die Theologin Linda Thomas. »Das gilt für die Epoche der Sklaverei gleichermaßen wie für die Zeit nach der Sklavenbefreiung. In der Kirche war freie Rede und Gefühlsausbruch möglich. Die Kirche war Jobbörse und Geldgeber, sorgte für eine ordentliche Beisetzung, gab ein Gefühl sozialer Sicherheit in einem Land, das die Schwarzen nicht ebenbürtig behandelt hat.«

Die meisten Kirchen im Süden der Großstadt sind beeinflusst von der Befreiungstheologie revolutionärer Priester in Lateinamerika. Ihre Wurzeln aber suchen viele schwarze Geistliche immer mehr im Kontinent ihrer Ahnen, in Afrika. Sie solidarisierten sich mit dem Kampf der Schwarzen gegen die Araber im Sudan und protestierten gegen die Apartheidregierung in Südafrika, führten ihren Sturz mit herbei. Manche Priester ersetzen die Bezeichnung Afroamerikaner durch den Titel Afriamerikaner. Auch wegen seines afrikanischen Stammbaumes imponiert ihnen der »Kennedy aus Kenia«, wie Obama bald genannt wird.

Der Mann mit dem sinnfälligen Vornamen Barack, biblisch »der Gesegnete«, war tief beeindruckt vom besonderen Charakter der schwarzen Kirche, weil sich ihr Christentum schon aus Notwendigkeit dem ganzen Menschen widmet, wie er selber schreibt: »In den tausend Kirchen Chicagos verknüpft sich die Geschichte der einfachen Schwarzen mit der Geschichte von David und Goliath, Moses und Pharao. Erzählungen von Überleben, Freiheit und Hoffnung, sie wurden zu meiner Geschichte.« Obama trat der Trinity Church unter dem Seelsorger Jeremiah Wright bei, der aus 87 Gläubigen im Jahre 1972 eine Kirche mit 6.000 Mitgliedern gemacht hat, darunter prominente Anwälte und Ärzte und die Talkmasterin Oprah Winfrey.

Die Theologin Linda Thomas ist sicher, dass Obama diese Obhut aus Glaubensgründen gesucht hat, aber auch im Bewusstsein dessen, dass die Zugehörigkeit zu einer großen und erfolgreichen Kirchengemeinde dem sozialen und politischen Aufstieg förderlich ist.

Im Oktober 1991 führte Obama die junge Anwältin Michelle Robinson zum Traualtar. Michelle ist afroamerikanisch pur und ein Kind der *southside*. Santita, eine enge Freundin von Michelle und Tochter des Bürgerrechtsveteranen Jesse Jackson, wurde Taufpatin für das erste Kind der Obamas. Über Michelle lernte Barack Valerie Jarrett kennen, eine im Iran geborene Afroamerikanerin, eng befreundet mit den Daleys, der Bürgermeisterfamilie. Valerie wird fortan den Weg der Obamas begleiten.

Barack war begeisterter Basketballspieler, sein neuer Schwager Craig war Basketballtrainer. Über ihn lernte er Marty Nesbitt kennen, einen erfolgreichen Jungunternehmer, der ihm den Weg in die schwarze Kaufmannschaft bahnte. Trainer Craig Robinson öffnete noch ein anderes Portal. Zu seinen Schülern gehörten die Kinder von Chris Pritzker, Chicagoer Geldadel und Mäzenatentum. Damit war der Prozess der Integration Obamas abgeschlossen: Der Newcomer ohne Vergangenheit und Verwandtschaft in Chicago gehörte nun zum Establishment. Das Sprungbrett in die höhere Politik war gefedert.

Die Initialzündung

1995 bewarb sich Alice Palmer, ein Mitglied des Senats im Staate Illinois, für einen Sitz im Abgeordnetenhaus in Washington. Alice Palmer war dicht vernetzt im Parteiapparat, und der Mann, den sie beerben wollte, hatte wegen sexueller Delikte zurücktreten müssen. Barack Obama wiederum bemühte sich um die Nachfolge von Alice Palmer im Senat von Illinois und erhielt ihren Segen. Die Parteifreundschaft endete, als Alice Palmer im Rennen um den Abgeordnetensitz in Washington unterlag und ihr altes Amt zurückhaben wollte. Aber das verhinderte Obama – trickreich, meinen die einen, nicht ganz fair, meinen die anderen. Die politischen Manöver, mit denen er Alice Palmer und andere Konkurrenten aus dem Weg räumte, nötigten der Parteimaschine Respekt ab. Er wurde vom Outsider zum Insider.

Beim Parteitag der Demokraten 1996 in Chicago erlebte er die offizielle Nominierung von Bill Clinton für eine zweite Amtszeit. Den größten Beifall verbuchte Hillary Clinton. Zum einen stammt sie aus Chicago, dem Villenvorort Park Ridge, zum anderen fand ihre Vision der Familie mit der 16-jährigen Tochter Chelsea an ihrer Seite großen Beifall. Gerührt rief sie in die Menge der Delegierten: »Chicago is my kind of town«, einem Jazzschlager entnommen. Da wusste sie noch nicht, dass ein junger Afroamerikaner ihr in dieser Stadt einst die Show stehlen sollte.

Obama und sein Parteifreund Jackson junior gewannen ihre Wahlkreise just in der Gegend um den Veranstaltungsort, das Stadion der Chicago Bulls. Dort traf ich damals Annie Gee, die drei Kinder von zwei Vätern zu ernähren hat, oder Eve Angel Mama Dee, die vor dem Stadion des Basketballstars Michael Jordan in Hungerstreik trat wegen der Millionen Kinder, die von der Wohlfahrtsreform Clintons auf die Straße beziehungsweise in Pflegeheime getrieben worden seien.

Auch Barack Obama meldete sich damals zu Wort. »Wie wollen Sie Kindern Werte vermitteln auf der Basis von nichts?«, fragte er. »Die Rassenfrage ist vor allem eine soziale Frage.« Diese Zitate stammen aus einem Interview, das die amerikanische Fotografin Mariana Cook damals mit dem Ehepaar Obama führte. Sie blieben ungehört, weil der Verlag die Obamas in Cooks Bildband nicht berücksichtigte – mit der Begründung, sie hätten zu wenig Glamour ausgestrahlt. Die französische Zeitung *Le Monde* hat die Geschichte ausgegraben und ist stolz darauf.

Den Parteitag eröffnete 1996 ein sichtlich nervöser Bürgermeister Richard Daley junior. Es war nämlich Daley senior, der sich bei einem anderen früheren Parteitag in Chicago dem gewalttätigen Protest der Straße hatte stellen müssen. Damals waren es die Achtundsechziger, die gegen den Vietnamkrieg und gegen den demokratischen Präsidenten Johnson protestierten, der diesen Krieg führte. Zurück von einem journalistischen Vietnameinsatz, sah ich damals Tausende von Blumenkindern, Schwarzen Panthern und Kriegsveteranen demonstrieren, darunter Tom Hayden, Ehemann von Jane Fonda, und Bobby Rush, Mitbegründer der Schwarzen Panther.

Mit ihm sollte es Barack Obama im Jahre 1999 beim Kampf um die nächste Sprosse auf der Karriereleiter zu tun bekommen, nämlich um einen Sitz im Repräsentantenhaus in Washington. Der Konkurrent in seinem Wahlkreis Bobby Rush hatte gerade das Rennen um das Bürgermeisteramt von Chicago gegen Richard Daley verloren und schien politisch geschwächt. Aber die Verflechtung Bobby Rushs mit der militanten politischen Basis in der *southside* zählte mehr als Obamas offenkundiger Verzicht auf das Chicago-Prinzip von Vetternwirtschaft und Gegengeschäften. Obama blieb auf der Strecke, sein Amt als Senator im Kongress von Illinois behielt er jedoch.

Die Niederlage gegen Rush lehrte ihn, über den Kirchensprengel der schwarzen Gemeinde hinauszureichen, die er mit anderen Kandidaten teilen musste. Er appellierte an die multiethnische

Wählerschaft jenseits von Bronzeville, wie das alte Schwarzenviertel heißt. Über seine Vernetzung mit der Schicht der einflussreichen Afroamerikaner hinaus suchte und fand er den Kontakt mit weißen Führungskräften in Politik und Wirtschaft. Er ließ sich seinen Wahlkreis neu zurechtschneiden, sodass auch weiße Stadtviertel dabei waren, sogar solche, die normalerweise fest in der Hand der Republikaner sind. Das störte seine politischen Mitbewerber nicht, sie glaubten, dass ein dunkelhäutiger Kandidat jenseits der Schwarzenviertel keine Chance hat.

Wie sich später herausstellen sollte, ersparte dieser Schachzug Obama die mühselige Ochsentour durch die Parteihierarchie. »Er hat den Seiteneingang zur Macht genommen«, schrieb ein Journalist des *Hyde Park Herald*. Aber es war nicht seine Hautfarbe, sondern sein Name, der zunächst einmal seinen weiteren Aufstieg behinderte.

Am 11. September 2001 erschütterte der Anschlag auf das World Trade Center in New York die Nation und ihr Gefühl von Unverwundbarkeit. Die Antworten waren Vergeltungssucht und Verdächtigung. »Einer, der mit Vornamen Hussein heißt wie der irakische Diktator Saddam Hussein, und dessen Nachname so ähnlich klingt wie der des El-Kaida-Führers Osama, sollte im Moment ganz still sein«, riet ihm einer seiner verbliebenen Wahlhelfer.

Stattdessen arbeitete er im Wahlkampfteam von Rod Blagojevich mit. Der Sohn serbischer Eltern wollte Gouverneur in Illinois werden, aber seine Abstammung war nicht hilfreich in einem Moment, da Serbien als Beelzebub der internationalen Politik galt. Mit der Erfahrung und List seines Beraters Obama setzte er auf »Saubermannpolitik« und gewann 2002 das Rennen.

Vielleicht aus einer Mischung aus Überzeugung und Verzweiflung ging Obama im Oktober 2002 ein politisches Wagnis ein. Zu einem Zeitpunkt höchster Zustimmungsraten für Präsident Bush und vor ein paar Hundert Menschen verurteilte er auf der Federal Plaza in Chicago den Irakkrieg. »Ich bin nicht gegen den Krieg an sich, aber gegen einen dummen Krieg ..., der uns ablenken soll von der wachsenden Armut und dem sinkenden Einkommen der Amerikaner.«

Neben ihm hatte sich ein anderer, damals schon wohlbekannter Politiker aus Illinois gegen den Irakkrieg gewendet, der demokratische Senator Dick Durbin. Der Sohn einer Einwandererfamilie aus Litauen war zu der Erkenntnis gelangt, dass die Regierung Bush Informationen des Geheimdienstes in ihrem Sinne manipulierte. Da jedoch Durbin selbst damals Mitglied im Geheimdienstausschuss des Senats war, musste er Schweigen bewahren. Es scheint einleuchtend, dass Durbin an jenem 2. Oktober 2002 den Parteifreund Obama zum Widerstand gegen die Bush-Politik anstiftete.

So oder so machte Obamas Rede auf die weiße Mehrheit wenig Eindruck – sie fühlte sich noch in einem gerechten Krieg, sie hatte die Ränkespiele von Washington noch nicht durchschaut. Aber viele Afroamerikaner jubelten Obama zu, denn die Mehrheit der Soldaten draußen auf den Schlachtfeldern war schwarz, und das Sterben der GIs begann. Sicher stand Obama auch unter dem Einfluss einer flammenden Predigt, die Jeremiah Wright ein Jahr zuvor in der Trinity Church gehalten hatte:

> »Wir bombardierten den Irak, töteten unschuldige Menschen im Sudan als Vergeltung für den Anschlag auf die US-Botschaft, wir warfen Atombomben auf Hiroshima und Nagasaki und ermordeten mehr Menschen, als beim Anschlag auf das World Trade Center umgekommen sind, und haben nicht mit der Wimper gezuckt.«

Die Theologin Linda Thomas rückt zurecht:

> »In dieser Predigt über den Fall Jerusalems wurde der Prophet Jeremias zitiert und seine Klage gegen den Machtmissbrauch der

113

Könige von Juda. Jeremiah Wright besaß die Kühnheit, die Bi-
belworte auf die Herrschenden von heute zu übertragen und auf
den Schaden, den sie in der Welt angerichtet haben.«

Jeremiah Wrights Hasspredigt sollte zur politischen Zeitbombe mit
langer Lunte werden und zum gravierenden Hindernis in der Präsidentschaftskampagne Obamas. Aber noch bewegte sich der Nachwuchspolitiker unterhalb der nationalen Wahrnehmungsschwelle.

In Springfield, der kleinen Hauptstadt von Illinois, betrieb er das
mühsame und provinzielle Tagesgeschäft eines Senators in der Opposition, bis im Jahre 2002 ein politischer Machtwechsel stattfand.
Nach siegreichen Wahlen wurde ein Demokrat Mehrheitsführer im
Senat, den Obama selbst seinen *godfather* nannte. Emil Jones ließ
sich das gerne gefallen, er nutzte sogar als Klingelton seines Handys
die Titelmelodie aus dem Film *Der Pate*.

Der Afroamerikaner Jones war ein Politiker der alten Chicagoer
Schule. Er beschäftigte Verwandte im Staatsdienst, verteilte staatliche Subventionen nach Gutsherrenart und nutzte seine Macht, um
Gegner zu demütigen – getreu der Regel »In jedem Politiker aus Illinois versteckt sich auch irgendwo ein kleiner Gangster«. Obama
nahm keinen Anstoß mehr an der Methode, er hatte vom System
gelernt und war bis zu einem gewissen Grad bereit mitzumachen.
Er konnte den Politveteranen Jones als Gönner gewinnen.

Der schanzte dem Jungsenator den Vorsitz bei wichtigen Gesetzge-
bungen zu, zum Beispiel bei der Reform der Todesstrafe und einer
neuen Ethikverordnung. Ende 2004 hatte Obama 800 Gesetzes-
regelungen mit verabschiedet, viele davon mit Unterstützung der
oppositionellen Republikaner. Diese Mischung aus persönlicher
Überzeugung und politischer Kompromissfähigkeit fand Wider-
hall auf der nationalen Ebene des demokratischen Parteiapparates.

John Kerry, der Präsidentschaftskandidat der Demokraten im
Wahljahr 2004, suchte für das Programm des Parteitages noch einen unverbrauchten *key-note speaker*. Barack Obama kam in die en-

gere Auswahl. Die Organisatoren des Parteitages sondierten unter anderem bei Emil Jones und bei Richard Daley, dem Bürgermeister von Chicago. Aus der Empfehlung wurde ein Auftrag.

Obama nannte seine Ansprache nach einer Predigt seines Seelsorgers Jeremiah Wright *The audacity of hope,* Hoffnung wagen. Die Rede handelte von Hoffnung statt Verzagtheit, von Wende statt Routine, von Transparenz statt Mauschelei, von Einheit statt Zwietracht: »Es gibt kein weißes oder schwarzes Amerika, es gibt kein linkes oder rechtes Amerika, es gibt nur die Vereinigten Staaten von Amerika.« Obama appellierte an die Verheißung, die Amerika so groß gemacht hatte und die in Verängstigung umgeschlagen sei.

Es war diese Botschaft, die 17.000 Delegierte beim Parteitag im Bostoner Fleet Center von Stühlen und Bänken riss, eine Botschaft, die vom Fernsehen weiterverbreitet und von der Gilde der Kommentatoren gnädig aufgenommen wurde. Ein neuer Stern am Polithimmel war geboren, und dieser Ruhm war schon das halbe Kapital für Obamas Wahlkampf um einen Sitz im Senat von Washington.

Großes Geld war im Spiel um den frei werdenden zweiten Senatsposten, der Illinois zusteht. Noch nie hatten Amerikas Parteien so viele Millionen in einen Senatswahlkampf investiert. Fünfzehn Anwärter gingen ins Rennen, darunter sieben Mehrfachmillionäre. Einer der Demokraten, Blair Hull, ein professioneller Spieler, der mit Black Jack steinreich geworden war, steckte 40 Millionen Dollar in den Wahlkampf. Ein anderer, Dan Hynes aus einer Politikerdynastie, konnte mit der Chicago-Maschine und seinem Bekanntheitsgrad wuchern.

Obama hatte selbst kein Geld, dafür aber Verbündete wie Penny Pritzker, die über ein Vermögen von 20 Milliarden Dollar plus der Hotelkette Hyatt verfügt, oder George Soros, der Investment-Guru. Er punktete mit einer Imagekampagne, die sein neuer Consultant David Axelrod entwickelte. Der Sohn amerikanischer Juden hatte schon viele Wahlkämpfe geführt und einige davon für seine Kandidaten gewonnen. Axelrod war so überzeugt von den Qualitäten Obamas, dass er seinen finanziellen Marktwert nicht ausreizte.

Zunächst sicherte sich das neue Team die kostenfreie Unterstützung der wichtigsten Zeitungen von Illinois. Dann pumpte das Team Sponsorengeld in eine intensive TV-Werbespot-Berieselung. Zur Strategie kam wieder die Fehlleistung der Mitbewerber: Die finanzstarken innerparteilichen Konkurrenten mussten vergangene Steuersünden oder sündige Stunden offenbaren und fielen weit zurück. Und Jack Ryan, der schwerreiche Kandidat der Republikaner, entpuppte sich als Sexgangster.

Fieberhaft suchten die Republikaner nach einem Ersatzkandidaten und verfielen auf Alan Keyes, einen afroamerikanischen Politveteranen. Das führte zwar zu einer farbigen Auseinandersetzung und zum ersten Duell zweier schwarzer Amerikaner um einen Sitz im Senat, aber der konservative Reagan-Anhänger hatte niemals in Illinois gelebt und noch nie eine Wahl gewonnen. Er unterlag mit 27 Prozent der Stimmen gegenüber 70 Prozent für Obama.

Der demokratische Präsidentschaftskandidat John Kerry verlor bei den Wahlen im November 2004 gegen den amtierenden Präsidenten Bush, aber Barack Obama errang im Senatswahlkampf einen Erdrutschsieg. Am 4. Januar 2005 wurde er vom amtierenden Vizepräsidenten und Senatsvorsitzenden Dick Cheney vereidigt.

Auf seiner steilen Karriere hatte er zwar die Wege und Regeln der Chicago-Maschine in- und auswendig gelernt, sich aber nie völlig hineinziehen lassen. Fleiß und Geist, Mut und die Gunst des Zufalls haben dabei zusammengespielt. Ein kleiner dunkler Fleck auf seiner weißen Weste ist dennoch geblieben, und das hat mit einem zwielichtigen Geschäftsmann namens Toni Rezko zu tun.

Der aus Syrien stammende Rezko war in vielen Berufen tätig, vom Großgastronomen über den langjährigen Manager von Muhammad Ali bis zum Immobilienhai. Stets handelte er dabei mit

der zuständigen Politinstanz Vorteile aus und spendete dafür groß-
zügig in die jeweilige Parteikasse oder das persönliche Portefeuille.
Partner und Nutznießer waren zum Beispiel Chicagos Bürgermeister Daley, der Gouverneur von Illinois Blagojevich und ... Barack
Obama. Rezko finanzierte seinen Senatswahlkampf mit und half
beim Erwerb eines Villengrundstückes im Hyde Park. Als Rezko
wegen mehrerer Delikte zu einer langjährigen Gefängnisstrafe verurteilt wurde, gab Obama die Geldspende an einen Wohltätigkeits-
verein weiter, aber die Rezko-Affäre sollte später zur Wahlkampf-
munition seiner Gegner werden.

Zunächst überwog jedoch der Wunderkindcharakter des frischge-
backenen Senators in Washington. Das einzige schwarze Mitglied
in der hohen Kammer gewann sehr schnell Freunde diesseits und
jenseits der Parteilinie, darunter so politische Prominenz wie die
Demokraten Hillary Clinton, John Kerry und Joe Biden sowie die
Republikaner John McCain und Richard Lugar. Er wirkte auch
an der Verabschiedung wichtiger Gesetze mit und ging auf ausgedehnte Auslandsreisen mit Schwerpunkt Afrika. In Kenia wurde er
schon damals wie ein heimgekehrter Sohn gefeiert, das Elend der
Leute von Darfour bewegte ihn tief. In seinem ersten Jahr im Senat
schrieb er nebenher sein zweites Buch *Hoffnung wagen*. Es enthält
einen Katalog von Einsichten und Absichten, die sich unschwer als
Wahlprogramm deuten lassen. *Hoffnung wagen* wurde ein sponta-
ner Bestseller und verkaufte sich mit großem Abstand besser als
Bücher von Hillary Clinton und John McCain.

Es war Dick Durbin, der Senior-Senator von Illinois, der in dem
jungen Kollegen an seiner Seite von vornherein mehr sah als einen
Mitkämpfer in der Schlacht ums Kapitol. Er drängte ihn zur Kandidatur für die Präsidentschaft mit zwei Sätzen, die mittlerweile
schon historisch geworden sind: »Ein paar tausend Wortmeldun-
gen mehr im Senat bringen dich nicht weiter« und »Manchmal
entscheidest du über den richtigen Zeitpunkt, und manchmal ent-
scheidet sich der Zeitpunkt für dich.«

Diesmal stimmte das Timing. Die Stimmung der Amerikaner gegenüber George W. Bush und den Seinen trübte sich nach dem zähen Kampf im Irak ein. Sie schlug vollends um, als die Regierung das Desaster von New Orleans nicht in den Griff bekam.

New Orleans Blues

New Orleans galt in den USA als *The Big Easy,* eine Stadt, die das Leben leichtnimmt. Doch im August 2005 nahm Hurrikan Katrina das Land zwischen Mississippi und Lake Pontchartrain in die Zange. Mit der Wucht seiner Fluten sprengte der Wirbelsturm die Dämme und trieb die Einwohner in die Verzweiflung oder in den Tod.

Die Bilder der halb versunkenen, halb verwüsteten Stadt erinnern an Tsunami und die Dritte Welt. Doch das Ausmaß der Katastrophe überstieg die Vorstellungskraft, wie ich als Reporter vor Ort erkennen musste. Am schlimmsten traf es den Osten von New Orleans. Jenseits des Industriekanals führte die Bundesstraße 10 durch eine Geisterstadt. Eine US-Fahne erinnerte wie eine Klagewand an nicht erfolgte Hilfsmaßnahmen. Große Teile der Stadt waren nur per Boot zu erreichen. Arthur Matherne half mit seinem propellergetriebenen *airboat* bei der Evakuierung von Überlebenden oder beim Transport der Umgekommenen. Die Katastrophe kostete 2.000 Menschen das Leben.

Nur den Superdome konnten die Wassermassen nicht zerstören, also wurde er zur Rettungsinsel im überschwemmten New Orleans. Die riesige Football-Arena wird von einer 27 Stockwerke hohen Kuppel überwölbt und fasst maximal 90.000 Menschen. Nach Katrina sprengte die Zahl der Zuflucht suchenden alle Dimensionen: Hunderttausende warteten Tage und Wochen auf den Transport nach draußen. Doch die Behörden versagten. Im Land der Hochtechnologie und der ausgefeilten Logistik fehlte die Organisationskraft, vielleicht auch der gute Wille, das vermutete jedenfalls David Barbour: »Es ging ja meist nur um arme Schwarze«, klagte der Afroamerikaner, der nur ein Bündel Habseligkeiten retten konnte.

Pastor Heinz Neumann betreute eine Seemannsmission am Canal Boulevard und musste Tage und Nächte auf der Dachterrasse ausharren, bis ihn ein Helikopter in Sicherheit brachte: »Ich wollte bis zuletzt meine Gemeinde nicht verlassen, aber jetzt glaube ich, dass sowieso auf lange Zeit niemand mehr kommt.« David Fontain stand in einer Art Nachtrock mit einem Gewehr auf der Veranda seines überschwemmten Hauses, um Plünderer abzuwehren, »denn die Behörden haben sich erst nicht blicken lassen, und jetzt wissen sie nicht, was sie tun«.

In der Tat wirkten der schwarze Bürgermeister von New Orleans und die weiße Gouverneurin von Louisiana hilflos angesichts der Not. Die eigentliche Blamage aber ist Washington anzulasten. Videoaufzeichnungen belegen, dass Präsident Bush schon Tage vorher über die Bedrohung durch Katrina informiert war und der Chef der Katastrophenschutzbehörde Fema einen Tag vor der Katastrophe flehentlich um Hilfe der zuständigen Stellen bat, denn »sie bringen keine Patienten aus den Krankenhäusern, keine Häftlinge aus den Gefängnissen und sie lassen die Hotels geöffnet«. Die Impressionen der zerstörten Stadt zeugen von einem anderen Amerika, das weit vom eigenen Anspruch des *City on the hill*, dem Blick von hoher Warte aus, entfernt ist.

Die Bevölkerung teilt sich in jene, die ihrer Heimat für immer den Rücken kehrten, Flüchtlinge im eigenen Land, und jene, die dem morbiden Charme der Stadt am »Old Man River« verfallen sind und blieben. Sie befreiten sich vom Trauma des Hurrikans und der Lethargie mit der ureigenen Tradition von Tanz und Jazz.

Der derzeit Größte unter den Jazzgrößen von New Orleans heißt Wynton Marsalis, Komponist und Interpret, Vorkämpfer für die

Rassenintegration und Freund des Bürgerrechtlers Jesse Jackson, vor allem aber Helfer in der Not der Stadt. Ein neues 80-Minuten-Epos hat er verfasst und seiner Heimat gewidmet. Er führte es auf dem Congo Square auf, heute ein Park, der das Denkmal und den Namen von Louis Armstrong trägt. Der berühmte Trompeter wurde hier 1900 geboren. Damals umgab ein Rotlichtviertel den Congo Square, und Satchmo spielte in den *honky-tonks*, wie die Tanzcabarets mit zweifelhaftem Leumund hießen. Bei allem späteren Ruhm hielt sich Armstrong in der Politik zurück.

Nicht so Wynton Marsalis. Auf dem Congo Square hielt er eine musikalische Anklagerede: »*Shame on you*«, schimpfte er. Und er meinte die Regierung, die Katastrophenschutzbehörde Fema, das Rote Kreuz und all jene, die nicht in der Lage gewesen waren, der Stadt in der Krise nach Katrina zu helfen.

Besonders hervorgetan in der Kritik an der Arbeit der Behörden hat sich auch die *Picayune Times*. Sie erhielt dafür den Pulitzerpreis. »Die Stadt ist so zerstört, dass ihr Comeback lange dauern wird«, meint der mit dem Preis ausgezeichnete Berichterstatter Peter Kovacs. »Die Stadt hatte vor Katrina 480.000 Einwohner. Sie wird auf zwei Drittel oder drei Viertel schmelzen, wer weiß.« Glaubt er, dass der Wille für ein Comeback da ist? »Unbedingt, aber es sind nicht so sehr die Behörden, sondern Freiwillige, Studenten und kirchliche Organisationen, die ihre Hilfe anbieten.« Einige Quartiere von New Orleans sind wohl für immer verloren, bei anderen schwanken die Bewohner, ob sie den Wiederaufbau wagen sollen oder nicht.

Wynton Marsalis war jedenfalls präsent, und das nicht nur musikalisch. »Lasst uns der Welt zeigen«, schrieb er zu seinem Werk, »was Amerika zur mächtigsten Nation der Erde macht, nämlich nicht Gewehre, Pornografie und materieller Wohlstand, sondern Mitgefühl und Seelenleben. Katrina gibt uns die Gelegenheit, diese Werte zu wecken und zu leben.«

Etwas abgewandelt könnte das auch von Barack Obama stammen. Und der hielt bei allem Mitgefühl Katrina auch für eine Chance. Bill Richardson, Gouverneur von New Mexico und ebenfalls ein potenzieller Kandidat, erinnert sich an eine gemeinsame Fragestunde und seine eigene Unaufmerksamkeit, als das Thema New Orleans aufkam. Da habe Barack Obama verschwörerisch »Katrina, Katrina« geflüstert. Wynton Marsalis gehört jedenfalls zu seinen frühen Anhängern. Für beide hat das Organisationsdesaster nach Katrina die Inkompetenz der Regierung Bush bloßgelegt.

Ob der 43. Präsident der Vereinigten Staaten zu verfangen war in den Krieg gegen den Terrorismus oder zu befangen gegenüber dem lockeren Lebenswandel von New Orleans? »Hurrikan Katrina hat den letzten löchrigen Schleier von einem hässlichen Gesicht amerikanischer Politik weggefegt«, wie damals die Zeitschrift *Newsweek* schrieb:

>»Einige glauben, dass Obamas Reise ins Weiße Haus mit einer wenig beachteten Rede gegen den Irakkrieg 2002 begann, für andere war es die elektrisierende Ansprache vor dem demokratischen Parteitag 2004. Aber da war mehr noch nötig, um den Appetit der Wählerschaft zu wecken für das Menü, das er im Angebot hatte. In diesem Sinn lag sein wahrer Start in den versunkenen Quartieren von New Orleans im heißen verzweifelten Spätsommer 2005.«

Seine Botschaft traf nun den Geist der Zeit. Wie nahe das Missionarische und das Profane beieinanderliegen, zeigt ein letztes entscheidendes Gespräch mit seiner Beratungsinstanz: seiner Frau. Michelle Obama gab grünes Licht für den Beginn des Wahlkampfes gegen das Versprechen ihres Mannes, endlich mit dem Rauchen aufzuhören.

Lincolns Erbe

An einem bitterkalten Februartag im Jahre 2007 betrat Barack Obama, begleitet von Michelle und warm eingepackten Kindern, die Empore vor dem kleinen Kapitol von Springfield und erklärte sich vor 15.000 Anhängern zum Präsidentschaftskandidaten.

> »Ich weiß, dass ich noch nicht lange die Wege Washingtons kenne, aber ich war lange genug dort, um zu wissen, dass sich in Washington etwas ändern muss. Nur Menschen, die ihr Land lieben, können es auch verändern, das wusste schon Abraham Lincoln.«

Obama sah sich dabei in der Nachfolge des 16. Präsidenten der USA, der vor 150 Jahren einen Bürgerkrieg der Einheit und Gleichheit wegen geführt hatte – der Einheit der amerikanischen Nation und der Gleichheit ihrer schwarzen Bürger willen.

Hier ließ sich Lincoln 1858 für den Senat nominieren, hier und im benachbarten Peoria hielt er seine großen Reden gegen die Sklaverei und für die Einheit der Nation: »Ein in sich geteiltes Haus kann keinen Bestand haben. Ich glaube, dass dieses Land nicht zur Hälfte aus Freien und zur Hälfte aus Sklaven bestehen kann.« Erst nach einem blutigen Bürgerkrieg war der Süden der Sklavenhalter besiegt und die Einheit wiederhergestellt, die Gleichheit allerdings noch lange nicht. Das lag auch an der Legendenbildung.

Auf dem Schlachtfeld die Verlierer, haben die Südstaaten in Liedgut, Folklore und Nachruhm den Sieg davongetragen. Kühne Feldherren wie Robert Lee, großartige Filme wie *Vom Winde verweht* oder *Cold Mountain,* Herz-und-Schmerz-Romane von Abschied und Heldenmut verdrängten die Geschichte der Sklavenbefreiung und damit die Chance auf baldige Gleichstellung.

Dem Grenzverlauf von damals entspricht heute immer noch ein Mentalitätsgefälle. Der Südstaatler wirkt schwermütiger, spricht langsamer und verleiht der amerikanischen Sprache einen musikalischen Klang. Und die Touristen aus dem Norden suchen in Georgia und Louisiana nach dem Glanz der Pflanzerherrlichkeit von einst.

Weil Abraham Lincoln damals Protagonist der neu gegründeten Republikanischen Partei war, traten Politiker aus dem Süden aus Protest in Scharen der früher gegründeten Demokratischen Partei bei, wo sie sich dann kurioserweise an der Seite der Afroamerikaner wiederfanden. Bei Präsidentschaftswahlen entschieden sich die Weißen unter den Südstaaten-Demokraten stets für den konservativen Bewerber. Der Republikaner Ronald Reagan profitierte von dieser Protesthaltung. Der Demokrat Barack Obama konnte diesmal auch bei der weißen Wählerschaft im Süden punkten. Das ist nur eins der vielen Signale, die auf einen Umbruch in der amerikanischen Gesellschaft hinweisen, den Abraham Lincoln schon vor 150 Jahren beschworen hatte.

In seiner Springfield-Rede vom Februar 2007 rief Obama: »Wo Lincoln einst ein geteiltes Haus zum Zusammenhalt ermahnte, wo gemeinsame Hoffnungen und Träume noch lebendig sind, stehe ich heute vor euch und verkünde meine Kandidatur für die Präsidentschaft der Vereinigten Staaten.«

Gelegentlich mag es der Kandidat eben pathetisch, doch das wird ihm selten übel genommen – es sei denn, es hat einen überheblichen Unterton. In einem Sonderheft des *Time Magazine* anlässlich der Einweihung der neuen Lincoln Library in Springfield schrieb Obama: »Lincolns Aufstieg aus der Armut, sein Selbststudium ... seine Fähigkeit, persönliche Niederlagen zu verarbeiten ... all das hat mich nicht nur an meine eigenen Kämpfe erinnert.«

Postwendend schrieb das konservative *Wall Street Journal* vom Dünkel der Macht und dass der Senator den Mund ganz schön voll genommen habe, wenn er sich mit Abraham Lincoln vergleiche. Den Vorwurf der Arroganz, den andere konservative Blätter willig aufnehmen und weiterverbreiten, bekommt der Wahlkämpfer nicht richtig los. Von seiner Verehrung für Lincoln und auch von der Nachahmung lässt sich Obama jedoch nicht abbringen: »Angesichts des Krieges könnt ihr an Frieden glauben, angesichts der Verzweiflung könnt ihr Hoffnung wagen, angesichts einer Politik, die uns so lange geteilt hat, könnt ihr auf Einheit setzen.« Ein Zitat des 16. Präsidenten der USA, das Obama für sich und gegen die Präsidentschaft Bushs anwendet. Es passt, auch wenn der Irakkrieg weit weniger Opfer kostet als der amerikanische Bürgerkrieg, auch wenn die Lage nicht so verzweifelt ist wie damals, auch wenn die Einheit der Nation nicht so gefährdet ist.

Es ist eher der wirtschaftliche Ruin, der sich zum direkten Vergleich aufdrängt, und auch die damit verbundene Finanzkrise an der Wall Street. Lincoln klagte einst: »Ich habe die Konföderation (den damaligen Feind) vor mir und die Banker hinter mir, und ich fürchte Letztere noch mehr.« Die Mischung aus Verachtung und Respekt gegenüber dem Großkapital und dem Großgrundbesitz war Lincoln in die Wiege gelegt. Er wurde als Sohn armer Leute in einer fensterlosen Hütte im amerikanischen Hinterland geboren, sparte sich ein Jurastudium vom Munde ab und eröffnete eine zunächst kleine Kanzlei im ärmlichen Springfield.

Der Regierungssitz von Illinois wäre heute noch unattraktiv, wenn nicht eine dankbare Nachwelt dem prominentesten Einwohner Denkmäler gesetzt, Museen gewidmet und aus jeder Spur seines 25-jährigen Aufenthaltes Sehenswürdigkeiten gemacht hätte. Der Nachbau der Geburtshütte: eine Art Krippe der Nation; der Ausbau seines Wohnviertels: eine Art Open-Air-Ausstellung; die bombastische Gestaltung seines Grabmals: eine Art Wallfahrtsort; die moderne Presidential Library mit 46.000 Sammlerstücken – das alles gehört zum Besuchsprogramm jedes amerikanischen Patrioten.

Dem Kapitol gegenüber markieren Statuen Lincolns, seiner Frau und von einem seiner Söhne den Eingang zur Kanzlei, die er mit seinem Partner Billy Herndon betrieben hat. Beeindruckt hat mich, dass die Büroräume so unordentlich gezeigt werden, wie sie wohl einmal waren. Auf das Äußere legte Lincoln wenig Wert. Und doch ist von allen Präsidenten der knochige, hagere, hochgewachsene Mann mit Spitzbart, Zylinder und schlampigem Gehrock der auffälligste, der Uncle Sam schlechthin.

Besonders angetan hat es Obama das Lincoln Depot, die Eisenbahnstation, in der Lincoln zur Amtseinführung als 16. Präsident der Vereinigten Staaten einen Zug nach Washington bestieg. Diese Reise hat der designierte 44. Präsident der USA nachvollzogen, jedenfalls auf den letzten Streckenabschnitten von Philadelphia nach Washington.

Er bestieg den *train of history* mit dem Selbstbewusstsein seiner eigenen Berufung als Erbe Lincolns. Wieder einmal in Amerikas Geschichte ging es um die Einheit, nachdem die Nation zutiefst gespalten war. Wieder einmal ging es um die Hoffnung auf eine Zukunft ohne Angst, und wieder einmal ging es um eine Wende in der Politik des Althergebrachten. Obama fühlt sich dieser Herausforderung gewachsen und ausersehen, sie umzusetzen. Zum 200. Geburtstag Lincolns am 12. Februar 2009 zitiert Obama in Springfield sein Vorbild: »Die Aufgabe der Regierung ist es, für die Menschen zu tun, was getan werden muss, was sie aber in eigener Anstrengung zu tun nicht oder nur ungenügend in der Lage sind.«

Man kann dieses Zitat auch als Basis für ein Prinzip nehmen, dem Obama selber folgt.

Das Obama-Prinzip

In der zweiten Amtsperiode von George W. Bush war die Sehnsucht nach Einheit, Hoffnung und Wandel mit Händen zu greifen. Aber der Protagonist musste erst glaubhaft und bekannt machen, dass er selbst das Zeug hat, diese Werte umzusetzen. David Axelrod, von Anfang an Obamas Chefstratege, erinnert sich: »Als er beschloss, ins Rennen zu gehen, hatten wir keinerlei politische Infrastruktur und sollten gegen die große Parteimaschinerie antreten.«

Rudy Giuliani, geachteter Bürgermeister von New York zur Zeit des Attentats auf die Zwillingstürme und kurzzeitig Präsidentschaftskandidat, sprach Obama jede Erfahrung ab: »Der hat doch nie etwas Größeres vollbracht.« Der gewitzte Bill Clinton hingegen schätzte angesichts der Missstimmung im Volk die Chancen eines unverbrauchten Politikers hoch ein, ebenso wie die Neigung der Presse, so einem Newcomer zu folgen: »Eine Chance, die nur einmal im Leben kommt; ich hätte sie auch ergriffen.« Als dann Hillary Clinton ins Rennen ging, begann der spannendste und längste Vorwahlkampf in der amerikanischen Geschichte. David Axelrod erinnert sich: »Eine der großen Enthüllungen in diesem Prozess waren die enormen Managerqualitäten, die unser Kandidat gezeigt hat.«

Aus der Erfahrung als *community organizer* hatte Obama gelernt, nicht nur Menschen zu begeistern, sondern auch sie auf seine Ziele einzuschwören. In kurzer Zeit wurde so aus einer Handvoll Freiwilliger eine zugkräftige Truppe. Die setzte er zunächst für das Branding der Marke Obama ein. Dazu gehörte natürlich sein ungewöhnlicher Lebenslauf, aber auch ein Image als Brückenbauer in Zeiten der Polarisierung und als ein Herausforderer des überkommenen Systems. Daraus resultierte eine andere Art des Wahlkampfes.

Bei einem Seminar mit Wahlkampfstrategen im Mai 2008 referierte der Politikberater Jason Stanford, dass von allen Strategien das *negative campaigning* am wirkungsvollsten sei, weil da immer was beim Gegner hängen bleibe, ob nun wahr oder nicht. In der Tat hat das bei vielen Wahlkämpfen funktioniert. So ging der letzte Präsidentschaftsbewerber der Demokraten John Kerry, mehrfach ausgezeichnet im Vietnamkrieg 2004, nicht energisch genug gegen eine Kampagne von Veteranen vor, die ihn der Feigheit vor dem Feinde bezichtigten. Vermutlich trug das zu seiner Niederlage bei. Offenbar aber hatte das Publikum diesmal keinen Geschmack an übler Nachrede, und wenn sie kam, dann reagierte das Obama-Team prompt.

Seine Gegner stellten ihn als Islamisten dar und seine Frau als Taliban-Kämpferin, eine Karikatur, die es sogar auf das Titelblatt der renommierten Zeitschrift *New Yorker* geschafft hat. Sie brachten oft seinen zweiten Vornamen Hussein ins Spiel, um eine Assoziation zu Saddam Hussein zu erreichen. Ein befreundetes Ärzte-Ehepaar in St. Louis wollte mir weismachen, er habe seinen Eid als Senator auf den Koran abgelegt.

Die vielen Verleumdungen, die meist per E-Mail über den schwarzen Kandidaten verbreitet wurden, entkräftete stets unmittelbar ein Extrateam mit einer eigenen Webseite. Den Vorwurf, ein Muslim zu sein, konterte das Team: »Seinen Amtseid für den Senat leistete Obama auf seine Familienbibel. Seine Familie besucht auch regelmäßig christliche Gottesdienste.« Auf den Vorwurf, Obama sei unpatriotisch, lautete die Berichtigung: »Obamas Großvater war Weltkriegsveteran und brachte Barack schon als Junge die Bedeutung der amerikanischen Fahne bei.«

Kurioserweise hatten sich diese Vorwürfe von selbst erledigt, als es zu einer großen Kontroverse um seinen christlichen Seelsorger kam, den Afroamerikaner Jeremiah Wright, der für polemische Ausfälle gegen die »weißen Rassisten« bekannt ist. Ich fragte Norman Birnbaum, der den einzigen Lehrstuhl für Marxismus in den USA innehatte, ob der Zwischenfall dem Kandidaten geschadet hat. »Im Gegenteil«, erwiderte er, »die Kontroverse wurde früh genug aus dem Weg geräumt und diente dem Bekanntheitsgrad des Kandidaten. Sie gab ihm die Gelegenheit, etwas Grundsätzliches zur Rassenproblematik zu sagen.« Mir blieb in Erinnerung, wie er seine geliebte weiße Grandma aus Hawaii mit dem Pastor verglich.

> »Ich kann mich genauso wenig von ihm lossagen wie von meiner Großmutter, einer Frau, die mich erziehen half und mich liebte und doch zugab, Angst vor schwarzen Männern zu haben. Ich

werfe Reverend Wright nicht vor, dass er die Rassenfrage anspricht, sondern dass er sie als statisch ansieht, als ob es keinen Fortschritt gegeben hätte. Dabei wissen wir doch, dass Amerika sich ändert.«

Change, das verstand das Publikum, und der Angriff verpuffte. Der Kandidat verließ sich dabei von vornherein nicht nur auf den Zuspruch der Medien, sondern setzte auf die Kommunikation im Internet. Über SMS wandte er sich persönlich mit der Anrede *dear friend* und stets in der Wir-Form an seine Fans: »Wir werden es gemeinsam schaffen.«

Obamas genialste Idee war jedoch die Kombination von Geldbeschaffung und Anhängerwerbung bei gleichzeitigem Verzicht auf die großen Lobbyisten im Lande, die normalerweise einen Wahlkampf finanzieren. All die kleinen und jungen Leute, die von seinem Team kontaktiert wurden und sich von Obama persönlich angesprochen fühlten, verbreiteten seine Botschaft und spendeten kleine Beträge. Die summierten sich auf eine Höhe, wie sie kein anderer Kandidat aufbringen konnte. Trotz alledem blieben die Vorwahlen ein dramatischer Kampf zwischen dem möglicherweise ersten Schwarzen und der vielleicht ersten Frau im Oval Office.

Diese Vorwahlen gehen auf die Tradition der *town meetings* zurück, einer Art Selbstregierung in den weit verstreuten ersten Einwanderersiedlungen im Hinterland der Ostküste. Diese Treffen der wahlberechtigten Gemeindemitglieder dienten Entscheidungen über Sheriffsgehälter, Feuerwehrbauten, berufliche Zulassungen und Eigentumsfragen. 1875 erschien mit der *Roberts Rule* ein Standardwerk zum Verfahren und den streng lokalen Privilegien der Entscheidungsfreiheit in den *town meetings*.

Gelegentlich aber gingen von solchen Versammlungen auch Forderungen und Denkanstöße aus, die über die Selbstregierung hinausreichten. Erst nach dem Zweiten Weltkrieg luden die ersten

Gemeinden amerikanische Präsidentschaftskandidaten zur Diskussion ein. Der Bundesstaat New Hampshire machte daraus einen Test mit Vorwahlentscheidung. Davon profitierte 1952 als Erster Ike Eisenhower in einem Jahr mit nur zwölf Vorwahlen. Diese Art der Meinungsbildung gehört seitdem zum politischen Prozess, dem sich inzwischen alle Bundesstaaten angeschlossen haben.

Das statistikgläubige Amerika braucht diese langwierige Prozedur der Kandidatenauslese, um zu einer Ansicht über einen Bewerber, aber auch über sich selbst zu gelangen. Der Wahlkampfstratege William Strother klagte schon vor 30 Jahren:

> »Das Vorwahlsystem übt einen ständigen Druck aus und stürzt vor allem die Erfolglosen in tiefe Schulden. Aber leider fällt mir auch keine bessere Methode ein, die weit verstreute Bevölkerung auf einen Kandidaten aufmerksam zu machen.«

Die *primaries* sehen und fallen in den Bundesstaaten unterschiedlich aus, aber stets sind sie mit der Verpflichtung verbunden, ihre Ergebnisse unverfälscht einzubringen in die Kandidatenkür, die dann schließlich nur noch Formsache ist.

Die ersten oft so maßgeblichen Vorwahlen in New Hampshire konnte Hillary Clinton gewinnen, mit vor Emotion feuchten Augen. Aber da hatte sie schon den ersten Schock erlebt. Vorausgegangen war Anfang Januar 2008 ein *caucus* in Iowa, der normalerweise wegen geringer Beteiligung und lockerer Abstimmung nicht so ernst genommen wird. Aber diesmal gingen außergewöhnlich viele Bewohner zur Abstimmung, und sie gaben Barack Obama den Vorrang. Das Erstaunliche daran: 95 Prozent der meist bäuerlichen Bevölkerung sind weiß.

Der große Rest dieses bittersten Vorwahlkampfes aller Zeiten ist Geschichte. Obama hatte knapp 300 Millionen Dollar von etwa 1,5 Millionen Kleinspendern erhalten, das erlaubte ihm überall im Lande starke Präsenz. Hillary Clinton ging das Geld aus und am

Ende auch der Zuspruch der Parteioberen. Am 7. Juni 2008 gab sie sich geschlagen.

Im Juni noch sammelte Obama seine Getreuen um sich und schwor sie auf die nächste Schlacht ein, nämlich gegen John McCain:

> »Wenn ich in Iowa verloren hätte, wäre das okay gewesen, dann hätte es eben ein anderer Demokrat gemacht. Aber da wir die *primaries* gewonnen haben, müssen wir weitermachen. Das sind wir den Menschen schuldig, die auf uns hoffen. Ich liebe euch, jetzt lasst uns die Wahlen gewinnen.«

In Springfield, der kleinen Hauptstadt von Illinois, hatte Obamas politische Laufbahn im Winter 2007 begonnen, 18 Monate später stand wieder das Kapitol der Stadt im Rampenlicht. Per SMS rief Obama seine Anhänger zusammen, um einen Mann mitzufeiern, der ihm aus der Patsche helfen sollte. Zwischen Russland und Georgien rumorte es, das verlieh dem verbliebenen Gegner John McCain Aufwind. Denn der Republikaner gilt als kriegserfahrener Haudegen, ein glaubhafter Oberbefehlshaber der Streitkräfte in Krisenzeiten.

Obama hingegen wurde als außenpolitisches Greenhorn dargestellt, auch wenn er eine medienwirksame Auslandsreise in den Nahen Osten und nach Berlin hinter sich hatte. Als Retter in der Not trat Joe Biden auf, immerhin Vorsitzender des außenpolitischen Ausschusses und so welterfahren wie John McCain. An diesem Spätsommertag im August erklärte Obama mit großem Hallo Joe Biden zu seinem Vize. Der kampferprobte Senator erwies sich als glückliche Wahl, ein Teamplayer in allen Lagen.

Damit war angerichtet für das Nominierungsfest der Demokraten in Denver mit anschließender Festrede. Der Schauplatz war eine Arena, dekoriert mit griechischen Säulengängen, die wohl an den Ursprung der Demokratie in Athen erinnern sollten. Obama nahm die Huldigung seiner Partei mit einer Mischung aus Demut und Pathos entgegen: »Ich weiß, dass ich nicht die üblichen Kriterien erfülle für ein solches Amt, aber ich spüre, dass sich etwas bewegt in der Nation, und was die Neinsager nicht verstehen, ist, dass es bei dieser Wahl nicht um mich geht, sondern um euch.«

Dabei ließ sich Obama von den 70.000 in der Arena von Denver feiern, als ob er tatsächlich Barack, der Gesegnete sei, der in Amerika eine Mission zu erfüllen hat. Eine Beobachterin aus Deutschland meinte hinter vorgehaltener Hand: »Das ist ja wie eine Heiligsprechung.«

Von der Gegenseite, vom Parteitag der Republikaner eine Woche später, tropfte Hohn und Spott in die Medien. »Was tut er wohl, wenn er trockenen Fußes über den See gegangen ist, die Wogen geteilt und die Welt geheilt hat?« Das Erlöserimage Obamas nahm eine frische politische Kraft aufs Korn: Sarah Palin, Gouverneurin von Alaska und von John McCain zur Vertreterin ausgerufen. Der greise Republikaner setzte dabei nicht nur auf »Frau«, sondern auch auf »jung«. *Zu* jung, urteilten bald die Kritiker, und zu naiv.

Aber Sarah Palin ist, was Obama zu Anfang war: ein Überraschungsgast auf der Politbühne. Sie verlieh der republikanischen Sache noch einmal Hoffnung und entsprach mehr als John McCain der konservativen Seele der Republikaner. Wie es das Sprachrohr oder auch Schandmaul der Partei Rush Limbaugh auf einen Nenner brachte: »Palin ist fromm, gegen die Abtreibung und für Waffenbesitz.«

Die Amerikaner aber erwarteten von den beiden Gespannen eine weitere spannende politische Auseinandersetzung in einem Prozess, der auch schon zum Ritual geworden ist, den formalen Fernsehduellen. Besonders wenn es eng wurde zwischen den Parteien, gerieten sie zum Entscheidungsspiel. 1963, bei dem ersten Duell überhaupt, geriet Nixon ins Schwitzen, Kennedy blieb cool und gewann. George Bush senior schaute, während sein Gegenpart Clinton sprach, auf die Uhr und verlor. Al Gore machte ein gelangweiltes Gesicht, als Bush junior sich schwer mit Worten tat, und wurde abgestraft. Als Reagan von seinem Gegenspieler Mondale auf sein Alter angesprochen wurde, konterte er: »Ich will meinem Opponenten seine Jugend nicht vorhalten.« Witz, Haltung, Gestik, Mimik und Spontaneität werden mit Argusaugen beobachtet und bewertet.

Ich empfand alle Duelle im Herbst 2008 als mittelmäßig. Die Protagonisten wollten sich nicht bei Fehlern ertappen lassen, und es waren mehr ein prahlerischer McCain und seine vorlaute Vizekandidatin, die zur Attacke übergingen; Obama blieb gelassen bis an den Rand der Überheblichkeit. Nicht die Kandidaten, sondern die Ereignisse gaben am Ende den Ausschlag.

In der letzten Kurve stand der Wahlkampf im Sog einer Wirtschaftskrise, wie sie Amerika seit der großen Depression 1929 nicht erlebt hatte, und da wendete sich ein bis dahin unentschiedener Teil der Wählerschaft von McCain ab und schwenkte über zu Obama, der jünger und tatkräftiger wirkte und ein Programm parat hatte. Es war lange vor der Wirtschaftskrise entworfen worden, aber so elastisch, dass es Unvorhergesehenes berücksichtigte. Obama hatte auch langfristig personalpolitisch geplant und dabei wieder einmal bei Lincoln abgeschaut,

> »denn er verbindet Prinzipientreue mit Pragmatismus: ich neige zu der Ansicht, dass Lincoln niemals bereit war, eine Überzeugung preiszugeben, nur weil es opportun war. Eher ging es ihm darum, sein inneres Gleichgewicht zwischen konkurrierenden Kräften aufrechtzuerhalten, in der Überzeugung, dass wir verhandeln und nach Übereinkünften suchen müssen, weil wir alle unvollkommen sind«,

schreibt Obama in seinem Buch *Hoffnung wagen*. Entsprechend sah er für wichtige Posten die Besten vor, die er kriegen konnte, nicht die Genehmsten. Er legte seinen Wahlkampf von vornherein zentristisch an: nicht gegen Krieg, aber gegen den Irakkrieg; nicht gegen freien Wettbewerb, aber gegen die Spaltung der Gesellschaft;

für eine neue Energiepolitik, die auch dem Umweltschutz Rechnung trägt; für mehr Transparenz und Moral im politischen Handeln; für bessere Schulbildung, Krankenversicherung und Altersvorsorge und für eine verantwortungsvolle Wirtschaftspolitik. Diese Vorlage ging jedoch nicht ins Detail, sondern blieb etwas vage: Damit hielt sich Obama Optionen offen.

Als die Wall Street die Wirtschaft noch weiter in den Abgrund zog und auf eine Rezession zusteuerte, dehnte Obama den finanziellen Hilfsrahmen aus, ohne von seinen anderen ebenfalls kostspieligen Plänen zu lassen. Der Lohn solch umsichtiger Politik wurde im Wahlsieg deutlich sichtbar.

In der Nacht vom 4. auf den 5. November 2008 zeigte Amerika, dass es ein Land der unbegrenzten Möglichkeiten ist. Unter dem Nachthimmel von Chicago löste es ein Versprechen der Gründungsidee ein: Alle Menschen sind gleich vor Gott und dem Gesetz. »In dieser Nacht und am Ziel unserer Anstrengung und in einem historischen Moment haben wir eine Zeitenwende erlebt.«

Die Stimmung bei den vielen Tausenden im Grant Park von Chicago ist euphorisch. Der alte Bürgerrechtskämpfer Jesse Jackson hat Tränen in den Augen. Aber sein Kampf galt der weißen Vorherrschaft, nicht der Überwindung des Rassengegensatzes. Obama wurde nicht gewählt, obwohl, sondern weil er schwarz ist. Insofern ist das auch ein Sieg über das Vorurteil der weißen Amerikaner.

Wenn die vier Obamas händchenhaltend vor ein Publikum treten, wirken sie wie der Werbespot für die heile Familie schlechthin. Die einen sehen darin ein Vorbild für die afroamerikanische Gemeinschaft und eine Ermahnung, was ihr moralisches Verhalten angeht. Die anderen betrachten es als Trugbild, das der Realität in der schwarzen Bevölkerung nicht entspricht, einen Rückfall in eine altmodische Familienethik.

McCains noble Niederlage

»Vor wenigen Minuten hatte ich die Ehre, Senator Obama (...) zu gratulieren. Ich habe ihm dazu gratuliert, dass er der künftige Präsident des Landes sein wird, das wir beide so sehr lieben. Nach dieser langen und schwierigen Kampagne verdienen allein schon sein Erfolg, sein Können und seine Ausdauer meinen Respekt. Dass er es aber darüber hinaus geschafft hat, die Hoffnungen so vieler Menschen zu inspirieren, die zuvor dachten, ihr Leben würde nicht durch eine Wahl beeinflusst und sie selbst könnten keinen Einfluss auf den Ausgang einer Präsidentschaftswahl nehmen, bewundere ich sehr. Dies ist eine historische Wahl, und ich denke, dass sie vor allem für viele Afroamerikaner eine ganz besondere Bedeutung hat und wie stolz sie an diesem Abend sein müssen. (...) Senator Obama und ich hatten unsere Differenzen – nun konnte er sich durchsetzen. Ohne Zweifel werden viele dieser Unterschiede auch in Zukunft bleiben. Die Zeiten sind schwierig für unser Land. Ich verspreche ihm heute Abend, alles in meiner Macht Stehende zu tun, um ihn bei den Herausforderungen zu unterstützen. Ich rufe alle Amerikaner, die mich unterstützt haben, auf, sich mir anzuschließen: nicht nur indem sie Obama gratulieren, sondern indem wir alle unserem neuen Präsidenten mit Wohlwollen entgegentreten und uns aufrichtig bemühen, Wege zu finden, um (...) unsere Differenzen zu überbrücken, unseren Reichtum auszubauen, unsere Sicherheit in einer gefährlichen Welt zu verteidigen und unseren Kindern und Enkeln ein besseres Land zu hinterlassen, als wir es einst geerbt haben.« (John McCain)

Der moralische Sprung nach vorn einer ganzen Gesellschaft erfolgt allerdings in einer Zeit größter Not, und Obama bleibt nach dem Wahlsieg unschlüssig, ob er sich in die Politik der noch amtierenden Regierung einmischen soll oder nicht. Franklin Delano Roosevelt hat das in einer ähnlichen Lage vor 80 Jahren nicht getan, sondern einen Nach-Wahlkampf-Urlaub eingelegt. Aber da hing an Amerika noch nicht eine ganze Welt der Globalisierung.

Als Obama sich zur Kandidatur entschloss, konnte er nicht voraussehen, was für einen Schuldenberg er zu besteigen, was für ein Jammertal er zu durchqueren haben würde. Zwischen dem Beginn des Wahlkampfes und dem Wahlsieg lagen Monate, aber sie erscheinen wie Lichtjahre. Der erste postweiße Präsident in einer postweißen Nation, wie die Zeitschrift *The Atlantic* es beschreibt, geht als Volksheld in das Weiße Haus, aber der Regierungsalltag wird des Heldentums größter Feind sein.

7

Barack Obama und die
amerikanische Saga

Obamas Amtseinführung markierte für einen Großteil der Welt mehr als den Beginn einer neuen amerikanischen Regierung. Sie war das Ende einer Ära der Angst und Verwirrung. Nach acht Jahren der aggressiven, sprunghaften und oft schreckenerregenden Possen George W. Bushs fragten sich Freund und Feind gleichermaßen, welche Überraschung der amerikanische Goliath wohl als Nächstes für sie bereithielt.

Es war daher keine Überraschung, dass die globale Bevölkerung in den vergangenen zwei Jahren während des Präsidentschaftswahlkampfes in den Vereinigten Staaten den Atem anhielt. Nachdem sich der Rauch auf dem Schlachtfeld zu verziehen begann und die Völker der Welt »dem mystischen Ritual der kollektiven Selbsterneuerung Amerikas beigewohnt hatten«, wie es ein deutscher Beobachter ausdrückte, rieben sich viele Menschen erstaunt die Augen, als eine höchst ungewöhnliche Figur die Weltbühne betrat:

Barack Hussein Obama, ein Mann von ethnisch gemischter Herkunft mit einem komplexen familiären Hintergrund und einer einzigartigen persönlichen Biografie. Als die Präsidentschaftskampagne für die Wahl Anfang 2007 in die entscheidende Runde ging, gab ihm kaum jemand eine ernsthafte Chance.

Mindestens ein halbes Dutzend etablierter demokratischer Kandidaten kämpfte um die Ernennung zum Präsidentschaftskandidaten. Die Wahl versprach ein garantierter Sieg über die Republikaner zu werden, die nach acht Jahren George W. Bush vor dem Kollaps standen. Insbesondere Hillary Clinton, Ehefrau eines ehemaligen US-Präsidenten, Senatorin und Erbin einer der am besten geölten politischen Maschinerien Amerikas, galt als klare Favoritin.

Achtzehn Monate später hatte Obama beinahe zwei Dutzend der erfahrensten und ehrgeizigsten Politiker Amerikas bezwungen, um der 44. Präsident der mächtigsten Nation der Geschichte zu werden. Viele Beobachter sind nach wie vor über die Eindeutigkeit seines Siegs überrascht. Hätten die Bürger der Welt wählen dürfen, hätten vermutlich drei Viertel für Barack Obama gestimmt, so frisch und heilsam war sein Image. Bis zu seiner Amtseinführung am 20. Januar 2009 wurde seine größte Zuhörerzahl nicht in Chicago oder Denver, sondern in Berlin erreicht. Seine Wahl löste weltweite enthusiastische Zuneigungsbekundungen aus dem Heimatort seines Vaters in Kenia, aus Australien, Hongkong und sogar aus dem Nahen Osten aus.

Für weite Teile der Weltbevölkerung verkörpert Barack Obama die Hoffnung auf eine gerechte und blühende Zukunft. Seine Wahl bedeutet außerdem die Wiedergeburt des Vertrauens in ein Land, das in der Lage ist, solche erstaunlichen Transformationskräfte zu demonstrieren. Doch Abermillionen Menschen, internationale politische Persönlichkeiten ebenso wie Normalbürger, fragen sich dennoch, was als Nächstes kommt.

Ich erlebte die Emotionen, die Obama im Ausland auslösen kann, hautnah während seines Besuchs in Berlin im Juli 2008. Das ZDF bat mich, gemeinsam mit seinen Korrespondenten Obamas Rede von einer Kamerabühne aus zu kommentieren, die über der Menschenmenge und gegenüber Obamas Redepult aufgebaut wurde. Die Erregung der Menschenmenge, die sich von der Siegessäule bis fast zum Brandenburger Tor erstreckte, konnte man buchstäblich spüren. Schätzungen zufolge waren dort über 200.000 Menschen versammelt.

Die Rede, die Obama an jenem lauen Sommerabend in Berlin hielt, offenbarte das Geheimnis seiner Anziehungskraft. Er sprach von einer einfachen, ungeschmückten Bühne aus, allein der Menge gegenüberstehend. Es gab weder ausgedehnte Einführungen noch blumige Sätze. Nur eine große, schlanke Person, deren Redewendungen und Gesten mich sofort an die großen amerikanischen Vorbilder der Vergangenheit erinnerten. Er war Gary Cooper in dem Film *High Noon* und Abraham Lincoln in Gettysburg. Obamas Rede stand in der Tradition großer amerikanischer Erzählungen – schlicht und geradeheraus. Diese Form der *narrative* bildet das Fundament der amerikanischen Identität. Obama verwendete die eingängige Eloquenz des Geschichtenerzählers, um bildhaft zu machen, wie integral sich amerikanische und deutsche Leistungen in Berlin in seine Zukunftsvision einfügen.

>>Als Sie, das deutsche Volk, die Mauer niedergerissen haben ... stürzten die Mauern auf der ganzen Welt ein. Von Kiew bis Kapstadt wurden Gefängnislager geschlossen und die Türen der Demokratie geöffnet. Auch die Märkte öffneten sich, und die Verbreitung von Information und Technologie räumt die Hindernisse für Chancen und Wohlstand aus dem Weg. Während uns das 20. Jahrhundert gelehrt hat, dass wir ein gemeinsames Schicksal teilen, hat das 21. Jahrhundert gezeigt, dass die Welt enger verzahnt ist als jemals zuvor in der Menschheitsgeschichte.<<

Die Bitte der deutschen Regierung, Obama möge seine Rede nicht vor dem Brandenburger Tor halten, löste zunächst einige Enttäuschung aus, aber ich hatte den Eindruck, sein Auftritt vor der Siegessäule machte diesen noch eindrucksvoller. Vom anderen Ende der Allee erhielt man ein besseres Gefühl für die berühmte Fanmeile, die sich zwei Jahre zuvor anlässlich der in Deutschland ausgetragenen Fußballweltmeisterschaft über denselben Abschnitt erstreckt hatte.

Der positive Geist, der aus der Fanmeile entstanden war, wurde 2006 als Zeichen dafür begrüßt, dass vor allem die jungen Deutschen den Pessimismus der Vergangenheit überwunden hatten und ihre Nation wirklich feiern konnten. Die Zehntausenden, die sich versammelt hatten, um Barack Obama zu lauschen, erweckten diese Atmosphäre aufs Neue und demonstrierten einen wichtigen Grund für seine Popularität auf der ganzen Welt. Er mag amerikanischer Präsident sein, aber es ist ihm darüber hinaus gelungen, die *narrative* in Worte zu kleiden, die auch außerhalb von Amerika verstanden werden. »Yes, we can« könnte beinahe das Motto für eine neue postmoderne globale Generation werden.

Wieder einmal hat die einzigartige kulturelle Mischung der Vereinigten Staaten selbst die eingefleischtesten Zyniker auf der ganzen Welt angesprochen. Es ist diese amerikanische Fähigkeit zur Selbsterneuerung, die weite Teile der Welt sowohl fasziniert als auch beunruhigt. Die Vermittlung einer emotional bewegenden, bildhaften Geschichte ist das grundlegende amerikanische Kommunikationsmittel, und Obama beherrscht diese Kunst wie kaum ein anderer. Am besten lässt er sich verstehen, wenn man seinen Erfolg mit der amerikanischen *narrative*, in Verbindung bringt. Bei all seinen Talenten hat er seinen Sieg nicht im Alleingang errungen. Seine Lebensgeschichte war der Motor seines Erfolgs.

Tatsächlich stellte er sich der Welt vor, indem er seine persönliche Geschichte erzählte. In seinem Buch *Dreams from My Father,* das 1995 erschien, bevor er in die Politik ging, beruft sich Obama auf die zahlreichen Einflüsse, die seinen Charakter geformt haben. Er denkt sorgfältig über seine Identität und den Weg nach, der ihn zu einer einzigartigen Sorte Amerikaner gemacht hat. Als Insider und Außenstehender zugleich verschmilzt er mit dem amerikanischen Leben, verweist jedoch darauf, dass er auch das Haus seines Vaters in Kenia besucht hat.

In seinem Buch erinnert sich Obama, dass er seinen Freunden 1983 erzählte, er habe beschlossen, *community organizer*[1] zu werden. Als diese Freunde »mich fragten, was ein community organizer genau mache, konnte ich ihnen keine direkte Antwort geben. Veränderung im Weißen Haus, Veränderung der Stimmung im Land ... Veränderung kommt nicht von oben, sagte ich. Veränderung kommt von einer mobilisierten Bevölkerung.«

Fünf Jahre später schrieb Barack Obama einen Artikel für die Zeitung *Illinois Issues*, in dem er sich an eine Unterhaltung erinnerte, die er vor einer Schule mit einer Afroamerikanerin geführt hatte. »Hören Sie mal, Obama«, begann sie. »Sie sind ein intelligenter junger Mann. Sie haben das College besucht, nicht wahr? ... Ich kann einfach nicht verstehen, warum ein intelligenter junger Mann wie Sie aufs College geht und ein Diplom erwirbt, um anschließend community organizer zu werden.« Obama fuhr fort: »Ich habe seitdem mehr als ein Mal an dieses Gespräch gedacht ... Leider sind die Antworten, die mir einfallen, nicht so einfach wie die Frage dieser Frau. Die kürzeste lautet wahrscheinlich: Es muss getan werden, und es gibt nicht genug Leute, die es tun.«

---

[1]   Im Rahmen des *community organizing* werden die Menschen eines Stadtviertels oder einer Gemeinde miteinander vernetzt, um Verbesserungen der Lebensbedingungen zu erwirken, wobei der *organizer* der zentrale Ansprechpartner für die Bewohner und die Entscheidungsträger von Kirche, Verbänden und Vereinen ist und gemeinsam mit allen Beteiligten Strategien und konkrete Aktionen plant.

Community organizing

Community organizing ist ein derart tief verwurzeltes amerikanisches Konzept, dass dieser Begriff von deutschen Organisationen, die sich der gleichen Arbeit widmen, übernommen wurde. Ich selbst bin im Beirat einer der bekanntesten und erfolgreichsten Organisationen für community organizing tätig – des Deutschen Instituts für Community Organizing in Berlin (DICO).

DICO wurde von Professor Dr. Leo Penta inspiriert, einem amerikanischen katholischen Priester, der diese Art der Gemeindearbeit in New York erlernt hat. Sie wird von der Katholischen Hochschule für Sozialwesen (KHSB) organisiert, finanziert sich aber ausschließlich über Beiträge und private Spenden. Zudem unterhält sie enge Bindungen zur Stiftung Industrial Areas Foundation in Chicago und New York.

Wie in Obamas Chicago arbeitet DICO auf Basis der direkten Bürgerbeteiligung an den Gemeindeangelegenheiten. Von den Vereinten Nationen wurde community organizing als Mittel konzipiert, um dort einzugreifen, wo es den traditionellen staatlichen und sozialen Institutionen nicht gelang, den Zusammenhalt der Gemeinschaft zu wahren, und es den Menschen gegenüber, denen sie eigentlich helfen sollten, an Rechenschaftslegung mangelte. Um zu verhindern, dass solche Diskussionen allzu theoretisch werden, konzentriert sich DICO auf Beispiele der Gemeindearbeit aus dem realen Leben. DICO arbeitet mittels Bürgerorganisationen auf die Erreichung bestimmter Ziele hin, die in einem offenen und demokratischen Prozess festgelegt wurden.

Nach dem Zusammenbruch des Kommunismus im Jahr 1989 sah Professor Penta sowohl einen Bedarf als auch eine Chance. Die Chance entstand aus der wichtigen Rolle, die Bürgerorganisationen in der Organisation öffentlicher Proteste in der ehemaligen DDR gespielt hatten. Der Bedarf offenbarte sich anhand des Fehlens von intermediären Organisationen beziehungsweise sogenannten CSOs (Civil Society Organizations).[*] Ein wichtiges Ergebnis ist die Organisation »Organizing Schöneweide«, die eine Vielzahl von lokalen

---

[*] CSOs verfolgen Ziele zum Wohle der Allgemeinheit und legen dabei einen Schwerpunkt auf das Mitbestimmungsrecht der Bürger bei politischen und gesellschaftlichen Entscheidungen.

Gruppierungen zusammenbringt, von denen einige erst nach 1989 entstanden sind. Ähnliche Initiativen sind in anderen Gebieten Deutschlands, darunter Berlin-Wedding und Hamburg, in der Entstehung begriffen.

Professor Penta beschreibt community organizing wie folgt: »Damit die Bürgergesellschaft nicht nur als Ausfallgehilfin von Sozialpolitik oder als dritter Markt für ökonomische Interessen instrumentalisiert wird, muss sie zunehmend selbstorganisiert und selbstbestimmt auftreten. Community organizing ist getragen von einem Antwortversuch auf die in pluralistischen Gesellschaften aufkommende drängende Frage: Wie können Menschen an der Gestaltung der Gesellschaft teilhaben und gemeinsam Verantwortung für ihr Gemeinwesen wahrnehmen?«

Dies ist eine der zentralen Herausforderungen moderner Demokratien. Unter dem Stichwort der neuen Verantwortungsteilung will hierauf auch das Konzept der Bürgergesellschaft antworten. In ihrer sozialpolitischen Prägung gerät dabei bislang vor allem der Bürger als aktiver Wohlfahrtsproduzent oder Philanthrop in den Blick: Ältere Menschen lesen Kindern vor, erfahrene Manager coachen Jugendliche für Bewerbungsgespräche, Ehrenamtliche übernehmen soziale Dienste. Beim community organizing erhält die Bürgerschaft eine politische Perspektive.

Zivilgesellschaftliches organizing blickt hingegen auf die Bürgergesellschaft vor allem als politischen Raum, in dessen Mittelpunkt der Bürger als citoyen – der Mensch als ein zoon politikon – steht. Er nimmt selbstorganisiert und selbstbestimmt an der Gestaltung seiner Umwelt teil. So besuchen Bürgerinnen und Bürger das Berliner Abgeordnetenhaus, wenn dort wichtige Entscheidungen anstehen, sie gründen eine Aktionsgemeinschaft für die wirtschaftliche Belebung ihres Stadtteils und suchen sich hierfür Partner aus Politik, Verwaltung und Wirtschaft, sie sehen der Politik auf die Finger und bringen eigene Lösungsvorschläge ein.

Obamas Kampagne stellte die Botschaft in den Mittelpunkt, dass dort Veränderung möglich ist, wo Menschen zusammen für eine geteilte Vision eintreten und aktiv werden: Yes we can. In Deutschland stehen der Name DICO und die mit ihm verbundenen Bürgerplattformen für diese Idee. *(JK)*

Aus diesen Worten hören wir den Slogan »Change we can believe in« heraus, der 2008 Obamas Kernbotschaft war. Diese Worte machen deutlich, wie sehr er sich selbst schon vor 25 Jahren der amerikanischen Narrative verschrieben hatte. Er hätte ein wütender Außenseiter oder ein Gesellschaftsrechtler werden können. In anderen Ländern wäre das vielleicht geschehen. Doch Obama ist fast so etwas wie ein Lehrbeispiel dafür, dass die persönliche Identität in Amerika über die Formulierung der amerikanischen Geschichte geformt wird.

Barack Obama weiß, wie er den Menschen seine Geschichten nahebringt. Die große afroamerikanische Schriftstellerin Toni Morrison bezeichnete das Buch *Dreams from My Father* als »ziemlich außergewöhnlich«. Doch für unsere Zwecke demonstriert das Buch die Beherrschung der Erzählkunst, die im Zentrum des amerikanischen politischen Bewusstseins steht.

Wie insolvent ist Amerika?

Unsere Hoffnungen für diesen Typus des amerikanischen Politikers werden von der Insolvenz der Regierung und der Wirtschaft gedämpft, die Obama geerbt hat. Der Ökonom und Nobelpreisträger Paul Krugman stand mit seiner Frage »Warum würde irgendjemand diesen Job machen wollen?« nicht alleine.

Seit 1933 stand die amerikanische Gesellschaft nicht mehr so nahe am Abgrund wie heute. Und niemals in der Geschichte hat die Glaubwürdigkeit der Vereinigten Staaten so schwer gelitten wie in den letzten acht Jahren. Bushs aggressiver Unilateralismus, seine Beteiligung an zwei schmerzhaften Kriegen und seine Vernachlässigung der diplomatischen Pflichten Amerikas haben zu einem drastischen Verfall der Fähigkeit Amerikas geführt, die stabilisierende Rolle auszuüben, die von der wichtigsten Macht der Welt erwartet wird. Bush schien beinahe ein Modell für die Vorhersage zu sein, die der britisch-amerikanische Historiker Paul Kennedy 1982 traf und derzufolge Amerika sich wirtschaftlich und politisch übernehmen würde, weil es die Grenzen seiner Macht nicht erkannte.

Barack Obama wurde zum Teil deswegen gewählt, weil er die Hoffnungen der amerikanischen Wähler und der Weltgemeinschaft weckte, er erkenne diese Herausforderungen und könne die Art und Weise verändern, wie die Vereinigten Staaten mit ihnen umgehe. Seine Botschaft der Veränderung wurde von Amerikanern jeglicher Herkunft und aller Altersstufen sehr bald übernommen. Diese Botschaft hat in den Vereinigten Staaten das Gefühl für Transformation und Erneuerung geweckt. Der Enthusiasmus für Obamas Botschaft hat die politische Debatte in Amerika neu belebt und der Suche nach Lösungen einen neuen Impetus verliehen.

Doch Obama selbst sagt, der Weg werde lang und steinig sein. Der neue Präsident wird mit der Insolvenz weiter Teile der amerikanischen industriellen Basis, mit dem Bankrott der öffentlichen Verwaltung und einem Finanzministerium konfrontiert sein, dessen Kassen nicht nur leer sind, sondern das überdies schwer verschuldet ist und daher wenig Hoffnung auf eine zusätzliche Finanzierung neuer Programme bietet. Darüber hinaus muss er den schweren Verlust der amerikanischen Glaubwürdigkeit auf der ganzen Welt bewältigen.

Wahrscheinlich hat kein neu gewählter Präsident jemals vor einem vergleichbaren Berg an Herausforderungen gestanden. Oberflächlich betrachtet lässt Barack Obama keinerlei Anzeichen dafür erkennen, dass er weder über die Erfahrung noch über konkrete Vorstellungen zur Bewältigung dieser Herausforderungen verfügt. Bei seiner Wahl versprach er Selbstvertrauen und Veränderung; Veränderung nicht des amerikanischen Systems, sondern der Art und Weise, wie es gemanagt wird; Veränderung im Sinne einer Rückkehr zu einer ehrlichen und effizienten Regierung sowie zum Respekt vor den gewählten Regierungsvertretern.

Bevor Obama das Amt des Präsidenten übernahm, enthüllte er nicht, wie er diese Veränderung herbeiführen wollte oder was die Substanz seiner Strategien sein würde. Kaum war er ins Weiße Haus eingezogen, wurden Stimmen in Amerika wie auch im Ausland laut, die vor einer bald einsetzenden Desillusionierung im Hinblick auf Obamas visionäre Rhetorik warnten.

Insbesondere für ausländische Beobachter ist es wichtig, Obamas Rhetorik nicht mit seiner Regierungsmethode zu verwechseln, die sich bereits als ehrgeizig und entschlossen gezeigt hat. In europäischen Ländern vermeiden politische Führer hochtrabende Visionen, weil die Wähler durch zahlreiche tragische Enttäuschungen gelernt haben, dass emotionale Appelle zu Demagogie führen können. Es ist besser, Vorschläge zur Veränderung in Konzepte zu verpacken, die auf die Befestigung der Stabilität des bestehenden Systems zielen.

In den Vereinigten Staaten wird an hehre Motive appelliert, um ein emotionales Bekenntnis zu den Handlungen zu erreichen, die zur Bewältigung dringender Probleme notwendig sind. Trotz Amerikas Stärke ist sein nationales Gleichgewicht überraschend fragil. Es hängt zu einem großen Teil von einer mit viel Sorgfalt hergestellten internen Balance ab, unterstützt von einer wiederholten Rückbestätigung der Ziele und Überzeugungen.

Die USA sind eine ewig unfertige Gesellschaft, die sich in einem ständigen Prozess der Bildung und Neubildung befindet. Diese Situation führt zu der ununterbrochenen Sorge über die Gültigkeit ihrer Absichten und Ziele. Um zu verstehen, warum Präsidenten so oft an den Patriotismus, an Vision und Religion appellieren, muss man einen der zugrunde liegenden Aspekte der Funktionsweise Amerikas verstehen. Bei all ihrer Stärke und ihrem Selbstvertrauen haben Amerikaner oft das Gefühl, als würden sie Fahrrad fahren. Sie müssen ständig in Bewegung sein, um das Selbstvertrauen nicht zu verlieren, dass ihre ungewöhnliche Gesellschaft auch weiterhin überleben wird.

Tocqueville drückte das folgendermaßen aus:

>»Diese ewigen Veränderungen, die sich in den Vereinigten Staaten vollziehen, diese häufigen Wechselfälle des Glücks, begleitet von solch unvorhergesehenen Fluktuationen im privaten und öffentlichen Reichtum, dienen dazu, die Wahrnehmung der Bürger in einem ewigen Zustand der fieberhaften Agitation zu halten, der ihre Anstrengungen auf bewundernswerte Art und Weise stärkt und sie in einem Zustand der Erregung hält, der über dem üblichen menschlichen Maß liegt. Das ganze Leben eines Amerikaners gleicht einem Glücksspiel, einer revolutionären Krise beziehungsweise einer Schlacht.«

Unter solchen Bedingungen sind visionäre Ansätze nicht nur üblich, sondern eigentlich ein grundlegendes Element des amerikanischen politischen Lebens. Ein Visionär zu sein bedeutet nicht, dass ein Präsident ein Träumer oder kein durchsetzungsfähiger politischer Macher ist. Doch die Fähigkeit, eine Vision zu kommunizieren, ist notwendig, um die Gesellschaft im richtigen Gleis zu halten. George Bush senior musste das auf schmerzhafte Weise lernen. Als er sich fragte, warum er 1992 gegen Bill Clinton verloren hatte, kam er zu dem Schluss, er habe die »Sache mit der Vision« nicht gut genug beherrscht.

Meine wichtigste Lektion über die amerikanische Vision lernte ich im finnischen Helsinki, wo ich die Passagen über nationale Minderheiten aushandelte, die in der OSZE-Gipfelerklärung von 1992 enthalten waren. Das war zu einer Zeit, da sich Dutzende ehemals kommunistischer Länder zu Demokratien entwickelten. Das Gipfeltreffen hatte die Aufgabe, neue Regeln für eine Zusammenarbeit in diesem neuen Europa auszuarbeiten.

Ich verbrachte Stunden damit, mit den Delegationen der neuen demokratischen Länder Zentral- und Osteuropas Probleme der Nationalitäten und Minderheiten zu diskutieren. Sie wollten besonderen Schutz für nationale Minderheiten, von denen es Dutzende gab. Ich erinnere mich ganz besonders an die Ministerin für Nationale

Minderheiten in Litauen, die mir sagte, in ihrem Land gebe es mehr als 40 eingetragene ethnische Gruppierungen. Ich sprach mich gegen einen besonderen Schutz aus, und zwar aus meiner amerikanischen Logik heraus, dass der beste Weg zur Garantie einer guten Behandlung von Minderheiten darin bestand, diesen Minderheiten die uneingeschränkten Bürgerrechte zu übertragen, so wie man es in den Vereinigten Staaten getan hatte.

Die Diskussionen dauerten mehr als eine Woche, bis ich zu akzeptieren begann, dass sich amerikanisches Bewusstsein nicht auf Länder übertragen ließ, die Jahrhunderte an religiösen, ethischen und nationalen Konflikten erlebt hatten. Diese Gesellschaften glaubten nicht an das amerikanische Motto »e pluribus unum« (aus vielen eines). Stattdessen glaubten sie, diese Einheit ließe sich nur auf dem Fundament der Anerkennung der Existenz der vielen erreichen.

Dieses revolutionäre Ideal, dass Bürger mit unterschiedlicher Herkunft und unterschiedlichen Glaubens zu einer einheitlichen harmonischen Gesellschaft verschmelzen können, bildet die Grundlage der amerikanischen Identität. Amerikaner gehen davon aus, dass Menschen sehr unterschiedlicher Rassen und Religionen miteinander auskommen können, wenn sie sich nur intensiv genug darum bemühen und entsprechend fest an ihr Land glauben.

Diese Definition des Amerikanismus lindert den Schmerz der zahlreichen Probleme, die in einer solchen Gesellschaft entstehen. Außerdem stärkt und fördert sie die Glaubwürdigkeit der amerikanischen Narrative. Sie basiert hauptsächlich auf den Grundprinzipien des Christentums – sich durch gemeinsame Schwächen stärken. Sie ist der Grund, warum es in Amerika so viele religiöse Gruppierungen gibt. Sie ist der Grund, warum Gott und Religion eine so wichtige Rolle spielen. Sie ist auch der Grund, warum emotional bewegende bildhafte Erzählungen ein derart integraler Bestandteil der Niederschrift der amerikanischen Geschichte sind. Und sie ist ein wichtiger Grund für Barack Obamas Erfolg.

Unsere nationale Einheit basiert auf der gemeinsamen pragmatischen Identität der neuen Gesellschaft, die wir gebildet haben, und nicht auf historisch gewachsenen Gebräuchen. Um funktionsfähig zu bleiben, um überhaupt zu überleben, muss die amerikanische Gesellschaft stets nach vorne blicken. Die Geschichte und die Errungenschaften der Vergangenheit müssen den Bedürfnissen jeder Generation immer wieder neu angepasst werden.

Ausländer sind öfters befremdet von dem bombastischen Patriotismus und der allgegenwärtigen Zurschaustellung nationaler Symbole, die das amerikanische Leben charakterisieren. Vor allem während der Bush-Jahre schienen Flaggen, Uniformstreifen und patriotische Lieder das Symbol für ein aggressives und unsensibles Amerika zu sein.

Doch betrachten Sie die Gedanken, die sich Toni Morrison über den amerikanischen Charakter gemacht hat. Die Themen Desertion und Einsamkeit kommen regelmäßig in ihren Büchern vor.

> »Dies ist eine Reflexion über die amerikanische Geschichte als Ganzes«, sagte sie, »die von der Erfahrung der Immigranten, dem Fehlen eines Heimatlandes geprägt wird. In einem Großteil der amerikanischen Fiktion und des amerikanischen Lebens herrscht ein Gefühl der Einsamkeit, tiefer Einsamkeit, so als sei jemandem etwas weggenommen worden.«

Das heißt, es ist nicht, als ob wir nicht wissen, dass wir unsere Heimatländer verlassen und verloren haben. Wir verstehen sehr gut, dass man einen Ersatz braucht. Dieser Ersatz besteht darin, dass wir die Geschichte unseres Landes immer aufs Neue erzählen und bestätigen.

Angesichts des Fehlens einer Gemeinschaft, wie sie in den meisten Ländern im Verlauf von Jahrhunderten über lokale Gemeinden und Strukturen entstanden ist, haben die Amerikaner etwas entwickelt, das wir heute als »virtuelle Gemeinschaft« bezeichnen würden, indem sie ihr Nationalepos immer wieder neu erzählen. Diese ungebrochene Erzählung bietet dasselbe Gefühl für eine gemeinsame Richtung, das die Franzosen aus ihren kulturellen Errungenschaften ziehen oder die Afrikaner aus ihren Stämmen und Dörfern. Die visionäre Rhetorik ist keine Ablenkung von seriösen Gedankengängen, sondern vielmehr die essenzielle Grundlage für nationale Einheit.

Die ständige Wiederholung grundlegender Themen, die Heldenverehrung und die Bezugnahme auf Gott und göttliche Leitung sind zentrale Elemente einer nationalen Sage, die jedes Kind von klein auf lernt. Die Geschichte wird in anschaulichen Erzählungen für Kinder und Erwachsene adaptiert.

Diese Harmonisierung ermöglicht den Amerikanern, ihre nationale Geschichte auf eine positivere Art und Weise zu erzählen, als es in vielen älteren Gesellschaften der Fall ist. Scharfe Kanten werden geschliffen, das Ende ist üblicherweise glücklich, und selbst die Bösen werden am Ende irgendwie erlöst. Diese »Hollywoodisierung« der Geschichte wird oft als süßlich-verzuckertes Weltbild kritisiert, in dem es keine Widersprüche gibt; doch der Zweck ist erfüllt – und nicht nur in Amerika. Erinnern Sie sich an die dramatische Wirkung der amerikanischen Fernsehserie *Holocaust*: Durch die Vermittlung der grundlegenden menschlichen Botschaft der Shoah in Form einer bildhaften Erzählung wurde in Deutschland das politische Bewusstsein auf eine Weise geweckt, wie das nie zuvor geschehen war.

Die Rolle des Präsidenten ist für die Entwicklung dieser *narrative* von grundlegender Bedeutung. Obamas Attraktivität gleicht der eines Pantheons heldenhafter Präsidenten, das mit George Washington und Abraham Lincoln beginnt und sich mit Franklin Roosevelt, John F. Kennedy und Ronald Reagan bis in die moderne Zeit erstreckt.

Jeder dieser Präsidenten unterstrich auf seine eigene Weise den Stolz, den die meisten Amerikaner auf ihre persönliche Fähigkeit zur Beeinflussung der eigenen Zukunft und der Zukunft ihres

Landes verspüren. Sowohl Roosevelt als auch Reagan standen vor schwerwiegenden wirtschaftlichen Problemen. Obamas Slogan »Change we can believe in« ähnelt Roosevelts »New Deal« und Reagans »It's morning again in America« in seiner simplen, aber äußerst wirksamen Ansprache des amerikanischen Stolzes und der Eigenverantwortung.

Die Gründer der Republik waren strikt gegen die Etablierung einer Monarchie, die an diejenige erinnerte, von der sie sich soeben befreit hatten, aber sie waren in der britischen Tradition aufgewachsen. Sie erkannten, dass der nationale Konsens von einem starken und unabhängigen Präsidenten gestärkt werden würde, der nicht von parlamentarischer Unterstützung abhängig war. Die Macht des Präsidenten war begrenzt, um sicherzustellen, dass er sich nicht zu der Sorte absolutistischer Herrscher entwickeln würde, den sie so sehr verabscheuten. Doch diese unabhängige Rolle als oberster Regierungsverantwortlicher und Staatspräsident verlieh dem Präsidenten eine moralische und politische Autorität, die bis heute unvergleichlich ist.

Und so blickt Amerika bei der Definition seiner Ziele und der Lösung seiner Probleme auf seine Präsidenten. Historische Zeitalter werden von den Amtszeiten verschiedener Regierungsführer definiert. Politische oder wirtschaftliche Meilensteine tragen oft den Namen des Präsidenten, der sie durchgesetzt hat. Und wenn Amerikaner den nächsten Kandidaten in die höchste Staats- und Regierungsposition wählen, achten sie meistens darauf, wie gut er in der Lage ist, ein lebendiges Bild der angestrebten nahen Zukunft zu vermitteln.

Obama und die neue Objektivität

Es wird öfter behauptet, Obamas Attraktivität sei zum größten Teil eine Reaktion auf das Versagen der Bush-Regierung. Doch seine wahre Attraktivität liegt in der Tatsache, dass die Amerikaner nach

Bush schon angefangen haben, ein neues Kapitel ihrer nationalen *narrative* zu schreiben. Obamas Erfolg basiert auf seiner Fähigkeit, die Wähler zu überzeugen, er soll sie bei der Prägung dieses nächsten Kapitels der nationalen Geschichte begleiten. Die begeisterte persönliche Loyalität, die Obama von so vielen Wählergruppen entgegengebracht wird, lässt vermuten, dass nicht die Ablehnung eines gescheiterten Präsidenten den Ausschlag gab, sondern Obamas Erfassung der Quintessenz einer fundamentalen Neuordnung des amerikanischen politischen Lebens, die er allerdings nicht geschaffen hat und die sich bereits seit einiger Zeit ankündigte.

Nachdem ich Obamas Auftritt in Berlin erlebt hatte, schrieb ich einen kurzen Artikel für die *Washington Post,* in dem ich meine Eindrücke beschrieb. Ich sagte darin, jedem Anwesenden sei deutlich gewesen, dass etwas Neues passieren würde, es sei nur nicht klar, was. Obama gewann die Wahl, weil er selbst einen fortschreitenden Wandel des amerikanischen politischen Lebens verkörpert, dessen Details damals und wahrscheinlich auch jetzt noch nicht ganz klar sind. Die Wähler konnten in seinen Worten ihre eigenen Hoffnungen wiedererkennen. Obama definierte eine »neue Normalität« in Amerika und machte neue Ideen politisch durchsetzbar und letzten Endes auch wählbar.

Die Folgen einer derart weitreichenden Neuordnung des amerikanischen politischen Lebens sind noch nicht verdaut, weder in den Vereinigten Staaten noch im Ausland. Doch die Erfahrung sagt uns, dass die destabilisierenden Effekte solcher politischen Umwälzungen in Amerika üblicherweise weltweit ihre Kreise ziehen. Bei der Beobachtung Obamas in Aktion wird es darauf ankommen, nach Belegen für diese neue politische Ära Ausschau zu halten.

Zweimal wurde die Weltordnung in den vergangenen 50 Jahren von radikalen politischen Bewegungen grundlegend verändert, die von den Vereinigten Staaten ausgingen. Die erste war die Studentenrevolte an der University of California, Auslöser für eine Jugendprotestkultur, deren Einfluss sich noch heute spüren lässt. Die zweite war die konservative Wiedergeburt, die mit Barry Goldwaters Reaktion gegen den Wohlfahrtsstaat und die Bürgerrechtsbewegung in den sechziger Jahren begann, mit Ronald Reagan ihren Höhepunkt und mit George W. Bush ihren absoluten Tiefpunkt erreichte.

Diese beiden Bewegungen hatten ihre Ursprünge in den anhaltenden Konfrontationen in Amerika und Europa, die aus den Kriegen und Depressionen des 20. Jahrhunderts resultierten. Im Wesentlichen handelte es sich dabei um Auseinandersetzungen über die grundlegende Neudefinition der westlichen Gesellschaft, die durch diese Tragödien notwendig geworden war.

Im Rückblick lässt sich deutlicher erkennen, warum Bushs »imperiales Amerika« nie eine Chance hatte, die Zukunft Amerikas zu definieren. Bush war nicht der Beginn eines neuen konservativen, kleinstädtischen, kirchentreuen Amerikas; vielmehr war er das tragische letzte Kapitel der Polarisierung als Folge der Kulturkriege, die in den tumultartigen Zeiten der sechziger, siebziger und achtziger Jahre geführt wurden. Eine neue Wählergeneration konnte sich nicht für Bushs Kreuzzüge für Demokratie beziehungsweise seine Angriffe gegen ihre liberale Lebensweise begeistern. Sie war nicht mehr wütend wie vor 20 Jahren und interessierte sich nicht mehr für ideologische Auseinandersetzungen, die das Lebenselixier ihrer Eltern gewesen waren. Sie wollten einen Präsidenten, der ihnen bei der Bewältigung ihrer persönlichen Schwierigkeiten mit den neuen Herausforderungen des 21. Jahrhunderts Orientierung bot.

Historiker werden noch Jahre darüber grübeln, warum die Bush-Regierung eine derart dramatische Kehrtwende von der Politik des Konsens vollzog, wie sie Bill Clinton und Bushs Vater gepredigt hatten. Es war, als habe sich das Gift der Konfrontationen der vergangenen 40 Jahre im kollektiven Bewusstsein seiner Berater angesammelt und eines letzten Ausbruchs bedurft, um anschließend aus der amerikanischen Seele getilgt zu werden.

Das Fundament der Bush-Regierung war Wut; eine Wut, die in der Politik der Konfrontation wurzelte, wie sie in den sechziger Jahren während der Revolten gegen den Vietnamkrieg begonnen hatte. Für die neokonservativen Gefolgsleute Bushs war der Sieg wichtiger als Fortschritt oder Toleranz. Der 11. September 2001 galt als Bestätigung ihrer Überzeugung, dass das Ende des Kalten Kriegs eher eine Bedrohung als eine Befreiung war. Soziale Veränderungen als Folge der Immigration, der Bürgerrechtsbewegung und der Anerkennung der Rechte homosexueller Bürger wurden nicht als Grundlage für eine kreative Zukunft betrachtet, sondern als Verfall der traditionellen amerikanischen Werte.

Bush wurde für eine zweite Amtszeit wiedergewählt, weil er es verstand, die Bedrohung durch den Terrorismus dazu zu nutzen, die Nation praktisch in eine Angststarre zu versetzen. Er und seine Regierung versuchten, die amerikanische Geschichte für eine Ära neu zu schreiben, die nicht auf Vertrauen und Kooperation beruhte, sondern auf Wut, Angst und Vergeltung. Bush und seine Regierung kehrten praktisch zu der amerikanischen Identität der ersten Tage der Kolonialisierung zurück, als die neuen Siedlergemeinschaften wie die Massachusetts Bay Colony als autoritäre Theokratien geführt wurden, die entschlossen waren, ihre Religion gegen alle Bedrohungen von außen zu verteidigen.

Doch das Amerika des beginnenden 21. Jahrhunderts hatte wenig mit den Visionen der Bush-Strategen gemeinsam. Im Lichte der radikalen Veränderungen, die sich an der Basis der Gesellschaft vollzogen, gelang es selbst seinem Hauptstrategen Karl Rove nicht, sich eine Story auszudenken, die für die nächste Generation der Amerikaner relevant war.

Die Polarisierung der Vereinigten Staaten zwischen »roten« und »blauen Staaten« bei den letzten beiden Präsidentschaftswahlen war bereits ein Vorläufer der kommenden Entwicklung. (Rote Staaten sind mehrheitlich republikanische US-Bundesstaaten, blaue Staaten sind mehrheitlich demokratische Bundesstaaten.) Viele

Beobachter glaubten, die »rot-blaue Teilungslinie« demonstriere die wachsende Kluft im Land. Eine gründlichere Betrachtung der Wahlergebnisse legt jedoch das Gegenteil nahe. Zwischen den Jahren 2000 und 2008 begannen selbst zahlreiche der traditionellen, ländlichen Bundesstaaten des Südens und Westens, die seit jeher starke republikanische Bastionen waren, zu den Demokraten überzulaufen. Die Republikaner konnten dagegen keine entsprechenden Zuwächse in den gemischteren, städtischen Gebieten verzeichnen. Jede Region des Landes, in der die Rassenvermischung zunahm und deren Bevölkerung jünger und technologisch versierter war, war Obama-Land. Südstaaten wie Virginia und North Carolina sowie die aufstrebenden Technologiezentren im Westen wie Colorado, New Mexico und Nevada waren für die Republikaner verloren.

Statt in einer wachsenden Kluft befand sich das Land am Ende einer Ära der Konfrontation, die in den sechziger Jahren ihren Anfang genommen hatte. Richard Nixon wusste die Spannungen dieser Jahre seinerzeit geschickt zu nutzen, um eine republikanische Mehrheit zu etablieren, die sich auf die rückwärtsgewandten Regionen des Südens und Industrieregionen des Nordens, auf Rassentrennung und Ablehnung der Modernität stützte. Vierzig Jahre später wuchs eine neue Generation heran, die sich an die neuen sozialen Gegebenheiten nicht nur gewöhnt, sondern sich sogar damit angefreundet hatte. Sie konnte sich nicht mit der Wut der Republikaner identifizieren, und die Basis der republikanischen Wähler schrumpft beständig. Jetzt scheinen wir am Ende eines Zeitalters der republikanischen Beherrschung der Regierung angekommen zu sein. Die Republikaner, deren Stärke in den Wahlen von 2004 aufgrund der Ängste nach dem Terrorangriff auf das World Trade Center stark überzeichnet wurde, repräsentieren einen schrumpfenden, rückwärtsgewandten Teil der amerikanischen Bevölkerung.

Obama scheint die weit verbreitete Bereitschaft der amerikanischen Wähler gespürt zu haben, mit der Wut und den Konfrontationen der Nachkriegskonflikte abzuschließen. Sein ruhiger, konsensorientierter Ansatz spiegelt ein Gefühl für Gleichgewicht wider, das die Leistungen der Regierung höher bewertet als die Philosophie, auf der sie beruhen. Sein Mangel an ideologischem Eifer passt perfekt zu einer Zeit, der die Gewissheit der unmittelbaren Nachkriegsjahre fehlt.

Während der Vorrunden des Präsidentschaftswahlkampfes verhöhnte Hillary Clinton ihren Konkurrenten, weil er sich selbst als eine blanke Tafel beschrieb, auf die die Wähler ihre Vorstellungen schreiben konnten, die sie gerne verwirklicht sehen würden. Doch am Ende war es Mrs. Clinton, die sich als zu rechthaberisch und zu aggressiv für das politische Klima des 21. Jahrhunderts in den Vereinigten Staaten erwies.

Obamas Bereitschaft zuzuhören, aufzunehmen und den Hoffnungen und Ängsten seiner Nation Ausdruck zu verleihen, ist eine seiner wertvollsten Eigenschaften. Sogar seine eigenen Berater drängten ihn, aggressiver zu reagieren, wenn seine Kontrahenten versuchten, ihn in die Ecke zu treiben. Obama blieb jedoch bei seiner geschickt eingesetzten indirekten Kritik, statt wütende Angriffe zu starten. Nach 40 Jahren der Kulturkriege waren viele Amerikaner mehr als glücklich, dass ihnen der Präsident zuhörte, anstatt ihnen zu sagen, was sie zu tun hatten.

Die heutige »neue Normalität« in den Vereinigten Staaten ist weniger ideologisch geprägt und dafür diffuser. Vor kurzem wurde dieser Zustand in der *Los Angeles Times* in Städten ohne ethnische Mehrheit verortet, in denen Englisch nicht die einzige wichtige Sprache ist; in Industrien, die vor zehn Jahren noch nicht existierten, und in sogenannten Patchwork-Familien, in denen es mehr als zwei Elternteile gibt.

Doch die »neue Normalität« beinhaltet auch Industrien im Niedergang, die ersetzt oder modernisiert werden müssen, eine bedrohliche internationale Situation und den dramatischen Verlust des Vertrauens der Bürger in ihre Regierung und die gewählten Regierungsvertreter. Der politische Bankrott ist so weitreichend wie der finanzielle.

Samuel Huntington, der herausragende amerikanische Gelehrte, der den Begriff des »Zusammenpralls der Kulturen« geprägt hat, lieferte in seinem letzten Buch, das er kurz vor seinem Tod im Dezember 2008 fertigstellte, eine dramatische Illustration der Herausforderungen, die diese rasante Transformation der amerikanischen Gesellschaft aufwirft.

In *The American Creed* argumentiert er, die Erosion dessen, was er als »die ausgeprägte angelsächsisch-protestantische Kultur« der Gründungsväter bezeichnete, unterminiere das Fundament der amerikanischen Gesellschaft. Vor dem Hintergrund der revolutionären Veränderungen, die sich in der Welt vollziehen, sah Huntington drei mögliche Zukunftsszenarien für die Vereinigten Staaten: ein kosmopolitisches, ein imperiales oder ein nationales Amerika. Ein kosmopolitisches Amerika würde von der Globalisierung zu einer neuen Identität finden. Das imperiale Amerika war im Wesentlichen das Amerika von George W. Bush. Das nationale Amerika würde sich nicht von der Welt zurückziehen, aber seine Ambitionen reduzieren und sich auf die Wahrung seines eigenen Lebensstils konzentrieren.

Die heutige amerikanische *narrative* befasst sich hauptsächlich mit den Implikationen dieser drei Szenarien. Die Kulturkriege der 1960er- und 1970er-Jahre sind damit vorbei. Hillary Clinton und John McCain gelang es nicht, die Wähler für sich zu gewinnen, weil sie mit dem traditionellen politischen Establishment assoziiert wurden, egal wie entschieden sie sich von Bush distanzierten. Ihre Argumente waren ein Echo der Konflikte vergangener Tage. Sie taten Obamas Vision als oberflächlich und unausgereift ab. Aber sie hatten nur wenig über die drei Alternativszenarien zu sagen, die Professor Huntington entwickelt hatte.

Die Millionen von Menschen, die Obamas Kampagne für die Wahl mobilisierte, scheinen seine Worte ganz deutlich verstanden zu haben. Ihr Enthusiasmus lässt sich nicht allein der Ablehnung eines gescheiterten Präsidenten zuschreiben. Obamas Anhänger beschränken sich nicht auf den Wunsch, er möge ein kompetenterer Regierungsführer sein als George W. Bush. Sie wollen, dass er die Funktionsweise der Regierung grundlegend verändert.

Obama profitierte von einer neuen Art des politischen Aktivismus, der sich in Amerika ausbreitet, und zwar auf Basis der wachsenden Unzufriedenheit mit dem Verhalten sowohl der politischen als auch der wirtschaftlichen Eliten. Obama versprach einen ehrlichen Positivismus und die Wiedereinkehr des ethisch korrekten Verhaltens und der Glaubwürdigkeit in das politische Leben Amerikas.

Das imperiale Amerika ist durch George W. Bush und den Irakkrieg in Misskredit geraten. Das nationale Amerika bleibt eine ausgeprägte Präferenz der konservativen Amerikaner sowie der amerikanischen Arbeiterklasse, die davon überzeugt sind, dass die amerikanische Wirtschaft von der Globalisierung zerstört wird. Das kosmopolitische Amerika findet die meisten Befürworter unter den Eliten. Die neuen Immigranten, egal welchen ethnischen Hintergrunds, tendieren zum nationalen Weg, auch wenn sie selber dazu beitragen, Amerika kosmopolitischer zu machen.

Barack Obama steht vor der überwältigenden Herausforderung, eine praktikable Synthese aus allen Elementen dieser möglichen Zukunftsszenarien zu finden. Die Harmonisierung der komplexen Interessen, die jeder dieser Wahlmöglichkeiten inhärent sind, wird weit über den einfachen Ruf nach Ehrlichkeit und Veränderung hinausreichen. Gleichzeitig scheint Obamas eigene politische Botschaft oft die Elemente aller drei von Professor Huntington entwickelten Alternativen zu kombinieren. Obama selbst hat gemahnt, dass sich diese Veränderung nicht ohne Mühen herbeiführen lässt. Die Mehrheit der Amerikaner glaubt jedoch offensichtlich, dass er dazu in der Lage ist.

Was Obama für so viele unterschiedliche Menschen attraktiv macht, ist seine Fähigkeit, die Erfahrungen der Menschen mit unterschiedlicher Herkunft und unterschiedlichen Interessen zusammenzufassen und in Worte zu kleiden, die von den Wählern jedweder politischen Orientierung verstanden werden. Er ist Visionär und Straßenkämpfer zugleich. Während zahlreiche seiner Anhänger glaubten, er sei der klassische Kosmopolit, haben die Ernennung seiner Kabinettsmitglieder und seine Außen- und Wirtschaftspolitik einen durchsetzungsfähigen, systematischen, ja beinahe konservativen Politiker enthüllt, der stark in nationalen Begriffen denkt. Seine Vorschläge für die Wirtschaft sowie seine Kommentare zu Georgien, Afghanistan und dem Nahen Osten lassen keinen Zweifel darüber aufkommen, dass er beabsichtigt, seine Macht als US-Präsident aktiv zur Erreichung seiner Ziele zu nutzen.

Wenn man in diesen Tagen amerikanischen Radio-Talksendungen lauscht, bekommt man eine Reihe von Geständnissen von Republikanern zu hören, die für Obama gestimmt haben.

Auch die Generation neuer Wähler, seien es Immigranten, junge Menschen oder Minderheiten, die Obama davon überzeugen konnte, erstmals an einer Wahl teilzunehmen, suchen nach einer anderen Art der amerikanischen Identität. Sie sind ehrgeizig, pragmatisch und völlig unideologisch. Obamas Botschaft der Veränderung klingt in ihren Ohren wahr: keine Veränderung des Systems, sondern eine Verbesserung der Art und Weise, wie das Land und die Wirtschaft regiert werden. Sie spüren, um mit Professor Huntingtons Worten zu sprechen, die Macht des »Versprechens der Disharmonie« in der amerikanischen Gesellschaft, die sich einstellt, wenn Ideen und Institutionen nicht mehr zueinanderpassen.

Tatsächlich ist der radikalste Aspekt an Obamas Bewegung die Tatsache, dass sie überhaupt nicht radikal ist. Eigentlich ist sie im üblichen Sinne des Wortes nicht einmal eine Bewegung. Die Quellen ihrer politischen Motivation sind nicht Karl Marx oder Ayn Rand, sondern Wikipedia. Das Grundprinzip dieses beliebten Online-Lexikons ist Vertrauen. Das Prinzip »Jeder darf mitschreiben« funktioniert nur auf der Basis von Vertrauen in die Urteilsfähigkeit anderer und in die Bereitschaft zu ehrlicher Zusammenarbeit von Menschen, die man nicht kennt.

Statt von Ideologien geleitet zu werden, scheinen Obamas Wähler sich eher am Grundprinzip des Wikipedia-Gründungsvaters Jimmy Wales zu orientieren: NPOV, *neutral point of view* (objektiver Standpunkt). Statt immer recht zu haben, sollte man lieber versuchen, die Objektivität zu bewahren. Barack Obama motivierte die Wähler mit einer Botschaft solcher positiven Inspiration, um zur Wiederherstellung des Vertrauens, der Toleranz und Kompetenz beizutragen – alles Dinge, die das politische Leben Amerikas in den Kulturkriegen des ausgehenden 20. Jahrhunderts eingebüßt hat. Er hat bewirkt, dass die Regierung frisch wirkt und wieder ernst genommen wird. Seine Anhänger spiegeln in einem Amerika, das in den letzten 25 Jahren von Immigration, Technologie und Globalisierung völlig verändert wurde, eine »neue Normalität« wider. Sie sind wütend auf die etablierten Politiker und Unternehmensführer, die es versäumten, die massiven sozialen Veränderungen zu bewältigen, mit denen sie in ihrem Alltag konfrontiert sind. Sie wollen Wandel, positiven Wandel, um den Geist Amerikas wiederzubeleben. Ihre Ziele sind erzkonservativ, ihre Methoden sind offen, liberal und tolerant.

Barack Obama ist Präsident geworden, weil er der perfekte Reflektor für das Amerika des 21. Jahrhunderts ist. Er hat mehr von Ronald Reagan als von Bill Clinton. Obama vereinigt eine beinahe perfekte Mischung der Hoffnungen des amerikanischen Volkes für ein neues Jahrtausend: der Vater aus Afrika, die Mutter eine weiße politische Aktivistin, aufgewachsen in verschiedenen Kontinenten, gelegentlich abhängig von Lebensmittelmarken, aber dann an den Eliteuniversitäten der Nation poliert und in der rauen und kunterbunten Atmosphäre der Arbeit als *community organizer* in Chicago zu politischer Reife gelangt.

Obamas politische Methode betont *narrative* als einigendes Element in der Diversität Amerikas. Er entwickelte diese typisch amerikanische emotionale und bildhafte Erzählkunst weiter, indem er sie an Computer, Internet und Online-Social-Networks adaptierte. Er passte seine Erfahrung als *community organizer* an das Zeitalter der Informationstechnologie an. Er rekrutierte ein Expertenteam aus der Computer- und IT-Industrie, um ein dynamisches Netzwerk an Botschaften, Freiwilligen und Gemeinschaften aller Arten zu bilden.

Doch ohne sein persönliches Verständnis der Reaktion der amerikanischen Bürger auf Veränderung wäre alle Technologie nutzlos gewesen. Letztlich ist der Erfolg Barack Obamas eine Kombination aus seinem eigenen Hintergrund, seiner Beherrschung des amerikanischen politischen Idioms und seiner genauen Kenntnis der Bedürfnisse einer neuen amerikanischen Generation. Obama ist eine perfekte Konsensfigur für ein neues amerikanisches Jahrhundert.

8
God's Own Country

Als im November 2000 mit der knappsten vorstellbaren Mehrheit der Republikaner George W. Bush gegen den Demokraten Al Gore obsiegt hatte, raunte ein Kommissionsmitglied der EU im Breydel-Hochhaus in Brüssel: »Wir wussten ja, dass Gott Amerikaner ist – nun ist er auch noch in die Republikanische Partei eingetreten.« Denn George W. Bush galt als wiedergeborener Christ, der die Abtreibung, die Stammzellenforschung, den vorehelichen Verkehr und die Homosexualität als verwerflich anprangert und Amerika für die *last best hope* der Menschheit hält.

Diese auf die Pionierzeit zurückreichende Grundüberzeugung umfasst das Recht auf privaten Waffenbesitz, das Recht auf Todesstrafe und die Einteilung der Welt in Bündnispartner und Schurkenstaaten. Europa schaute mit gemischten Gefühlen auf eine Werteskala, die in der Alten Welt keine Entsprechung mehr fand. Befremden herrschte gegenüber der befreundeten Vormacht jenseits des Atlantiks.

Immer, wenn Amerika robust und selbstüberzeugt daherkommt, zeigen sich in Europa Ablehnung und unverhohlener Neid. Als Ronald Reagan anlässlich der amerikanischen Siege bei den Olympischen Spielen in Los Angeles ausrief: »Lasst uns unseren Athleten nacheifern, lasst uns nur nach dem Golde streben«, da argwöhnten die Europäer, dass sie sich mit Silber und Bronze begnügen sollen, mit einem Platz auf den Rängen der Weltpolitik. Reagan, der Frieden nur durch eine Demonstration der Stärke sah, *peace through strength,* war Europa zu materialistisch und martialisch.

Mit Bush begegnete der Welt ein amerikanischer Präsident, der beides war, ein Moralist und ein Materialist. Er sah die Welt als Rohstoff, der dazu dient, Amerikas Vormacht zu sichern. Und er fühlte sich von Gott berufen, Amerika unverwundbar zu machen. Diese Kombination von Egoismus und Gottvertrauen löste in Europa Unverständnis und ein Gefühl der Hilflosigkeit aus. Offenbar ist die Alte Welt immer noch nicht in der Lage, die USA als eine zwar übermächtige, aber doch eine Nation wie jede andere einzuordnen.

Ein Jahr nach dem Wahlsieg des Texaners wandelte sich das Fremdeln in Mitleid und Beistand. Ein sozialdemokratischer deutscher Kanzler (Gerhard Schröder) und eine linksliberale französische Zeitung *(Le Monde)* ergingen sich in absoluter Solidarität: »Heute sind wir alle Amerikaner.« Am Tag nach dem 11. September 2001 und dem Anschlag auf die Twin Towers hatte Amerika weltweit den höchsten Sympathiewert in der Geschichte der Statistik, und George W. Bush genoss internationale Zustimmung. Die NATO erklärte erstmals in ihrer Geschichte den Bündnisfall »Alle für einen«, und Bundeskanzler Schröder befand: »Jetzt sind wir auf der richtigen Seite der Geschichte.«

Beschwörend und ahnungsvoll schrieb die Europakennerin Elizabeth Pond: »Euer Mitgefühl und euer Beistand haben uns bereits davor bewahrt, auf die neue Erfahrung unserer Verwundbarkeit durch einen Rückzug in die Festung Amerika zu reagieren. Sie werden in den kommenden Wochen und Monaten jenen Mitgliedern der Bush-Regierung den Rücken stärken, die verhindern möchten, dass unser weltweites Engagement auf Akte des Zorns und der Rache zusammenschrumpft.«

Elizabeth Pond behielt leider nicht recht. Bush drohte den dunklen Mächten mit gnadenloser Vergeltung. Der Mann aus Texas rief zur Jagd auf Osama bin Laden in Form eines Steckbriefes auf, »tot oder lebendig«, und sprach vom Kreuzzug gegen den internationalen Terror, einem Kreuzzug mit Gebetbuch und Geheimdienst. Im kollektiven Gedächtnis der Deutschen als leidbringender und leidtragender Nation haftet Krieg als böse Erinnerung. Aber solange der Feldzug den islamistischen Herrschern über Afghanistan galt, zogen wir und die Verbündeten mit. Als die Amerikaner zwar unsere Hilfe, aber nicht unseren Rat suchten, kehrte die Skepsis zurück.

Ein recht unbekannter junger Senator aus Illinois, Barack Obama, mahnte damals: »Wir müssen tief loten in der Seele der Wahrheit und den Werten der menschlichen Natur, um die Krise zu überwinden.« Die Stimme der Vernunft fand nur wenig Echo, verhallte in der Vergeltungssucht einerseits und der Selbstgerechtigkeit andererseits. Bush und die Seinen konnten mit althergebrachter Frömmigkeit trumpfen und die Gläubigen im *bible belt,* dem Bibelgürtel quer durch Amerikas Herzland, an sich binden.

Im Blick zurück erkannten viele Amerikaner die Ethik ihrer Vorväter wieder. Die hatten den gestrengen Gott 1620 aus Plymouth in England nach Plymouth in Neuengland mitgebracht. Noch bevor die Puritaner landeten, entwarfen sie auf der *Mayflower* einen Vertrag, der ihre eigene orthodoxe Form des Glaubens zum moralischen Gesetz machen sollte. Auf diesen »Compact«, wie der Vertrag der Pilgerväter hieß, beziehen sich die Moralisten von heute noch immer. Er war aber gleichzeitig eine Anleitung zum ehrbaren und praktischen Tun: Religion auf handfeste Dinge wie Hammer und Kelle gebaut. Wie Henry Steele Commager in seinem Buch *Der Geist Amerikas* schreibt: »Die meisten Amerikaner, ausgenommen die Schwarzen, zogen von Anfang an das Leben auf Erden dem im Jenseits vor, und wenn sie an den Himmel dachten, so stellten sie sich vor, dass dort eine amerikanische Verfassung in Kraft sein müsse.«

Die amerikanischen Verfassungsväter hatten Europas Religionskriege vor Augen, als sie die Trennung von Kirche und Staat festschrieben und die Freiheit der Religionsausübung. Obwohl sie alle unter einem gemeinsamen protestantischen Dach wohnten, bekannten sich die meisten zur Loge der Freimaurer. Wie die Steinmetze auf den mittelalterlichen Dombauhütten frei von feudaler Leibeigenschaft waren, wollten auch die Unterzeichner der amerikanischen Gründungsakte frei von Vorherrschaft sein. Ihr Grundsatz lautete: »Ein Maurer ist verpflichtet, dem sittlichen Gesetz zu gehorchen, und wenn er die Baukunst recht versteht, wird er niemals ein gedankenloser Gottesleugner sein.« Ansonsten stand jeder Konfession dasselbe Daseinsrecht zu, solange sie dem göttlichen Bauplan folgte.

Kirchen und Sekten dienen dabei keineswegs nur der religiösen Erbauung und Führung, sondern auch der handfesten Promotion im Berufsleben. Bei seiner Reise durch die Vereinigten Staaten im Jahre 1904 stellte der Religionsphilosoph Max Weber fest, »dass Patienten beim Arztbesuch die Adresse ihrer Kirchengemeinde als Garantie für Zahlungsfähigkeit angeben«. Wenn heutzutage Bauspekulanten in der Tiefe des Landes ein Terrain erschließen, bemühen sie sich oft um die Gunst der vorherrschenden Konfession – als Ausweis ihrer seriösen finanziellen Basis und ehrbaren Planung.

In einer für das amerikanische Nebeneinander und die Dichte religiöser Gemeinschaften typischen Gemeinde kommen heute auf 10.000 Einwohner 200 Kirchen und Kulte. Aber die Zahl der »Freigeister« ist von 6 Prozent im Jahre 1990 auf 15 Prozent im Jahre 2008 gestiegen, glaubt man einer Erhebung des Trinity College in Hartford, Connecticut. Die Umfrage umfasste immerhin 54.000 Bürger. Entgegengesetzt zur wachsenden Zahl der Nichtgläubigen verläuft der Trend der verbleibenden christlichen Mehrheit. Ihre Frömmigkeit ist eher tiefer geworden. Viele Gläubige bezeichnen sich als »evangelikal« oder als *born again christians,* darunter übrigens auch viele Katholiken. Noch höher im Kurs sind *non-denominational churches,* Kirchen, die ihren eigenen Weg gehen wie die von Rick Warren, der zur Amtseinführung von Barack Obama predigte.

So ist es nicht verwunderlich, dass die Kirchen in Konkurrenz zueinander treten. Das tun sie vermehrt nicht nur im Ringen um himmlische Plätze, sondern auch um irdische Vorteile und politische Posten. Hundert und mehr religiöse Fernsehanstalten und Rundfunksender machen gute Geschäfte mit Werbung für biblische Produkte und deren Verkauf. Der Kampf gegen den angeblichen Verfall von Sitte und Moral führte zu politischen Gegenbewegungen.

Zur Modesaison 1986 promotete die Firma Calvin Klein eine Kosmetikserie mit dem Namen »Obsession«. Der dazugehörige Hochglanzprospekt zeigt den Rumpf eines weiblichen Körpers, der von einem Mann liebkost wird. Die Szene spielt sich offensichtlich in einem Badezimmer ab. Darunter der Text »Obsession for the body«, zu deutsch: körperbesessen. Die Reklame erboste eine Mehrheit von tugendhaften amerikanischen Frauen derart, dass sie aus dem Verkehr gezogen wurde. Urteile gegen das Schulgebet, für das Recht auf Abtreibung und die sexuelle Aufklärung in Schulen taten ein Übriges.

Vor allem die Fundamentalisten unter den evangelischen Christen organisierten sich in der Moral Majority des Jerry Falwell, dem Religious Roundtable, der Christian Voice und der Christian Coalition von Fernsehpastor Pat Robertson. Sie sehen Amerika als auserwählte Nation, die aber Gottes Gnade verliert, wenn die christlichen Grundlagen bröckeln. Sie lehnen die UNO ab, weil sie Amerikas Einzigartigkeit gefährde. Sie betrachten Israels Gründung als Vorzeichen für die Rückkehr von Jesus Christus. Als die Aids-Seuche erstmals in San Francisco auftrat, deuteten das viele Pastoren als Strafe Gottes für ein liederliches Leben.

Die christlichen Fundamentalisten unterstützen zunächst politische Gefolgsleute im Kongress und bei den Gerichten, die mehr Keuschheit, mehr Familiensinn und mehr Bibeltreue propagieren. 1988 kandidierte Pat Robertson dann selbst für die Präsidentschaft. Er verlor zwar, aber seine Bewegung löste sich nicht auf, sondern wuchs auf 2 Millionen Mitglieder 1998. Sie wurde flankiert von anderen fundamentalistischen Kirchen und so zur *pressure group* innerhalb der Republikanischen Partei. Diese »Evangelikalen« glauben an die Unfehlbarkeit der Bibel, an die baldige Verwirklichung des göttlichen Königreiches und die persönliche spirituelle Wiedergeburt als einzigen Weg der Erlösung.

Mit dem Radiomoderator Rush Limbaugh hatten sie einen Multiplikator, der heute noch an die 20 Millionen Hörer zu bannen weiß. In dem Abgeordneten Newt Gingrich aus Georgia fanden sie einen »Moses, der sie nach 40 Jahren in der Wüste ins gelobte Land führt«: So kommentierte die *New York Times* den Wahlsieg der Republikaner im Kongress 1994. Zwar war mit Bill Clinton ein Demokrat Präsident, aber er musste fortan mit einer republikanischen Mehrheit in Senat und Abgeordnetenhaus regieren. Nach dem Vorbild des *Compact* der Pilgerväter hatte Gingrich einen *contract* mit Amerika entworfen, der freien Handel und Technologie, Eigenverantwortlichkeit und traditionelle Werte verknüpfte und moralische Aufrüstung forderte.

Den Verfall der Werte machte Gingrich zum Wahlschlager: »Wir sollten uns schämen für den Sumpf von Drogensucht, Unmoral und Lernunfähigkeit unserer Jugend, die uns die Gottlosen beschert haben«, und dann schämte sich das konservative Amerika ganz öffentlich. »Let's bring on the shame«, schrieb Barbara Ehrenreich vom *Time Magazine*, »lasst uns die Scham nicht verbergen über den moralischen Bankrott einer ganzen Generation.« Die Historikerin Gertrude Himmelfarb beschwor die Rückkehr zu den »viktorianischen Tugenden« Fleiß, Selbstachtung, Hygiene und Nächstenliebe. Der Schriftsteller William Bennett forderte die Einführung der Scham in die nationale Psyche. Pastor Louis Sheldon klagte, dass im sexuellen Verkehr kein Schamgefühl mehr herrsche, und die Feministin Barbara Ledeen befand: »Wer kein Schamgefühl hat, hat auch kein Ehrgefühl.« Natürlich hatte diese Tugendinitiative auch eine Zielscheibe: Präsident Clinton, den Frauenhelden.

Nach dem Ende von Clintons Amtszeit konnten die Tugendhaften und Evangelikalen mit George W. Bush einen der Ihren ins Oval Office heben. Der 43. Präsident ist ein *born again christian*, der sich einst durch den Glauben von seiner Alkoholabhängigkeit befreit hat. Er kann sich auf eine mehrheitlich fromme Gesellschaft stützen, die im ansonsten säkularen Westen der Welt fast einmalig ist. Bei seiner Wiederwahl 2004 hatte sich die religiöse Rechte sogar zur Hauptströmung der Partei gemausert, weit über die Evangelikalen hinaus. 2004 mussten die Demokraten büßen, dass sie ihre erreichbaren Glaubensgruppen vernachlässigt hatten und die Zahl der Gottesfernen gegenüber den Gläubigen noch einmal kleiner geworden war. Der Schriftsteller Morris Berman hält diesen »Triumph der Religion über die Vernunft für die Endphase der amerikanischen Demokratie«.

Der gottesfürchtige George W. Bush geriet jedoch unter den Einfluss noch einer anderen eher säkularen Strömung, die allerdings ebenfalls die Allmacht und Singularität Amerikas unter den Völkern vertrat: die Neokonservativen.

Die bleiernen Jahre

Das große »Projekt für das neue amerikanische Jahrhundert« konstituierte sich im Frühjahr 1997. Ziel des Projektes war (und ist) eine Pax Americana, der sich der Rest der Welt entweder freiwillig anschließt oder unfreiwillig beugen muss. Das Konservative daran ist der Glaube an die Sonderrolle, die Amerika vorbestimmt ist. Das Neokonservative ist der hegemoniale Führungsanspruch, verbunden mit Maßnahmen zur Früherkennung und Vereitelung unbotmäßigen Widerstandes. Aus einem Schreiben an Präsident Clinton 1998 enthüllt sich als ein Ziel dieser Strategie »die Entfernung von Saddam Hussein aus seinem Amt«, im Jargon der Strategen *regime change*.

Das war drei Jahre vor dem Attentat auf das World Trade Center und der Debatte darüber, ob der irakische Herrscher Teil des Terroristenkomplotts gewesen sei. Nach seiner Wahl zum Präsidenten im Jahre 2000 hatte Bush den konservativen Politveteranen Dick Cheney mit der Bildung des Kabinetts beauftragt. Cheney war prominentes Mitglied des »Projektes für das neue amerikanische Jahrhundert« und brachte von dort Donald Rumsfeld und Paul Wolfowitz als künftige Nummern eins und zwei im Pentagon gleich mit. Cheney selbst wurde Vizepräsident, in dieser Funktion der wohl mächtigste in der Geschichte. Sein Stabschef wurde Lewis Libby, ebenfalls Mitglied des »Projektes«. Auch Richard Perle, der Präsidentenberater Reagans, gehörte zu den Neokonservativen, ebenso wie der Politikwissenschaftler Robert Kagan. Der definierte die Aufteilung zwischen der amerikanischen Vormacht und ihren Partnern so: »Amerika ist vom Mars, Europa ist von der Venus.«

Um die Rolle der Vormacht auch militärisch zu untermauern, suchten die Strategen des Projektes nach Methoden und Möglichkeiten rapider Aufrüstung. In ihrem Gedankenspiel hätte das ein Ereignis wie der japanische Angriff auf Pearl Harbor sein können, der Amerika über Nacht zu einer Waffenschmiede gemacht hatte.

Ein solches einschneidendes Ereignis kam am 11. November 2001. Nach dem Angriff auf Manhattan war die amerikanische Bevölkerung kriegsbereit und der Kongress fügsam bei der Finanzierung von Rachefeldzügen. Dick Cheney und die anderen setzten sich über die Widerstände einiger Bündnispartner gegen den Irakkrieg hinweg: »Die Franzosen strafen, die Deutschen ignorieren.« Neben dieser *military executive,* der uneingeschränkten Kriegsführung, nutzten die Neocons die Gelegenheit, um auch andere Kontrollen durch das Parlament, das System der *checks und balances,* außer Kraft zu setzen. Das gelang mit dem Argument der »inneren Sicherheit« und bedeutete die Beschränkung der individuellen Freiheit. Schon der dritte Präsident der USA, Thomas Jefferson, erkannte: »Sicherheit ist der Preis der Freiheit.«

Aber die Bush-Regierung musste den Amerikanern erst das Bewusstsein vermitteln, dass sich die Nation im Krieg befand, und konnte dann so etwas wie ein Kriegsrecht ausrufen: ein schier unbegrenztes Abhörrecht, die Inhaftierung unter Verdacht geratener Personen, die Aufforderung, ein scharfes Auge auf den Nachbarn zu werfen. *Code orange* und *code red* militarisierten das Denken. All das erinnert eher an die vertikalen Strukturen und das Obrigkeitsdenken autoritärer Staaten. Das Gegenteil von Aufklärung ist die Abschottung von Diskussion und Öffentlichkeit. Sie führte in die Bunkermentalität. Viele Maßnahmen zur Stärkung der Autorität der Clique im Weißen Haus erfolgten unter dem Siegel der Geheimhaltung. Wie Geoffrey Stone im *Democracy Journal* schrieb: »Natürlich gibt es legitime Gründe, gewisse Informationen der nationalen Sicherheit wegen geheim zu halten. Aber diese Geheimhaltung kann auch Vorwand sein, sich vor der Verantwortung zu drücken und eine Debatte in der Öffentlichkeit zu verhindern.«

Unter diesem Vorwand verweigerte die Regierung dem Kongress Datenzugang, löschte Passagen im Internet, bedrohte investigative Journalisten und blockierte die Gesetzgebung. Moralische Regeln wurden streng beachtet, wirtschaftliche und finanzielle Vorschriften hingegen lax gehandhabt. Wie Senator Moynihan einst beobachtete, »ist Geheimhaltung die ultimative Form der Regulierung, weil die Leute nicht einmal bemerken, dass sie manipuliert werden«. Die Macht im Weißen Haus wurde zur Übermacht im eigenen Land.

Aber das Land hatte mit dem Anschlag auf die Twin Towers den Glanz der Unverwundbarkeit verloren. Durch die Dauerkonflikte im Irak und in Afghanistan verblasste das Image der Unbesiegbarkeit. In den Folterzellen von Abu Ghraib und Guantánamo zerrann der Ruf vom Hüter der Menschenrechte. Aus dem ehrwürdigen Oval Office war ein Küchenkabinett von Intrige und Verschwörung geworden. Und die Nation erlebte eine Verwandlung von Zukunftsfrohsinn und Selbstsicherheit in Argwohn und Verunsicherung. In

Ein schwarzes Memorandum

In der ersten Märzwoche 2009 tauchten im amerikanischen Justiz-ministerium neun Memoranden auf, die der Regierung Bush/Cheney nach dem Attentat vom 11. September 2001 despotische Vollmach-ten zuwiesen. Darin wurde der erste Verfassungszusatz außer Kraft gesetzt, der Meinungs- und Pressefreiheit garantiert: »Sie müssen sich der vordringlichen Notwendigkeit erfolgreicher Kriegsführung unterordnen«, hieß es zur Begründung. Des Weiteren wurden Gesetze suspendiert, die Folter, elektronische Überwachung und Hausdurch-suchung verbieten. Dafür wurden die Vollmachten des Präsidenten um ein Vielfaches angehoben. Sie erlaubten ihm als Oberbefehlsha-ber sogar, ohne Anklage oder Verurteilung amerikanische Bürger als feindliche Kombattanten festzunehmen.

Das Ministerium musste außerdem enthüllen, dass der Geheimdienst CIA 92 Mitschnitte von Verhören im Lager Guantánamo vernichtet hat, darunter zwölf, die »intensivierte Verhörmethoden« enthielten – ein Eu-phemismus, hinter dem sich Folter verbirgt. James Madison, einer der Gestalter der amerikanischen Verfassung, warnte vor 200 Jahren: »Eine Regierung des Volkes ohne Information des Volkes oder den Zugang dazu ist der Prolog zu einer Farce oder einer Tragödie – oder beides.«

Nach dem Abgang der Regierung Bush/Cheney musste die Justiz die Memoranden freigeben. Dick Cheney verteidigte ihre Geheimhaltung mit dem Hinweis darauf, dass die USA nach dem Anschlag auf das World Trade Center jeden weiteren terroristischen Angriff vereitelt hätten.   *(DK)*

seiner Abrechnung mit der Regierung Bush schreibt der Verlierer der Wahlen von 2000, Al Gore: »Wir haben einen Punkt erreicht, da wir unser Spiegelbild nicht mehr wiedererkennen.« Diese Ver-änderung fällt auch dem externen Beobachter und Besucher auf.

Nach vielen Aufenthalten in den USA und zahlreichen Flügen nach New York hatte ich mir einen lange gehegten Traum erfüllt: eine Atlantiküberquerung mit dem Passagierschiff inklusive Einfahrt in den Hafen und Blick auf die Freiheitsstatue. Ich hatte mir nur den falschen Zeitpunkt ausgesucht, nämlich sechs Jahre nach Nine

Eleven. Abends hatte ich eine Verabredung mit einem Freund, war aber schon in der Frühe angekommen.

Meine Begrüßung auf amerikanischem Boden begann mit einer hochnotpeinlichen Durchsuchung beim Zoll, weil ich zwei Flaschen französischen Wein bei mir hatte. Die Kombination von deutscher Nationalität und französischer Ware erregte offenbar Argwohn, waren es doch die Deutschen und die Franzosen, die Amerikas Feldzug in den Irak nicht mitgemacht hatten.

Ich wollte meinen Koffer für den Tag in eine Gepäckaufbewahrung geben. Am Hafen gab es so was nicht, und auch an der Central Station war die Gepäckstelle aus Sicherheitsgründen abgeschafft, also versuchte ich es in den Hotels von Manhattan. Aber die nahmen nur Gepäck von Gästen, die im Voraus gebucht hatten. Bei meiner hektischen Suche war ich den allgegenwärtigen Polizisten aufgefallen, und die waren nicht zimperlich. Schließlich musste ich meinen amerikanischen Freund anrufen, damit er mich auf der Polizeidienststelle abholen kam. Auf das ungewohnte Misstrauen in Amerika war ich, der ich mich für einen Landeskenner halte, überhaupt nicht gefasst, ebenso wenig wie auf die Politik der Angst.

Amerika war in aller Welt berühmt als das Land der Hoffnung, des Optimismus und des *common sense*. Diese Tradition der Vernunft war in der Auseinandersetzung mit der Furcht untergegangen. Die Regierung Bush führte die Angst als politisches Machtinstrument in die Gesellschaft ein und veränderte damit den amerikanischen Charakter. Von der *pursuit of happiness*, dem Streben nach Glück, war nichts mehr zu spüren.

Es ist, als habe Amerika das Zeitalter der Aufklärung verlassen und Platz gemacht für die Demagogie. Wie anders ist es zu erklären, dass die Hälfte aller Amerikaner auch nach der Enttarnung der Lüge noch lange glaubte, Saddam Hussein stecke hinter dem Anschlag von 2001? Wie anders ist es zu erklären, dass eine Mehrheit der Amerikaner zwar trauert über den Tod so vieler Soldaten im

Irakkrieg, aber die Schuld nur zögerlich der Regierung gibt? Wie ist es zu verstehen, dass eine Vielzahl der Medien nicht ihrer Sorgfaltspflicht gefolgt ist, sondern aus Angst um Prestigeverlust und Quotenverfall stillgehalten hat? »Wir hätten sonst einen Flammenring des fehlenden Patriotismus als Halsband getragen«, klagte der CBS-Moderator Dan Rather.

Erst lange nach der Wiederwahl von George W. Bush im Jahre 2004 wandte sich die amerikanische Öffentlichkeit von ihm und seiner Politik der Angst ab. Allerdings waren in seinem letzten Amtsjahr 70 Prozent der Amerikaner unzufrieden mit der Amtsführung in Washington, mehr noch, sie fanden, dass sich ihre Nation auf einem falschen Weg befindet.

Vor dem Hintergrund der Gletscherschmelze in Alaska glauben die Menschen nicht mehr an die Theorie vom natürlichen Auf und Ab der Natur, die ihre Regierung verbreitet. In New Orleans ist man nach dem Wirbelsturm Katrina immer noch erschreckt über die Unfähigkeit der Regierung, die heimische Krise zu überwinden. In South Carolina, wo sich die großen Heeresausbildungslager befinden, tun sich die Werber inzwischen mit der Rekrutierung schwer. In der lateinamerikanischen Gemeinde in Miami herrscht Verunsicherung darüber, dass sich linke Potentaten wie Chávez in Venezuela folgenlos Beleidigungen des US-Präsidenten erlauben dürfen. Und eine Umfrage unter Historikern, durchgeführt von der George-Mason-Universität, erklärte George W. Bush zu einem der schlechtesten Präsidenten in der Geschichte der USA.

Dabei war er eigentlich erst nur die Galionsfigur und sein Vizepräsident dann später der Sündenbock der Neokonservativen. George Bush und Dick Cheney blieben allerdings unbeirrbar. Der Schattenpräsident Cheney bleibt Repräsentant einer Ideologie, die im Ausland Gewalt als Mittel der Politik gutheißt und im Inland die Linke vernichten will – ein revanchistischer Geist, der weiter über Amerika schwebt. Dem Hörensagen nach hat sich Cheney an einem Projekt beteiligt, das private Gefängnisse finanziert, wie das Willacy County Jail in Südtexas.

Hat Bush etwas bereut in seiner Präsidentschaft? »Don't stand under a banner, declaring mission accomplished« – vielleicht, dass er zu früh und zu heroisch die Mission im Irak für erfüllt erklärt hatte. Mehr wohl nicht, wie der Filmregisseur Alexander Kluge meint: »Er hat eigentlich nur die Abenteuer des Krieges in sich aufgenommen.«

So wird wohl das erste Jahrzehnt des 21. Jahrhunderts als *dark age,* als eine Art politisches Mittelalter in die Geschichte eingehen, als die Aufklärung verloren ging, der Krieg weiterschwelte, das Volksvermögen Bankräubern zum Opfer fiel und die Nation ihren Leumund verspielte.

In einer erstaunlichen Kehrtwendung sagte der neokonservative Vordenker Robert Kagan in einem Interview mit der österreichischen Presse vor den Wahlen: »Egal wer gewählt wird, wir werden einen substanziellen Wechsel erleben. Senator McCain ist sich sehr wohl bewusst, dass das US-Image in der Welt ramponiert ist, dass die USA ihren Ruf wiederherstellen müssen und dass dies auf multilateralem Weg geschehen muss. Das gilt natürlich ebenso für Barack Obama, sollte er gewählt werden.«

Das Ende der Angstpolitik

Das Ende der Angstpolitik kündigt sich in Form und Person der beiden Präsidentschaftskandidaten an. Barack Obama ist das Gegenmodell zu George W. Bush, aber auch John McCain erteilt der Bush-Politik eine Absage. Der alte Senator aus dem Bundesstaat Arizona galt stets als Störenfried der republikanischen Harmonie. Aber dieses Außenseitertum war seine Chance in einer Atmosphäre von Enttäuschung und Abscheu gegenüber den Methoden der Bush-Regierung. Außerdem ist John McCain im Ansehen der Nation ein Held.

George W. Bush kommt aus einer Politikerdynastie, John McCain verfügt über einen militärischen Stammbaum bis zurück in die Unabhängigkeitskriege. Vater und Großvater waren Vier-Sterne-Admiräle, und er selbst war ein junger Marinepilot im Vietnamkrieg, als er 1967 bei einem Einsatz über Hanoi abgeschossen wurde. Er landete mit dem Fallschirm direkt im Feindesland, wurde halb totgeschlagen. Ein unter Folter erzwungenes Bekenntnis gegen Amerika sollte er ein Leben lang bereuen. Als er vorzeitig in einem vietnamesischen Propagandacoup ausgetauscht werden sollte, weigerte er sich aus Solidarität gegenüber den Mitgefangenen.

Nach fünfeinhalb Jahren Gefängnis kehrte ein Mann in die Heimat zurück, der sich einer »größeren Sache« verschrieben hatte, nämlich dem Dienst an der Nation. Weil er schwer verletzt war, schied John McCain aus dem Militärdienst aus. Er ging in die Politik. Als Senator polemisierte er gegen Bürokratie und Liebedienerei gegenüber den Lobbyisten im Kongress. Ein Saubermann, der sich im Jahre 2000 um die Kandidatur der Republikaner für die Präsidentschaft bewarb.

Gegner bei den Vorwahlen war George W. Bush. Der Texaner machte ihn schlecht, bezeichnete ihn als zu moderat und zu wenig amerikanisch und hielt ihm den »Verrat« im Gefängnis von Hanoi vor. Dann dichtete ihm die Bush-Kampagne noch ein uneheliches schwarzes Kind an, das in Wirklichkeit ein adoptiertes Waisenkind aus Bangladesch ist. McCain verlor die Vorwahl. Dabei ging auch die Parteifreundschaft zu George W. Bush in die Brüche.

Also ist auch der Mann aus Arizona eine Alternative zu dem Präsidenten aus Texas. Auch sein Programm hätte ein Ende der Geheimniskrämerei und der Angstpolitik bedeutet. Dazu Horst Teltschik, der den Amerikaner oft bei der Sicherheitskonferenz in München zu Gast hatte: »Er verdammt die Folter, weil sie im Gegensatz zu den demokratischen Werten steht, er sie selbst erlitten hat, und er ist gegen die Klüngelwirtschaft in der Politik.« McCain will Amerikas Verbündete zurate ziehen und nicht mehr wegsperren. Aber ihm fehlt ein paläontologisches Gen der Republikanischen Partei: das Urkonservative. Und er passt nicht in die Fortsetzung der großen Legende von Amerika. Ein anderer erzählt sie zeitgemäßer: Barack Obama. Sein Gegenspieler bei den Demokraten garantiert *change you can believe in.* Und er spricht die Sprache, die sein Publikum versteht und die ihm vertraut ist.

Eine Mehrheit der Amerikaner verstand den Krimi, den die Bush-Regierung geschrieben hat, bewusst oder unbewusst als Bildungslektüre, ein Lehrstück der politischen Unmündigkeit und ein Ende der Politmüdigkeit. Während im Jahre 2000 hundertfünf Millionen Amerikaner zur Wahl gingen, waren es im Jahre 2008 hundertdreißig Millionen. Diese Bereitschaft hat Barack Obama in Anhängerschaft umgemünzt. Dabei war er nicht nur Katalysator, sondern Ideengeber: Kooperation statt Konfrontation, Zusammenarbeit über psychologische, ökonomische, ethnische und politische Grenzen hinweg. Dialog statt Stillschweigen. Zuhören statt Taubheit. In Augenschein nehmen statt wegschauen. Probleme aus der Dunkelheit ans Tageslicht zerren.

Obama hält nichts von der Präemption – dem Krieg einfach mal vorsichtshalber –, aber viel von der Prävention – der Vorbeugung möglicher militärischer Auseinandersetzungen. Er glaubt nicht an Zwangsmaßnahmen, schon gar nicht an Folter, zur Erreichung gesteckter Ziele. Er hält »Sicherheit und Freiheit« nicht für einen Gegensatz, sondern miteinander vereinbar. Freiheit verbindet er allerdings mit Nachhaltigkeit und nicht mit Wildwuchs. Er befreit den Begriff »Demokratie« von der radioaktiven Strahlung der Bush-Jahre.

Obama spricht nicht von Verbreitung der Demokratie, wenn nötig mit Gewalt, sondern von einem Feldzug der Würde und einem Ende der Politik der Angst. Schon durch sein Erscheinen hat er den Amerikanern die Offenheit und den höflichen Umgang, die Unbekümmertheit und die ausgestreckte Freundeshand zurückgebracht.

177

9
Globalisierung und Transformation

All jenen, die als diplomatische Soldaten – ohne Gewehr, aber in jeder anderen Hinsicht genauso Soldaten wie die uniformierten Truppen – am Kalten Krieg beteiligt waren, vermittelte das Ende der Ost-West-Konfrontationen ein Gefühl des Siegs und der Erfüllung. Ein Sieg nicht nur über ein despotisches politisches System, sondern auch über die dunklen Geister, welche die europäisch-atlantische Welt seit jenem Tag des Jahres 1914 regiert hatten, als – um die Worte des damaligen britischen Außenministers Sir Edward Grey zu wiederholen – die Lichter in ganz Europa ausgingen.

Die Freude war groß, ebenso wie die Überzeugung, dass das Ende der nuklearen Aufrüstung Frieden auf dem gesamten Planeten garantieren würde. Ich war damals Ständiger Vertreter der USA bei der NATO. Wir arbeiteten zu jener Zeit gerade an einem neuen Konzept für den Frieden, das die NATO und die EU zum Zentrum einer neuen Form der westlichen Gemeinschaft machen sollte. Tatsache ist, dass wir weder irgendeine Ahnung von den vielfältigen Problemen hatten, die vor uns lagen, noch von den radikalen Veränderungen, zu deren Entstehung das Ende des Kalten Kriegs beitrug.

Der amerikanische Gelehrte Francis Fukuyama wurde für seine Vorhersage, die Welt sei mit dem Ende des Kalten Kriegs Zeuge des »Endes der Geschichte« geworden, abwechselnd gepriesen und verteufelt. Stattdessen schlug die Geschichte mit einem Racheakt zurück. Wie im Jahr 1914 begann die neue historische Ära einige Jahre später in Sarajewo. Ich erinnere mich noch, wie schockiert wir waren, dass in Europa nach so vielen Jahren des Friedens erneut ein Krieg ausbrechen konnte.

Die Vertreter der Europäischen Union waren völlig unvorbereitet auf die Bösartigkeit und die Unehrlichkeit der jugoslawischen Nationalisten, mit denen sie Verhandlungen führten. Sie dachten, sie könnten die jugoslawischen Probleme wie eines ihrer Kommuniqués über landwirtschaftliche Fragen behandeln. Sie suchten einen Konsens mit Regierungsführern, die keinerlei Absichten hegten, sich an irgendeine Vereinbarung zu halten, und deren einziges Ziel war, eine Rechtfertigung für ihre Kriegspläne zu finden. Der damalige US-Außenminister James Baker machte sich so wenig Gedanken über diesen regionalen Konflikt, dass er deutlich sagte, die Vereinigten Staaten hätten kein Interesse an einer Intervention.

Eine Warnung vor dem, was noch kommen sollte

Die erste jugoslawische Krise war eine erste Warnung vor dem, was anschließend kommen sollte. Hier ist eine historische Regel am Werke, die am besten von Henry Kissinger ausgedrückt wurde: Immer wenn eine alte Ordnung zusammenbricht und immer wenn neue Teilnehmer das Spielfeld betreten, folgt Instabilität.

Vielleicht hätten wir wissen sollen, dass die Unruhen, die den Zusammenbruch des Kommunismus begleiteten, einfach zu groß waren, um friedlich verlaufen zu können. Der Zerfall Jugoslawiens war ein erster Schritt in Kissingers langem und schwierigem Prozess der Ablösung einer alten Ordnung durch eine neue, die bis zum heutigen Tag gültig ist.

Solche Spannungen sind beinahe automatische Begleiter eines Zeitalters der dramatischen Umwälzungen. Und das Ende des Kalten Kriegs war nur eine der großen Turbulenzen, die sich gegen Ende der zweiten Hälfte des 20. Jahrhunderts ereigneten. Moderne Technologien revolutionierten die Ökonomien der Welt und brachten großartige Fortschritte, zerstörten aber auch alte liebgewonnene Lebensstile. Die neuen Freiheiten für viele Menschen auf der Welt bedeuteten auch die Freiheit, alte Rechnungen zu begleichen und verlorenes Territorium oder verlorene Nationalehre aus vergangenen Kriegen wiederzuerlangen.

Diese Monate in den Jahren 1990 und 1991 waren auf eine ganz fundamentale Art und Weise das erste Dämmerlicht dessen, was wir heute als Globalisierung bezeichnen. Nicht der modernen technologischen Welt, in der wir uns heute bewegen, aber dennoch der Globalisierung des Risikos und der Bedrohung, die das wichtigste Merkmal unseres neuen Zeitalters darstellt. Sie veränderten die Welt.

Das erfuhren wir in Bosnien, im Kosovo, im Kaukasus und natürlich mit dem Angriff auf das World Trade Center. Wir bekamen es als globale Finanzmarktentwicklung zu spüren, als die Industrien begannen, Arbeitsplätze ins Ausland zu verlagern und Produktionskosten zu senken, und derzeit spüren wir es durch die schlimmste Wirtschaftskrise seit den dreißiger Jahren. Kein Platz auf der Erde ist noch länger sicher vor der globalen Übertragung des Risikos. Ironischerweise handelte die westliche Finanzwelt just als das Risiko globalisiert wurde mit einer Überheblichkeit, die den Eindruck erweckte, dass es als Kategorie nicht mehr existiere. Die nächste Krise – die weltweite Finanzkrise – war schon vorprogrammiert.

Um erfolgreich mit den Kräften umzugehen, die dabei sind, unsere Welt zu verändern, müssen wir die Globalisierung aus diesem langfristigen, strukturellen Blickwinkel verstehen. Hier handelt es sich nicht allein um eine Expansion der Märkte oder der Entwicklung neuer Technologien. Der islamische Terrorismus entstand nicht in einem Vakuum. Dies ist eine fundamentale, revolutionäre Veränderung der Verteilung von Gewinn und Verlust in allen Aspekten des Lebens über die ganze Welt. Und sie stellt für die politischen Systeme weltweit eine nie dagewesene Belastung dar.

Fünf Jahre nach dem Ausbruch des Bosnienkriegs war ich US-Sondergesandter auf dem Balkan und traf mich mindestens zwei Dutzend Mal privat mit dem damaligen serbischen Ministerpräsidenten Slobodan Milošević. Er sagte mir, wie ermutigt er sich gefühlt habe, weil Außenminister Baker die Vereinigten Staaten 1990 aus dem Konflikt herausgehalten hatte. Seine Stimme war voller Sarkasmus, als er beschrieb, wie er die europäischen Regierungsführer mit List und Tücke zur Vereinbarung von Kommuniqués bewegt hatte, die ihm dabei halfen, seine Kriegsabsichten zu verschleiern.

Den Europäern gelang es nicht, ihn zu stoppen, und zwar nicht aufgrund fehlenden Willens, sondern weil sie nicht erkannten, dass Milošević die Spielregeln verändert hatte. Er war ein sogenannter *transformational leader,* der ein klares Ziel vor Augen hatte und in der Lage war, die Massen zu mobilisieren. Während des Kalten Kriegs wurden Gewinn und Verlust auf Basis der Wahrung von Stabilität sowie der Konfliktvermeidung kalkuliert. Milošević definierte Instabilität und kontrollierte Konflikte als wichtigste Erfolgskriterien. Dieses Gefühl des kontrollierten Konflikts ist der Kern der neuen globalen Risiko- und Gewinnverteilung, die wir heute erleben.

Der dritte Balkankrieg sollte mehr als drei Jahre dauern. Als er endlich zu Ende war, war die Geschichte zurückgekehrt; nicht mit einem Nuklearkrieg, aber mit erbitterten, brutalen Konflikten zwischen armen und isolierten Völkern in einer vergessenen Ecke Europas. Ein neues Zeitalter war angebrochen. Die Bewältigung ihrer Folgen wird eine von Barack Obamas größten Herausforderungen sein.

Seitdem hat unsere globalisierte Welt zahlreiche positive und auch viele traurige Momente erlebt. Es brachen nicht nur Konflikte in den entlegensten Winkeln der Erde aus, auch die Nationen und Völker der Welt begannen, ihr Verhalten radikal zu verändern. Ökonomien und Kulturen wurden in einem bisher unbekannten Ausmaß integriert. In Indien und China, aber auch in kleineren Ländern Asiens, Europas und Lateinamerikas entstand eine neue Marktwirtschaft. Die Finanzmärkte expandierten in Lichtgeschwindigkeit über alle Zeitzonen. Die Demokratie schlug auf allen Kontinenten Wurzeln. Wir erlebten wichtige Fortschritte und hatten gute Gründe für Optimismus.

Aber es gab auch schreckliche Beispiele für höchst unmenschliches Verhalten. Gewalt und Massenmord waren in den regionalen und ethnischen Kriegen an der Tagesordnung. Der Begriff »gescheiterter Staat« wurde geprägt, um ein Land zu beschreiben, in dem jegliche innere Ordnung zusammengebrochen war. Und natürlich führte die wirtschaftliche Expansion, die durch die Globalisierung, die Informationstechnologie und den Enthusiasmus der Banker und Regierungsbeamten auf der ganzen Welt ermöglicht wurde, zu einer Art ökonomisch gesteuertem Konflikt, der Exzesse produzierte, welche schließlich die größte und furchteinflößendste Finanzpanik seit 75 Jahren auslösten. Unser Optimismus muss vorübergehend warten, bis die Wirtschaft wieder repariert ist.

Seit dem Zweiten Weltkrieg hat die Welt nichts erlebt, was sich an Grausamkeit mit dem Balkankrieg oder dem Genozid in Ruanda vergleichen ließe. Die Finanzblase von 2008 wäre in der kontrollierten Umgebung des Kalten Kriegs nicht möglich gewesen. Es war, als hätten alle Regeln, die seit 1945 mit so viel Sorgfalt aufgestellt worden waren, auf einmal versagt. Urplötzlich schien die neue Weltordnung, von der wir alle geträumt hatten, in Wirklichkeit eine neue Weltunordnung zu sein.

Als Land, in dessen Verantwortung es liegt, für Ordnung zu sorgen, sind die Vereinigten Staaten dramatisch von der Unordnung der Zeit nach Ende des Kalten Kriegs betroffen. Eine Kampagne gegen den Kommunismus zu führen war eine Sache, von der wir etwas verstanden. Mit vielschichtigen Konflikten und Instabilitäten umzugehen war dagegen etwas, womit wir uns schwertaten.

George Bush senior demonstrierte die Grenzen der amerikanischen Anpassungsfähigkeit. Im Jahr 1990 versuchte er, eine »neue Weltordnung« zu definieren, indem er genau auf das Land fokussierte, das in der alten Ära am wichtigsten gewesen war. Seine eine große Initiative, einem frisch wiedervereinten Deutschland eine Chance zur sogenannten *partnership in leadership* – partnerschaftlichen Führung – anzubieten, war ein Misserfolg. Deutschland war nicht einmal bereit, sich am ersten Golfkrieg zu beteiligen, geschweige denn eine globale Führungsrolle zu übernehmen. Bushs Vision war viel zu amerikanisch. Eine neue Weltordnung erforderte eine Umwälzung, wie sie Deutschland einfach nicht erfassen konnte.

Dieser Faktor ist einer der wichtigsten Anhaltspunkte für das Verständnis der amerikanischen Strategien in den vergangenen 20 Jahren. Amerika war nicht an der globalen Politik des 19. Jahrhunderts zur Austarierung des Machtgleichgewichts beteiligt. Diese Ära der Globalisierung ist gänzlich an den Vereinigten Staaten vorbeigegangen. Tatsächlich traten sie in der Hoffnung in den Ersten Weltkrieg ein, ihr Fundament – die komplexe interne Balance der europäischen Welt – für immer aus der Welt schaffen zu können.

Als sie sich dann aktiv am Weltgeschehen beteiligten, bestand ihre Aufgabe nicht darin, ein komplexes globales Gleichgewicht zu managen, sondern das Böse zu bekämpfen – erst die Nazis und dann die Kommunisten. Die Globalisierung war auf eine simple Eins-zu-eins-Beziehung reduziert worden. Weder ihr Charakter noch ihre Erfahrung hatten die Vereinigten Staaten auf die komplexe, verwirrende Welt der Globalisierung vorbereitet, die dem Zusammenbruch des Kommunismus im Jahr 1990 folgte. Und sie haben diese Welt seitdem nicht gut gemanagt.

Amerika in einer multidimensionalen Welt

Eine Frage absorbiert die Energie der internationalen Politik seit 1990: Wie lassen sich die zahlreichen neuen Impulse, die nach dem Ende des Kalten Kriegs freigesetzt wurden, in ein funktionierendes internationales System integrieren? Diese Aufgabe steht jener, vor der unsere Vorgänger im Jahr 1945 standen, im Hinblick auf ihren Umfang in nichts nach. Aber sie ist um ein Vielfaches komplizierter. Dieses Mal ist es nicht damit getan, ein einziges Rahmengerüst miteinander verbundener Strukturen zu schaffen, wie es mit dem UN-System nach dem Zweiten Weltkrieg gelang. Die Aufgabe für das 21. Jahrhundert besteht in der Entwicklung von Mechanismen für Stabilität innerhalb einer sich ständig verändernden multidimensionalen Matrix.

Nach 1990 löste sich die Sowjetunion auf, und der kommunistischen Ideologie ging die Luft aus. Die Menschen begannen, die Vereinigten Staaten als »die einzige verbleibende Supermacht« zu bezeichnen. Deren Weltrolle wurde sehr schnell zweigeteilt, und zwar zwischen ihrer wirtschaftlichen und technologischen Stärke und ihrer Aufgabe, eine Art globale Weltordnung zu verteidigen. Amerika geriet in beiden Rollen ins Taumeln, zum Teil weil seine Denkstrukturen noch immer in einem Verhalten wurzelten, das es vor 60 Jahren nach dem Ende des Zweiten Weltkriegs erlernt hatte.

Die Organisationen reicher Länder des Nordens versuchten, die Zukunft armer oder aufstrebender Länder im Süden zu definieren, die gerade erst ihre Unabhängigkeit gewonnen hatten. Doch egal wie offen die Grenzen inzwischen waren, es waren das Kapital und die Technologien der entwickelten Länder, mit denen die Produktion in den aufstrebenden Märkten aufgebaut wurde. Die Regeln wurden von den Finanzinstitutionen in New York und London aufgestellt. Und die übrige Welt stand daneben und hoffte, dass schon alles gut gehen werde.

Es ist leicht, in vielen Aspekten dieser ersten Jahre der Globalisierung des 21. Jahrhunderts Fehler und Versagen zu finden. Insbesondere die Vereinigten Staaten fühlten sich in ihrer Rolle als einziger Supermacht unbehaglich. Allein auf der Weltbühne zurückgeblieben, versuchten sie das zu tun, was sie am besten verstanden – ihre Werte auf die Probleme einer komplexen Welt anzuwenden. Wir haben in vorhergehenden Kapiteln darüber gesprochen, wie diese Werte in der besonderen historischen und geografischen Situation Nordamerikas im 17. und 18. Jahrhundert entstanden waren. Weder Präsident Clinton noch Präsident Bush fanden die richtige Balance zwischen amerikanischen Methoden und internationalem Konsens.

Die Regierung unter Clinton erfreute sich wirtschaftlicher Prosperität und genoss Respekt im Ausland, aber sie hatte mit dem Terrorismus zu kämpfen und beschloss ihre Amtszeit, ohne jemals eine Zukunftsvision formuliert zu haben. Clinton verlieh den Prinzipien des Reaganismus eine liberalere Interpretation, aber die althergebrachte Handlungsweise blieb dieselbe.

Als George W. Bush im Januar 2001 ins Weiße Haus einzog, waren überall Anzeichen des aufziehenden Sturms zu sehen. Eine Rezession bahnte sich an, die Aktienmärkte waren überhitzt, der Terrorismus war auf dem Vormarsch, und es begannen sich ominöse Signale für ein Umweltdesaster zu häufen. Das neue Jahrtausend begann nicht im Jahr 2000, sondern im Jahr 2001, wie zahlreiche Mathematiker es sich gewünscht hatten, nämlich als der Angriff auf das World Trade Center in New York die wachsende Konfusion der Zeit nach dem Kalten Krieg brutal, unvermittelt und unmissverständlich deutlich machte. Nach diesem Datum veränderten sich Amerikas Verhalten gegenüber der Welt und seine Rolle als Führungsmacht ganz erheblich. Amerika hatte den Glauben an den Erfolg der alten globalen Strukturen verloren, aber keine Vorstellung von möglichen neuen Strukturen.

Man kann sich die logische Frage stellen, ob eine andere Art Regierung mit diesen Problemen anders umgegangen wäre. Doch wer auch immer am 11. September 2001 im Weißen Haus regiert hätte, er hätte aggressiv und entschlossen gehandelt, um den Herausforderungen der Terrorangriffe frontal zu begegnen. Alles andere hätte nicht dem amerikanischen Charakter entsprochen. Und unabhängig davon, wer zu diesem Zeitpunkt Präsident gewesen wäre, wäre Amerikas Vertrauen in ein weltweites System der Partnerschaft und des Konsens erschüttert gewesen.

Stadt auf dem Hügel

Viele Amerikaner bewohnen spirituell a city on a hill *– nach der Bibel und ihrem puritanischen Interpreten John Winthrop – eine Stadt auf der Höhe, von der es nach allen Seiten bergab geht in die Täler dieser Welt. Die Krise könnte diesen Höhenflug zu einer Bauchlandung werden lassen, bei der auch der amerikanische Traum zerschellt. Das sagt zum Beispiel Igor Panarin voraus, der Dekan der Diplomatenschule in Moskau. Er meint sogar, Amerika könnte in seine Bestandteile zerfallen, und Obama müsse spätestens 2011 das Kriegsrecht im eigenen Land ausrufen.* A failed state, *ein gesetzloses Land wie Somalia.*

Eine gegenteilige Meinung vertritt der Journalist Michael Lind. Seiner Meinung nach verwandelt sich Amerika in eine andere, bessere Gesellschaft. Er nennt sie transamerikanisch. Und wenn es keine Staatsgewalt mehr gäbe, würde Amerika dennoch nicht auseinanderfallen wie etwa Jugoslawien, sondern eher Polen gleichen, das nach so vielen Teilungen als nationale Einheit überlebte.

Gedankenspiele ohne tiefere Bedeutung, denn die amerikanische Mentalität lässt nationales Versagen nicht zu. Allenfalls hat Amerika einen Zeitsprung von der Ära Bush zur Ära Obama gemacht. Es ist, als hätte auf dem gleichen geografischen Raum eine veränderte Gesellschaft Platz genommen. Aber Amerika kann nicht auseinanderbrechen, weil es sowieso aus allen Völkern der Welt besteht. (DK)

Es stimmt jedoch, dass der Angriff auf das World Trade Center die Kernüberzeugungen George W. Bushs und seiner Berater besonders hart traf. Wie in Kapitel 7 erwähnt, repräsentierten sie das letzte Kapitel erbitterter Kulturkriege, die Amerika für fast vier Jahrzehnte polarisiert hatten. Sie zogen mit einer besonders manichäischen Vision von Gut und Böse in das Weiße Haus ein. Nach dem 11. September begannen sie, gesellschaftliche Prozesse mit ihrer eigenen moralischen Philosophie zu vermischen, als ob allein die traditionelle amerikanische Moralität die Welt bewegen könnte. Sie versuchten, die Köpfe und Herzen der Weltbevölkerung zu gewinnen, indem sie Verhütungsmittel verboten, Auslandshilfe von der Akzeptanz bestimmter religiöser Ordnungen abhängig machten und Entwicklungshilfeprojekte auf Themen konzentrierten, die für die amerikanische konservative Bewegung akzeptabel waren.

Bis zum letzten Moment seiner Amtszeit sprach George W. Bush über den Erfolg seiner Anstrengungen, Amerika vor Terrorangriffen zu schützen. Er versuchte, die Risiken der Globalisierung durch das ehrgeizige Bemühen zu begrenzen, die amerikanische Vision über die ganze Welt zu verbreiten. Sein Verhalten glich stark dem der ersten Puritaner, die sich in Massachusetts niederließen, oder der jesuitischen Priester, die versuchten, Südamerika zum Christentum zu bekehren.

Doch statt Freunde zu gewinnen, trug Bush dazu bei, große Teile der Entwicklungsländer davon zu überzeugen, dass westliche Technologie und westliches Management in erster Linie dazu benutzt wurden, sich in ihre Gesellschaften einzumischen. Zwischen dem Norden und dem Süden begann sich das Gefühl von Siegern und Verlierern breitzumachen. Globalisierung wurde zum Codewort für Ausbeutung, obwohl die Statistiken zeigten, dass sich Millionen von Menschen mit der wirtschaftlichen Entwicklung, die durch die globale Integration möglich wurde, aus der Armut befreien konnten.

Die Aufgabe, eine Basis für die Steuerung der Globalisierung zu definieren und zu etablieren, überließen Clinton und Bush ihrem Nachfolger Barack Obama. Von ihnen erbte er eine Reihe von Krisen, die sich alle gleichzeitig ereigneten. Vier Wochen nach der Amtseinführung Obamas war der Aktienmarkt um fast 2.000 Punkte eingebrochen. Obamas Erfolg oder Misserfolg in der Bewältigung dieser Turbulenzen wird eines der bestimmenden Elemente seiner Regierung sein. Es gibt große Hoffnung, dass es ihm gelingen wird, die Welt durch die Unordnung zu führen, die während der neunziger Jahre entstand, aber keine Gewissheit.

Bei aller Macht, über die Amerika verfügt, ist das keine Aufgabe, die selbst eine Supermacht im Alleingang bewältigen kann. Weder kann das die Außenpolitik im traditionellen Sinne leisten, noch lässt sich diese Aufgabe allein dadurch meistern, dass Amerika im eigenen Land Stärke entwickelt. Wir stehen hier vor der Aufgabe, neue Verbindungen zu knüpfen, zu Hause und im Ausland, die uns dabei helfen können, fundamentale Veränderungen einzuleiten.

Wie der bekannte amerikanische Innovationsexperte John Kao sagte, setzt Transformation die Fähigkeit zu einer veränderten Betrachtung der Dinge voraus. Erfolgreiche Transformationsführer entdecken in bestehenden Elementen neue Muster. Das ist das, was Slobodan Milošević tat, und die Ergebnisse waren grauenhaft. Die Entdeckung einer neuen Ordnung in diesem neuen Zeitalter der Globalisierung wird langsam, aber stetig vonstatten gehen und sich über viele Jahre hinziehen. Obama selbst sagte, die Lösungen für die heutigen Probleme würden wahrscheinlich erst lange nach Beendigung seiner Amtszeit sichtbar werden.

Aus diesen Gründen werden die Jahre 2008 und 2009 von Historikern wahrscheinlich als Ende der ersten Phase der Globalisierungsversion des 21. Jahrhunderts betrachtet werden. Der Überschwang der neunziger Jahre sowie der ersten Jahre des neuen Jahrtausends ist bereits verpufft. Der ungezügelte Kapitalismus und die von den Konzernen uneingeschränkt geförderte globale Entwicklung wirken wie eine unangenehme Erinnerung aus der Vergangenheit. Die Überzeugung des US-Journalisten Thomas Friedman, dass sich gesellschaftliche Prozesse digitalisieren und standardisieren lassen, wurde durch die Skepsis über die unterschiedslose Anwendung integrierter Systeme auf jedes ökonomische und soziale Problem verdrängt.

Die Globalisierung, wie sie ursprünglich von Publizisten wie Friedman definiert wurde, die sich darauf spezialisiert haben, komplexe Themen einer breiten Masse verständlich darzustellen, sollte die zunehmende internationale Integration der Märkte und Prozesse über alle nationalen Grenzen hinweg beschreiben. Eine globalisierte Welt ist per definitionem eine Netzwerkstruktur, in der die Individuen über ein Netz aus vielfältigen Verknüpfungen miteinander verbunden sind, die sich an keine politischen Grenzen und hierarchischen Strukturen halten.

Doch die Kriege und wirtschaftlichen Katastrophen der letzten Jahre haben diesem Begriff in den Augen einiger Menschen eine neue Bedeutung verliehen. Heute wird er auch verwendet, um diese neue Weltunordnung zu beschreiben, die in den letzten zehn Jahren entstanden ist. Die Globalisierung hat nicht nur die Märkte und Finanzen erfasst, sondern beinahe alles – Kultur, Kinderspielzeug, intellektuelle Trends und natürlich die Technologie. Alles wird als Ergebnis eines dramatischen Anstiegs des internationalen Handels und der länderübergreifenden Kommunikation beschrieben. Aber wie sich schnell zeigen sollte, kann Globalisierung zu ganz anderen Ergebnissen führen.

Eine neue Welt(un)ordnung

Inzwischen ist offensichtlich geworden, dass die »Globalisierung« selbst wenig mehr ist als ein Modewort für die wachsenden gegenseitigen Beziehungen zwischen den Völkern der Welt. Die zahlreichen Veränderungen, für die die Globalisierung verantwortlich gemacht wird, sind in Wahrheit das Ergebnis eines wesentlich breiteren Paradigmenwechsels, der die Welt vor unseren Augen erneuert. So wie Krankheiten sich oft durch Flugpassagiere über die

Kontinente ausbreiten, verbreiten sich auch Risiko und Gewinn über die zahlreichen Kommunikationskanäle und eine gegenseitige Befruchtung in atemberaubendem Tempo über die ganze Welt.

Es gibt nicht den einen Prozess und ganz gewiss nicht den einen Menschen oder die eine Gruppe von Menschen, die dafür verantwortlich sind. Die Welt wird nicht »flach«, wie Thomas Friedman meinte. Friedman verwendete dieses Bild, um auszudrücken, dass die moderne Kommunikation einen ungehinderten grenzüberschreitenden Waren- und Informationsfluss ermöglichen würde. Was wir stattdessen gefunden haben, enthält wesentlich mehr Logik. Kulturen werden stärker bedroht, wenn sie mehr statt weniger Außenkontakte unterhalten. Neue Verständnisbarrieren entstehen. Und bisweilen haben sie zu Gewalt geführt.

Mit zunehmender Globalisierung haben sich die Gelegenheiten zur Befriedigung von Habsucht und zur Realisierung materieller Gewinne vervielfacht. Die Regulierungssysteme konnten mit der Entwicklung nicht Schritt halten. Wirtschaft und Politik begannen, verschiedene Sprachen zu sprechen. Unternehmen folgten der Logik der Vernetzung und Effizienz, die sehr oft die Faktoren Standort und Mensch außer Acht ließ. In einer Welt des Hochgeschwindigkeitsinternets und computergesteuerter Logistik verloren diese alten Kriterien von Zeit und Raum allmählich an Bedeutung. Eine Fabrik musste nicht mehr länger in der Nähe der benötigten Ressourcen oder Arbeitskräfte angesiedelt sein; der Transport erfolgte inzwischen über Ländergrenzen hinweg. Das bedeutete, dass traditionelle Industrieregionen keinen Wert mehr boten. Lieferkettenmanagement wurde zum neuen Mantra, Just-in-time-Lieferung das Ziel.

Diese neue Form der industriellen und wirtschaftlichen Integration hat vielen Teilen der Welt große Vorteile gebracht. Länder, die bis dahin in Armut verharrt hatten, konnten nun eine Verbindung zu den Weltmärkten aufnehmen, wie sie in dieser Form noch vor zehn Jahren unmöglich gewesen wäre. Durch Ausbildung und

Schulung werden neue Hightech-Industrien in aufstrebende Länder getragen.

Dass wir uns nun in einer schwierigen Situation wiederfinden, schmälert nicht die Vorteile der wachsenden globalen Integration, die wir in den letzten Jahren genossen haben, noch wird sie die Verbreitung neuer Methoden der Organisation und Kommunikation aufhalten. Doch selbst wenn wir diesen Nutzen anerkennen, können wir die Signale nicht ignorieren, dass sich die Welt erst noch erfolgreich an die revolutionären neuen Prozesse anpassen muss, welche die neuen Technologien ermöglicht haben.

Das letzte Mal, dass wir derartige Turbulenzen erlebten, geschah während der Industrierevolution des 19. Jahrhunderts, die wir nicht gut gesteuert haben. Die alte Ordnung erwies sich als bitter hartnäckig. Das Ergebnis waren zwei katastrophale Kriege, eine große Depression und der Zusammenbruch der Welt, wie wir sie bis dahin kannten.

Die Ursache solch dramatischer Umwälzungen ist in der Geschichte gut dokumentiert. Im Verlauf der Jahrhunderte brachte jeder neue Fortschritt in Transport und Kommunikation eine entsprechende Erweiterung der globalen Kontakte mit sich. Im 19. Jahrhundert waren die Erfindung der Dampfmaschine und des Telegrafen Auslöser einer ungeheuren Expansion von Wirtschaft und Handel. Doch oft erschütterten und zerstörten die dramatischen wirtschaftlichen und gesellschaftlichen Veränderungen schließlich die bestehende politische Ordnung. Das galt für den Feudalismus im 16. und 17. Jahrhundert ebenso wie für die Monarchien des 19. Jahrhunderts.

Zu Beginn des 20. Jahrhunderts hatte die erste Welle der Globalisierung die Grenzkontrollen in Europa generell aufgehoben, der Region eine gemeinsame Währung (Gold) verschafft und Europa dabei geholfen, umfangreich von den wachsenden Handelsaktivitäten zu profitieren. Der herausragende englische Ökonom John Maynard Keynes beschrieb diese Situation wie folgt:

»Der Einwohner Londons konnte ... die unterschiedlichsten Produkte der Welt ... per Telefon bestellen ... zum gleichen Zeitpunkt und mit den gleichen Mitteln konnte er sein Vermögen im Handel mit natürlichen Ressourcen und den neuen Produkten aus jedem Winkel der Erde riskieren.«

Und Keynes betrachtete diesen Zustand als »normal, gewiss und dauerhaft«. Professor Harold James von der Princeton University veröffentlichte unter dem Titel *The End of Globalization* (auf Deutsch: *Der Rückfall. Die neue Weltwirtschaftskrise*) eine Art Geschichtsbuch, das allerdings keine Zukunftsprognosen abgibt, sondern eine Vergangenheitsbeschreibung liefert, und zwar wie die erste Welle der Globalisierung über das 20. Jahrhundert hinwegfegte.

James weist in seinem Buch darauf hin, dass nur wenige Jahre nachdem Keynes die Vorteile der Globalisierung beschrieben hatte, der Nationalismus und der Wirtschaftswettbewerb Europa wieder in einen Zustand des Misstrauens und der Konfrontation zurückversetzt hatten, den es seit dem 17. Jahrhundert so nicht mehr gegeben hatte. Erst heute kehren wir allmählich zu dem Gefühl der Offenheit und Integration zurück, das vor 100 Jahren existierte.

Professor James schreibt, das letzte Zeitalter der Globalisierung habe vor allem deswegen geendet, weil weder die politischen noch die wirtschaftlichen Institutionen jener Zeit in der Lage waren, die großen Erschütterungen zu bewältigen, die von der Entstehung neuer Technologien und neuer Wirtschaftsmächte wie der Vereinigten Staaten, Deutschlands, Japans und Russlands verursacht worden waren. Als Folge war das 20. Jahrhundert eines der blutigsten, instabilsten und radikalsten in der Geschichte der Menschheit.

»Wir treten in ein Zeitalter der Irrationalität ein«, sagte François-Henri Pinault, Vorstandvorsitzender der französischen PPR-Gruppe. »Wir stehen am Beginn eines gesellschaftlichen Trends und eines Wertewandels, der sich über Jahre fortsetzen wird – immerhin dauerte das Zeitalter der Rationalität mehr als ein Jahrhundert.«

193

Wieder verlassen wir eine Ära, die von einer stabilen, aber unflexiblen Weltordnung gekennzeichnet gewesen ist, und treten in ein Zeitalter des zunehmenden Pluralismus und der zunehmenden Transparenz ein, das von beunruhigenden Veränderungen akzentuiert wird. Statt die Ereignisse zu steuern, finden sich sowohl die Regierungen als auch die Unternehmen wahrscheinlich in der Situation wieder, dass sie darum kämpfen müssen, mit den Entwicklungen Schritt zu halten, die sich nicht länger rational steuern lassen. Sie werden dazu gezwungen sein, alte Strukturen und Denkmuster zu verlassen. Sie werden lernen müssen, John Kaos Rezepte anzuwenden und die Dinge aus einem neuen Blickwinkel zu betrachten.

Der Präsident der Transformation

Wie in den meisten Industrienationen genießt die Globalisierung auch in den Vereinigten Staaten einen gemischten Ruf. Amerikanische Wissenschaftler und Technologieexperten sind von den zahlreichen Möglichkeiten begeistert, die eine grenzenlose Welt bietet. Die amerikanische Industrie hat Jahre daran gearbeitet, ihre Betriebe auf eine neue multipolare Welt auszurichten.

Doch die meisten Amerikaner kennen nur wenige Details dieser neuen Kraft, über die sie oft lesen. Die konkreten Ergebnisse, die sie zu sehen bekommen, bestehen oft in der Schließung einer Fabrik oder im Verlust von Arbeitsplätzen. Der Freihandel sowie Kooperationsvereinbarungen wie die NAFTA werden zunehmend dafür kritisiert, dass sie den amerikanischen Arbeitnehmern schaden. Auch die Finanzkrise, die durch den Verkauf von Hypotheken mit zweitklassiger Bonität – sogenannten *subprime mortgages* – ausgelöst wurde, sowie der rapide Verfall des Wertes von Wohnimmobilien haben im öffentlichen Bewusstsein irgendwo im Cyberspace der globalisierten Welt ihren Anfang genommen. Ebenso weit verbreitet ist die Überzeugung, dass arme Länder durch Outsourcing und Billiglöhne ausgebeutet werden, auch wenn üblicherweise das Gegenteil der Fall ist.

Die Globalisierung hat auch die Struktur der amerikanischen Wirtschaft verändert. Nur 13 Prozent aller Arbeitsplätze sind heute noch im produzierenden Gewerbe zu finden, also in Fabriken, in denen greifbare Produkte hergestellt werden. Einst stolze Industrien wie die Automobil- oder die Stahlindustrie stehen kurz vor dem Kollaps. Die traditionellen Industriekulturen im Nordosten oder Mittleren Westen der Vereinigten Staaten befinden sich unaufhaltsam im Niedergang. Die Kulturkriege der 1960er- und 1970er-Jahre wurden über den Streitpunkt ausgetragen, wie die moderne Industriegesellschaft definiert werden sollte, die nach der großen Depression und dem Zweiten Weltkrieg entstand. Die Fragestellungen konzentrierten sich auf Themen wie Chancengleichheit, Ausbildung und Arbeitsbedingungen, die seit langem gelöst sind. Dies sind Fragen aus der Vergangenheit. Bei diesen Auseinandersetzung ging es eher darum, alte Konflikte zu beseitigen, als etwas Neues aufzubauen.

Der heutige amerikanische Wähler hat das Gefühl der Bestimmung verloren, das vor 30 Jahren sowohl die linksgerichteten Studenten als auch die konservativen Reagan-Anhänger motivierte. In ihnen brennt nicht das Feuer der Selbstgerechtigkeit, weil sie sich nicht sicher sind, was richtig ist. Sie stehen vor einer verwirrenden Bandbreite an Wahlmöglichkeiten – wie sie ihren Arbeitsplatz am besten schützen, wie sie am besten eine gute Krankenversicherung finden, wie sie ihre Kinder erziehen sollen oder wie sie in den Genuss eines sicheren Rentenalters kommen –, alles Dinge, über die die Aktivisten der Vergangenheit nie nachdachten.

Die Globalisierung und die vielfältigen Implikationen dieses Begriffs hatten eine große Wirkung auf die Lebensführung, die Denkhaltung und das Wahlverhalten der Amerikaner. Die ordentlichen Strukturen, die nach dem Zweiten Weltkrieg entstanden, sind in Auflösung begriffen.

Die Bürger von Peoria, denen wir in einem vorhergehenden Kapitel begegneten, hängen in ihrer Existenz nicht nur von den Weltmärkten ab, auch sie selbst haben sich inzwischen dramatisch verändert. Einst eine solide Mischung aus irischen und deutschen Einwanderern, repräsentieren sie heute deutlicher als je zuvor die zahlreichen Rassen und Kulturen unseres Planeten. Die Farmer in Iowa und die Fischer in Maine stimmen ihre Ernte auf die Zeitplanung der Bierbrauereien in China und die Ferienzeiten in Japan ab. Amerikanische Arbeiter in der Automobilindustrie in Detroit beklagen sich nicht mehr über den Wettbewerb durch Importfahrzeuge. Sie haben inzwischen mindestens genauso viel von den »amerikanischen« Werken in Tennessee, South Carolina und Alabama zu befürchten, die im Besitz ausländischer Konzerne und nicht wie die Nordstaaten an die traditionellen Gewerkschaftsvereinbarungen gebunden sind.

Dies ist das Amerika, das Obama in seiner Wahlkampagne hinter sich scharen konnte, und dies ist das Amerika, auf das er in seinen Anstrengungen zum Wandel der amerikanischen Gesellschaft zählt. Seine Instinkte als *community organizer* werden seine Strategie leiten. Sein Slogan »Change we can believe in« erhält eine zusätzliche Bedeutung, wenn er in diesem Kontext betrachtet wird.

Die gute Nachricht ist, dass Obamas Ansatz zu Politik und Regierung eine Evolution von den zuvor beschriebenen herkömmlichen Methoden zu sein scheint. Obama wuchs an verschiedenen Orten und in unterschiedlichen Kulturen auf. Er ist der erste US-Präsident, der in Hawaii geboren wurde und in einer ethnisch gemischten Kultur aufgewachsen ist. Obama ist ein lebendiges Beispiel für Globalisierung. Seine Mentalität ist der diametrale Gegensatz zum konfrontativen Kräftemessen, das die Vereinigten Staaten während des Kalten Kriegs verfolgten.

Einen Einblick in die Vorgehensweise des neuen Präsidenten gewährt die Art und Weise, wie er während der Wahlkampagne Netzwerke bildete. Obama glaubt an vielfältige Quellen für Informationsgewinnung und Entscheidungsprozesse; John Kao bezeichnet das als »Gespür für neue Möglichkeiten«. Zum Beispiel lag der Fokus seiner Kampagne auf der Steigerung der Zahl der Mitglieder des Netzwerks und nicht darauf, möglichst hohe Spenden von jedem Einzelnen einzusammeln. Obama und seine Wahlkampfstrategen glaubten, dass die Erweiterung der Quellen für Ideen und Geldeinnahmen wichtiger war als die Qualität der individuellen Beiträge. Sobald ein neues Netzwerkmitglied gewonnen wurde, würde dieses die Kampagne sehr wahrscheinlich dauerhaft unterstützen.

Ein solcher Ansatz passt gut zu den Konzepten der Bildung von sozialen Netzwerken und selbst zum Aufbau des menschlichen Genoms. Obama scheint die Welt eher als Doppelhelix zu betrachten, in der jedes Gen mit allen anderen verknüpft ist, denn als Kette aus separaten, individuellen Einheiten. Eine derartige Verknüpfung von Menschen mit gleichen Interessen und der Austausch, den sie pflegen – auch Social Networking genannt –, lässt sich in neuen Instrumenten wie den Onlineplattformen Facebook oder YouTube beobachten. Das Konzept des Social Networking bildet auch die Grundlage komplexer Netzwerke – seien es El Kaida oder moderne globale Konzerne –, die effizient funktionieren, obwohl sie kein Zentrum zu haben scheinen.

Obama unternahm Ende Februar 2009 drei dramatische Schritte, um zu demonstrieren, wie stark er sich zu seiner Rolle als *transformational leader* bekannte. Der erste Schritt war sein Konjunkturprogramm, das am 13. Februar 2009 verabschiedet wurde. Der zweite Schritt bestand in seiner ersten Ansprache vor dem Kongress am 24. Februar 2009. Und der dritte Schritt war sein Haushaltsentwurf, den er wenige Tage später dem Kongress vorlegte. Innerhalb von zwei Wochen legte er das Fundament für eine ehrgeizige Zukunftsvision.

Die Rede vom 24. Februar handelte fast ausschließlich von der Wirtschaftskrise. Themen wie Auslandspolitik oder Globalisierung hatten als solche wenig Raum. Doch der Text bot eine sehr amerikanische Vision dessen, wie der Präsident die globalen Probleme, die aus der Wirtschaftskrise entstanden sind, zu bewältigen hofft. Und wie immer war er sorgfältig darauf bedacht, seine Vorschläge in Verbindung zu seiner eigenen amerikanischen Story zu bringen.

> »Ich habe in meinem Leben auch gelernt, dass man an unerwarteten Plätzen Hoffnung finden kann; dass man Inspiration oft nicht von denjenigen erhält, die mit der größten Macht oder dem größten Ruhm ausgestattet sind, sondern von den Träumen und Zielen des einfachen Amerikaners ... Diese Worte und diese Geschichten erzählen uns etwas über den Geist der Menschen, die uns hierher gesandt haben. Sie sagen uns, dass es selbst in den härtesten Zeiten, inmitten der schwierigsten Umstände Großzügigkeit, Widerstandskraft und Anstand sowie eine Entschlossenheit gibt, die sich nicht brechen lassen ...«

Achten Sie auf den entscheidenden Satz: »den Geist der Menschen, die uns hierher gesandt haben«. Ein für Amerikaner symbolträchtiger Satz. Damit sind natürlich jene Vorväter gemeint, die beschlossen, ihre Heimat gegen eine ungewisse Zukunft in Amerika einzutauschen. Obama knüpft seinen Aufruf zum Handeln direkt an dieses Grundelement der amerikanischen Geschichte. Die Konzentration auf die Formulierung und Neuformulierung der amerikanischen Story ist die Quintessenz des Politikers Barack Obama. Er beschreibt seine Ziele, indem er sie mit der Geschichte des amerikanischen Volkes verknüpft, anstatt das Vokabular des politischen Apparats in Washington zu verwenden. Auf diese Weise beansprucht er die intellektuelle Führerschaft bei der Definition einer Zukunft, die jenseits der Streitereien des politischen Apparats liegt.

Sein Anspruch auf intellektuelle Führerschaft wurde am 26. Februar mit der Vorlage des ersten Haushaltsentwurfs vor dem Kongress verstärkt. Dieser Entwurf stellte eine gewagte Agenda des Wandels dar, die Obama als »Bruch mit einer schwierigen Vergangenheit« bezeichnete. Sein Ziel ist eindeutig die Abkehr von dem konservativen Trend möglichst weniger staatlicher Eingriffe, der unter Präsident Reagan seinen Anfang nahm. Obama wird die Regierung zum Zentrum einer dramatischen Anstrengung machen, das Ruder herumzuwerfen und den Kurs der amerikanischen Gesellschaft von der bisherigen Vorherrschaft unkontrollierter Marktkräfte umzuleiten auf gesellschaftlichen Konsens.

Obama wählte drei Gebiete, auf die sich seine Anstrengungen konzentrieren werden: Gesundheitsversorgung, Energie und Bildung. Diese Ziele wurden in inspirierenden Worten präsentiert. In der Einführung des Haushaltsentwurfs heißt es: »Dies ist das Vermächtnis, das wir erben – ein Vermächtnis des Missmanagements und der falschen Prioritäten, der verpassten Chancen und tiefgreifender Strukturprobleme, die zu lange ignoriert wurden.« Vorbei war die Trickle-down-Theorie der Reagan-Jahre, derzufolge die an der Spitze der Gesellschaft erwirtschafteten Gewinne auch den ärmeren Gesellschaftsschichten zugute kommen würden. Obamas eindeutige Botschaft lautet, dass die Regierung aktiv führen muss.

Nachdem Obama mit nur drei Stimmen von republikanischen Senatoren die Zustimmung des Kongresses zur seinem Stabilisierungspaket erhalten hatte, verkündeten zahlreiche Kommentatoren, seine Anstrengungen, beide Parteien einzubinden und für seine Ziele zu gewinnen, seien gescheitert. Darauf reagierte Obama mit einer noch stärkeren Betonung seiner Botschaft der Einheit. Sein Kampagnenmanager David Axelrod kommentierte Obamas Desinteresse an dem politischen Klatsch in Washington mit dem Satz: »Aus diesem Grund hatten wir unsere Wahlkampfzentrale in Chicago und nicht in Washington.« Und das ist der Grund, warum Obama nach Denver reiste, um den Entwurf mit seiner Unterschrift in ein Gesetz zu verwandeln.

Es sind genau solche Städte wie Chicago und Denver, in denen die Zukunft des amerikanischen Globalisierungsansatzes diskutiert und letztlich entschieden wird. Die neuen wirtschaftlichen Prozesse einer globalisierten Welt haben so unmittelbare Auswirkungen auf die Bürger, dass sie in einer neuen Kategorie definiert werden müssen. Globalisierung ist kein rein innenpolitisches, aber auch kein rein außenpolitisches Problem. Vielmehr ist sie eine neue Disziplin, die den Heimatmarkt mit den Weltmärkten verknüpft. In einer globalisierten Welt haben lokale Ereignisse oft eine weltweite Bedeutung. Die Schließung von Automobilwerken in Michigan hat heute direkte Auswirkungen auf Arbeiter in Wolfsburg oder Turin, die sie vor 30 Jahren nicht hatte.

Weder unsere Politiker noch unsere Unternehmensführer haben bisher gelernt, miteinander über diese Probleme zu sprechen. Weder unsere Diplomaten noch unsere Militärkommandanten verfügen über ein Mittel, um die Teile dieses Puzzles zusammenzufügen. Und es ist sehr unwahrscheinlich, dass sie es auf der jetzigen Basis jemals haben werden. Präsident Obama wird diesem Dialog mit Sicherheit eine neue Grundlage geben müssen. Der zukünftige Rahmen wird wahrscheinlich eher den Helsinki-Abkommen ähneln, die aus informellen Zusagen bestehen und in einer gemeinsam vereinbarten Charta zusammengefasst sind. Ihre Umsetzung ist abhängig von Diskussionen und sogar Auseinandersetzungen, aber ein Scheitern führt nicht zu rechtlichen Sanktionen.

Ein hervorragendes Beispiel für dieses Prinzip ist der Vorschlag für einen neuen transatlantischen Markt, den die deutsche Bundeskanzlerin Angela Merkel 2008 vorlegte. Auf Basis ihres Vorschlags haben die Vereinigten Staaten und die EU ein sogenanntes *Trans-Atlantic Economic Council* gegründet, das Wege zur Harmonisierung von Handels- und Finanzstandards zwischen den USA und Europa betrachten und somit den Globalisierungsprozess effizienter gestalten soll.

Ein weiteres Beispiel aus der Politik waren die Truth Squads, die nach dem Ende der Apartheid in Südafrika eingerichtet wurden. Anstatt formale Ermittlungen und Gerichtsprozesse gegen diejenigen zu führen, die sich während der Apartheid der Verletzung von Grundrechten schuldig gemacht hatten, etablierte Südafrika einen Prozess, der zur Aufdeckung der Wahrheit durch Diskussion und informelle Untersuchungen aufrief.

Aus dieser Perspektive könnte die Ankunft Barack Obamas und der neuen Politik der Millenniumsgeneration in den Vereinigten Staaten ein besonders wichtiges Ereignis darstellen. Denn seine Wähler sind im Allgemeinen unbelastet von der Wut, die sich durch die Kulturkriege aufgestaut und die Clinton wie auch Bush so belastet hat. Obama ist zwar nicht vollkommen frei in seinen Handlungen, aber seine moralische und emotionale Attraktivität ist sehr ausgeprägt.

Wenn wir in der globalisierten Welt eine anders beschaffene Ordnung herstellen wollen, muss der amerikanische Präsident bei der Definition der Standards, auf denen die zukünftige Integration basieren soll, die Führung übernehmen. Das ist keine Aufgabe, die sich in einem Monat oder sogar einem Jahr bewältigen lässt. Sie gleicht eher dem Aufbau der Demokratie in Europa nach dem Zweiten Weltkrieg als einer schnellen technischen Reparaturmaßnahme an einem modernen Computer.

Obama hat genau diese Absicht in einem Artikel kundgetan, den er am 24. März 2009 in 30 Zeitungen weltweit veröffentlichte. So wie der Aufbau der Demokratie in einem kriegsgebeutelten Europa die Herausforderung für eine ganze Generation darstellte, so sollte auch die Aufgabe definiert werden, ein neues Gefühl für Ordnung in einer integrierten Weltgemeinschaft als Vision von Führungspersönlichkeiten herzustellen, die zu Beginn des 21. Jahrhunderts ihre politische Reife erlangen. Obamas Arbeit als *community organizer* hat ihm ein Gespür für das Tempo und die Komplexität von Veränderungen an der Basis gegeben. Warten wir ab, ob sich seine Methoden auch auf dieser Ebene bewähren.

10
Der Niedergang des »Davos Man«

In den vergangenen 38 Jahren war das Weltwirtschaftsforum, das jeden Januar im Schweizer Skiort Davos stattfindet, die wichtigste Zusammenkunft der weltweiten Elite aus Politik und Wirtschaft. Der wachsende Ruhm und die zunehmende Bekanntheit dieser internationalen Veranstaltung gingen mit dem immensen Wachstum der Finanzmärkte und der Geburt der Globalisierung einher.

Das beeindruckende Wirtschaftswachstum, das dem amerikanischen Sieg über die Inflation im Jahr 1982 und dem Niedergang des Kommunismus im Jahr 1990 folgte, ließ eine globale Klasse an Industriellen und Finanziers entstehen, deren Bestimmung es zu sein schien, die zukünftige Welt zu definieren. Sie waren stolz auf ihre Leistungen, und nach einer Weile wurden sie auch arrogant. Und sie standen für den neuen »Turbokapitalismus«, der als Überschrift über der Vision einer zukünftigen globalisierten Welt prangte.

Davos wurde sowohl für seine opulente Zurschaustellung von Reichtum als auch für sein breites Spektrum an Diskussionen bekannt und bildete eine besonders populäre Bühne für amerikanische Führungskräfte aus der Geschäfts- und Finanzwelt. Mit zunehmender Wirtschaftsdynamik wurde Davos fast zum Symbol eines neuen Zeitalters der Globalisierung, das auf neue Strukturen, eine wachsende internationale Integration und expandierende Kapitalmärkte setzte, welche der technologischen Entwicklung Nahrung boten. Die Regierungspolitik, von vielen als zunehmend irrelevant in diesem Prozess betrachtet, rückte zusehends in den Hintergrund. Und tatsächlich: die Sprachlosigkeit zwischen Wirtschaft und Politik wurde immer bedenklicher. Politikern fiel es zunehmend schwerer, diese neuen Entwicklungen zu verstehen, geschweige denn zu regulieren.

Das Weltwirtschaftsforum von Davos im Februar 2009 war nicht wegen seiner hochkarätigen Teilnehmer und seiner sprühenden Diskussionen so bemerkenswert, sondern wegen der Dinge, die unerwähnt blieben, und wegen der Teilnehmer, die durch Abwesenheit glänzten. Dutzende hochrangiger Führungspersönlichkeiten aus der Wirtschafts- und Finanzwelt, die noch letztes Jahr zu den selbstverständlichen Teilnehmern zählten, wurden 2009 nicht mehr in Davos gesichtet, weil sie ganz einfach ihren Job verloren hatten – zum Beispiel John Thain, ehemaliger Chef der New Yorker Börse, der kurz zuvor seinen Hut als CEO von Merrill Lynch nehmen musste. Ob gerechtfertigt oder nicht, wurde Thain zum Symbol für mangelnde Sensibilität, Habgier und Selbstsucht – der Stereotyp eines gefallenen Tycoons.

Andere, vor allem Persönlichkeiten aus der Finanzindustrie, hielten es für klüger, nicht zu erscheinen. Die großartigen Theorien über marktbasiertes Wachstum waren verpufft; die Behauptungen einer Zukunft ewig weiterwachsender Finanznetzwerke waren verstummt. Und allen voran verzichtete die amerikanische Regierung auf die Entsendung hochrangiger Regierungsvertreter nach Davos – diese waren entweder noch nicht in ihrer Position etabliert oder viel zu sehr damit beschäftigt, die weltweite Finanzkrise zu bekämpfen.

Stattdessen wurde die Agenda von Politikern dominiert, ironischerweise ausgerechnet aus Ländern, die nicht für ihr Bekenntnis zu den Prinzipien der freien Marktwirtschaft bekannt sind. Der chinesische Premierminister Wen Jiabao lenkte die Aufmerksam-

keit auf die wissenschaftliche Basis der chinesischen Wirtschaftspolitik und erklärte, China verfolge mit Entschlossenheit auch weiterhin den richtigen Kurs. Der russische Premierminister Wladimir
Putin sagte, dies sei nicht der Zeitpunkt für Häme, ließ es sich aber
nicht nehmen, seine Zuhörer daran zu erinnern, wie armselig sich
die rosigen Aussichten, die die Amerikaner auf dem Weltwirtschaftsforum von Davos 2008 angekündigt hatten, gegenüber den
tatsächlichen Entwicklungen ausnahmen. Er rief nach einem Ersatz des Dollars als Reservewährung durch einen Korb aus stabilen
und gut gemanagten Währungen. Und dann war da noch der Streit
zwischen dem türkischen Premierminister Recep Tayyip Erdoğan
und dem israelischen Präsident Schimon Peres über den Krieg in
Gaza. Alles in allem ein ganz anderes Panorama als die erhebenden
Visionen der Jahre zuvor.

Bei seiner diesjährigen Zusammenkunft markierte das Weltwirtschaftsforum den Niedergang eines speziellen Typus des Wirt-
schaftsabenteurers, der als »Davos Man« bekannt wurde: eines
Profiteurs und Verfechters der Globalisierung, der sich gleichzeitig einen philanthropischen Anstrich gibt. Diese neue Entwicklung
betrifft mehr Menschen als nur die Führungskräfte, die ihr Gesicht
verloren haben. Sie bedeutet auch einen drastischen Vertrauensver-
lust gegenüber denen, die die weltweiten Finanzsysteme steuern,
sowie gegenüber dem System selbst. Ein Ergebnis der Krise ist der
weltweite dramatische Anstieg von Angst und Wut. Diese Angst
richtet sich gegen die Manager, die uns aus dem derzeitigen Dilemma befreien sollen. Sie haben ihre Glaubwürdigkeit verloren.

Die Vereinigten Staaten, und vor allem ihre Banker, waren Zielscheibe erheblicher Kritik. Ein Referent nach dem anderen kri-
tisierte die mangelnde Urteilskraft, die Habgier und die Kurz-
sichtigkeit der globalen und insbesondere der amerikanischen
Finanzindustrie. Die Lösungsrezepte konzentrierten sich zumeist
auf Themen, denen die Amerikaner seit Jahren entgegengetreten
waren: mehr Strukturen, eine stärkere Regulierung, eine größere

Rechenschaftspflicht. Bundeskanzlerin Angela Merkel empfahl die soziale Marktwirtschaft als Ersatz für die diskreditierte Globalisierung der Finanzwirtschaft. Das heißt, die Zukunftsvisionen sahen völlig anders aus als noch vor einem Jahr. Es hatte ganz den Anschein, als bedeute die Kreditkrise de facto eine Machtübergabe der Finanzmogule an Politiker und Regulierungsbehörden.

Banker

In jedem Zeitalter waren Banker früher oder später verhasst. Jesus vertrieb die Geldwechsler aus dem Tempel. Im Mittelalter verurteilte die Kirche Zinsen und Gewinn als Sünde. In Europa wurde das »Großkapital« für den Ersten Weltkrieg verantwortlich gemacht, und den Plutokraten der Wall Street wurde die Schuld an der großen Depression gegeben. Marx formulierte seine Prinzipien über die zerstörerische Kraft des Kapitals, und derzeit – auch wenn wir es vehement leugnen – stellen sich viele von uns insgeheim dieselbe Frage wie das Time Magazine *in einer kürzlich erschienenen Titelgeschichte: Hatte Marx vielleicht doch recht?*

Der unsterbliche amerikanische Humorist Mark Twain beschrieb Banker folgendermaßen: »Ein Banker ist ein Mensch, der Ihnen einen Schirm leiht, wenn die Sonne scheint, und diesen augenblicklich zurückfordert, sobald es anfängt zu regnen.« Diese Volksweisheit spiegelt das allgemeine Unbehagen darüber wider, nicht zu wissen, was Banker eigentlich genau machen. Es ist nicht der Reichtum, der uns stört. Die Leistungen eines Bill Gates oder David Beckham werden weithin bewundert, und ihr Vermögen wird von niemandem infrage gestellt.

Doch was Banker betrifft, herrscht allgemein das unbehagliche Gefühl, dass der Umgang mit großen Geldmengen den Charakter verdirbt. Banker gelten als rücksichtslos, gottlos und nur am Gewinn interessiert. Sie scheinen nichts Greifbares zu produzieren; nichts, das man in die Hand nehmen könnte. Die Globalisierung hat diese Situation noch verschlimmert. Die Plätze, an denen Banker arbeiten – Börsen, Kapitalmärkte, Handelssäle –, sind Orte, an denen die menschliche Vernunft allem Anschein nach ausgeschaltet ist. Die Gebühren für Banktransaktionen scheinen keinen nachvollziehbaren Zweck zu erfüllen. Milliardensummen lassen sich in Sekunden über den gesamten Globus transferieren. Der neue Begriff »Kapitalflüsse« hat die Begriffe »Anlagen« und »Investitionen« als grundlegende Währung der internationalen Finanzszene verdrängt.

Als ich 2001 als deutscher Chairman einer internationalen Investmentgesellschaft in das Bankwesen einstieg, war ich ebenfalls mit diesen Vorurteilen konfrontiert. Jeder ging davon aus, dass ich auf einen Schlag über ein riesiges Vermögen verfügte, was nicht der Fall war. Oder dass ich meine Tage mit dem Kauf und Verkauf von Unternehmen verbrachte, was nur zum Teil zutraf. Was ich allerdings lernte, war, auf welche Weise sich Finanzen und Finanzstrukturen auf die Wirtschaftsproduktion eines Unternehmens oder eines ganzen Landes auswirken. Außerdem lernte ich, wie wichtig es war, über Experten zu verfügen, die Unternehmen objektiv darüber beraten konnten, wie sie am besten durch das finanzielle Dickicht der Kapitalmärkte des 21. Jahrhunderts navigieren.

Und hier die Dinge, die meiner Ansicht nach die Entwicklung aus dem Gleis brachten. Eine der wichtigsten Eigenschaften eines kompetenten Beraters besteht darin, seine eigenen Grenzen zu kennen. Um die richtige Perspektive wahren zu können, verzichtete unser Unternehmen darauf, sich in neuen Märkten zu engagieren, die anderen so verführerisch erschienen. Als die technologische Entwicklung zu explodieren begann, verließen sich die Finanzberater zunehmend auf Produkte, die sie eigentlich nicht verstanden.

In dem Maße, wie sie ihre Objektivität einbüßten, begannen sie zu glauben, dass der Transfer des Kreditrisikos auf »wissenschaftliche« Messgrößen das Banksystem eher stärkte. Während der neunziger Jahre ermöglichte die Kombination aus gewaltigen Kapitalsummen, die durch das Ende des Kalten Kriegs freigesetzt worden waren, und beeindruckenden neuen Technologien, die eine Vielzahl neuer Chancen entstehen ließen, eine Kapitalverwendung, wie sie zuvor nie vorstellbar gewesen wäre.

Die ungeheure Vielfalt der Möglichkeiten verführte viele Banker zu der Überzeugung, sie wüssten wesentlich mehr über die Welt als alle anderen Menschen. Einige begannen zu glauben, Financial Engineering und nicht die von der Wirtschaft produzierten Waren und Dienstleistungen mache den Kern der wirtschaftlichen Prozesse aus. Als Folge begannen sie, die Risiken komplexer finanzieller Transaktionen mit großer Hebelwirkung zu ignorieren. Viele langjährig erfahrene Banker betrachteten sich nicht mehr als Berater, sondern als Wirtschafts- und Industrieexperten mit einem Finanzwissen, das sie dazu befähigte, Regierungen und Unternehmen zu sagen, wie sie ihre Industrien betreiben sollten.

Und selbstverständlich glaubten diese selbst ernannten neuen Managementexperten, eine effiziente Kapitalverwendung sei der beste Erfolgsmaßstab. In den achtziger Jahren wechselte die Kontrolle in amerikanischen Automobilunternehmen, zum Beispiel von Ingenieuren zu Finanzexperten. Financial Engineering verdrängte die Weiterentwicklung der Produkttechnik. Das Ergebnis war ein drastischer Rückgang der Qualität amerikanischer Fahrzeuge und ein Beinahezusammenbruch dieser Industrie in ihrer bestehenden Form.

Doch waren die Finanzexperten die einzigen Schuldigen? Selbstverständlich nicht. Wir sollten jedoch nicht übersehen, dass die deutschen Automobilhersteller wachsende Erfolge verzeichneten, während die amerikanische Automobilindustrie immer tiefer in die Krise rutschte. In der deutschen Industrie haben bis zum heutigen Tag Ingenieure das Sagen.

Nach acht Jahren verließ ich das Bankwesen mit einem umfangreichen neuen Wissen und einem großen Respekt vor den Fähigkeiten von Bankern, die in der Lage sind, die Komplexitäten der Finanzmärkte zu verstehen und diese den Unternehmen sowie einem breiten Publikum verständlich zu erklären. Doch ich habe auch gesehen, wie schnell der Umgang mit gewaltigen Kapitalsummen gelegentlich den Charakter verderben kann. (JK)

Währenddessen waren Barack Obama und sein Team in Washington damit beschäftigt, eine breit gefächerte Strategie zu erarbeiten. Obama betrachtete die Krise als wichtige Gelegenheit, um die Richtung der amerikanischen Gesellschaft im 21. Jahrhundert zu prägen. Sein dreiteiliges Paket, bestehend aus einem Konjunkturprogramm, seiner Rede vor dem Kongress und seinem ersten Regierungshaushalt, stellte eine dramatische Abkehr von der Wirtschaftspolitik seiner unmittelbaren Vorgänger dar. Statt auf weniger Regierung und mehr Markt setzt Obama mit seinem Plan zukünftig auf eine größere Rolle der Regierung in der amerikanischen Wirtschaft.

Am Ende der ersten 100 Tage seiner Amtszeit ließ sich nicht feststellen, ob die US-Regierung die Dinge wirklich in den Griff bekommen hatte. Es wurden verschiedene Ansätze angewendet, in der Hoffnung, einer oder mehrere würden sich bewähren. Die ersten Forderungen nach einem Rücktritt des Finanzministers Timothy Geithner wurden laut. Obamas Popularität in der amerikanischen Bevölkerung blieb unverändert hoch. Die Zustimmung zu seiner allgemeinen Politik lagen laut Meinungsumfragen nach wie vor bei über 60 Prozent. Aber die Lösungsansätze waren zunehmend umstritten, und der Zorn der Öffentlichkeit wurde immer stärker.

Dass die Pläne zur Bewältigung der Krise von den meisten führenden westlichen Regierungen mehrfach geändert wurden, ist keine Überraschung. Dass es den Politikern schwerfiel, ihre Ziele klar zu definieren, soll uns nicht wundern. Die Welt befindet sich mitten im wahrscheinlich größten finanziellen Zusammenbruch der Geschichte. Als Folge wird es im Jahr 2009 zum ersten Mal seit vielen Jahren kein globales Wirtschaftswachstum geben. Die Gefahr für das wirtschaftliche, politische und soziale Geflecht der Länder weltweit ist sehr real und sehr ernst. Europa, China und Japan sind genauso gefährdet wie die Vereinigten Staaten. Es ist sehr wahrscheinlich, dass die Finanzkrise den Beginn einer neuen weltweiten Wirtschaftsgeografie markiert. Martin Wolf, herausragender Finanzjournalist der *Financial Times London,* bezeichnet die derzeitige Lage als »schlechtestmögliche Welt«.

Wie konnte das passieren?

Dieses Buch handelt von den Vereinigten Staaten, und es ist zweifellos fair zu sagen, dass ein Großteil der Krise auf Ereignisse zurückgeht, die dort ihren Anfang genommen haben. Habgier und Arroganz der Finanzindustrie sind auch ein Teil des Gesamtbilds, ebenso wie die übermächtige Ideologie unregulierter freier Märkte, die in den letzten 25 Jahren von amerikanischen Politikern und Wirtschaftsführern propagiert wurde. Wir sollten unsere Kritik durchaus an diejenigen richten, die sie verdienen, aber es dann auch dabei bewenden lassen. Letzteres deswegen, weil diese Personen eher die Produkte der Entwicklungen sind, die zu der jetzigen Krise geführt haben, als deren Ursache. Außerdem brauchen wir die Erfahrung und die Talente dieser Menschen dringend, wenn wir die Krise in den Griff bekommen wollen.

Ohne ein Mindestmaß an Vertrauen in die Marktmechanismen und die Menschen, die diese Mechanismen steuern, kann Geld weder ge- noch verliehen werden. Doch dieses Vertrauen ist geschwunden. Unter den vielen Ungewissheiten ist eine Sache gewiss: Regierungen können keine moderne Wirtschaft leiten. Wir brauchen geschulte Manager und Banker, damit das ökonomische Getriebe reibungslos funktioniert. Wirtschaftsführer tragen eine große Verantwortung. Solange es ihnen nicht gelingt, das öffentliche Vertrauen sowohl in ihre Kompetenz als auch in ihre Ethik wiederherzustellen, wird sich das System nicht erholen.

Diesen Punkt unterstrich Barack Obama in seiner Rede vor dem Kongress am 24. Februar 2009 ganz deutlich:

> »Ich weiß, wie unpopulär es ist, den Anschein zu erwecken, als helfe man den Banken gerade jetzt, da alle Menschen zum Teil auch unter den Folgen schlechter Bankentscheidungen leiden. Ich versichere Ihnen, dass mir das sehr bewusst ist. Aber ich weiß auch, dass wir es uns in einer Zeit der Krise nicht leisten können,

aus der Wut heraus zu agieren oder der Politik des Augenblicks nachzugeben. Meine Aufgabe – Ihre Aufgabe – ist es, das Problem zu lösen.«

Die weitere Ironie der derzeitigen Krise besteht darin, dass sie zu einem erheblichen Ausmaß das Ergebnis der Erfolge der letzten zwei Jahrzehnte ist. Der Zusammenbruch beweist nicht, dass die freie Marktwirtschaft nicht funktioniert; im Gegenteil, er demonstriert, wie gut die Marktmechanismen arbeiten – manchmal zu gut.

Die Lektion, die es hier zu lernen gilt, lautet nicht, dass das System als solches ersetzt werden muss. Die Fundamente unseres pluralistischen Systems haben sich über Jahrhunderte bewährt. Die Lektion von 2008 – wie von 1933 – ist, dass in einer dynamischen Wirtschaft wie der unseren neue technologische und unternehmerische Methoden von Politik und Wissenschaft genau auf Gefahren und Schwächen überprüft werden müssen. Besonders wichtig ist es, die selbstzerstörerischen Tendenzen zu verstehen, die in einer Marktstruktur entstehen, wenn sie außer Kontrolle gerät. Das heißt, je dynamischer die Wirtschaftsentwicklung zu werden scheint, desto aufmerksamer muss die Öffentlichkeit neue Entwicklungen verfolgen. Wie schon vor 75 Jahren ist das auch dieses Mal wieder nicht geschehen. Die Wirtschaftswelt entwickelte eine Dynamik, die weder zu verstehen noch unter den neuen Gegebenheiten der globalisierten Welt zu lenken war.

1982 stand der Dow Jones Industrial Average bei unter 1.000 Punkten und damit in realen Zahlen nicht höher als 1965. 1999 erreichte er mehr als 10.000 Zähler und kletterte anschließend noch wesentlich höher, bevor er im Jahr 2008 tief einbrach. Die meisten Ökonomen sind sich einig, dass der dramatische Rückgang der Inflationsrate in Amerika – eine Begleiterscheinung der von dem damaligen US-Notenbankchef Paul Volcker 1982 verfügten drastischen Verknappung des Geldangebots – diese ausgedehnte Wachstumsphase in Gang setzte.

Dieser Boom wurde von rapiden technologischen Fortschritten, insbesondere in der Hightech-Informationstechnologie, niedrigen Energiepreisen und nach 1990 vom Zerfall der Sowjetunion verstärkt. Letzterer setzte immense Human- und Finanzkapitalreserven frei, die bis dahin von der weltweiten ideologischen Konfrontation unterdrückt worden waren. Der Aufstieg von Nationen wie China und Indien wäre bei einer Fortsetzung des Kalten Kriegs nicht vorstellbar gewesen.

Amerika und die übrige Welt erfreuten sich an 20 Jahren des Wohlstands, einer geringen Inflation, niedrigen Zinsraten und beeindruckenden technologischen Fortschritten. Die niedrige amerikanische Inflation verlieh dem Dollar einen höheren Wert und eine größere Stabilität, nährte das Kapitalwachstum und die von den Republikanern vehement vertretene, aber auch von Clintons Finanzminister Robert Rubin wiederholte Überzeugung, es solle so wenig Kontrollen der Kapitalflüsse geben wie irgend möglich. In Kombination mit moderner Informationstechnologie bedeutete das, dass der amerikanische Dollar ungehindert über alle Ländergrenzen hinweg fließen und damit gleichzeitig das Wachstum in vielen Ländern finanzieren konnte. Ein Land, dessen exportbestimmte Wirtschaft zum Beispiel sehr stark von dieser Entwicklung profitierte, ist Deutschland.

Es entstanden globalisierte Märkte. Und als Nationen wie China begannen, große Dollarsummen als Ergebnis ihrer Handelsüberschüsse im Geschäft mit den USA anzusammeln, investierten sie diese wieder in amerikanische Schatzpapiere. Zur Förderung dieser Investitionen sorgten die Vereinigten Staaten für eine weitere Erleichterung des freien Kapitalflusses. Auch die Finanzmärkte wurden global. Diese Entwicklung trug weltweit zu Wachstum und Wohlstand bei, doch, wie wir jetzt erkennen, auch zur Entstehung globaler Krisen und einer globalen Ansteckung.

Professor Robert J. Samuelson merkt dazu an:

> »Der Abbau der [amerikanischen] Kapitalkontrollen sowie die Ausbreitung der Globalisierung hätten sicherlich in einem viel geringeren Maße oder gar nicht stattgefunden, wenn die Vereinigten Staaten die Inflation nicht unter Kontrolle bekommen hätten … Praktisch betrachtet subventionierte das US-Handelsdefizit die Ausbreitung der Globalisierung, weil die meisten Regierungen die Schaffung von Arbeitsplätzen als positiv betrachteten. Unsere Handelsdefizite waren ihre Handelsüberschüsse … All das gab der Globalisierung der Güter, der globalen Lieferketten und all dieser Dinge einen wahren Schub.«

Die Entstehung der Blase

Wenn die amerikanische Wirtschaft floriert, geht es allen gut. Damit meine ich nicht nur, dass die Steuereinnahmen sprudelten, sondern auch die privaten Investitionen in Forschung und Technologie, in Schulen und Universitäten, in kulturelle Einrichtungen und in den privaten Konsum. Als Bill Clinton 1993 ins Weiße Haus einzog, verzeichneten die Vereinigten Staaten einen Haushaltsüberschuss, und das Finanzministerium gab sogar Prognosen ab, zu welchem Zeitpunkt die Staatsschulden beglichen sein würden. Es gab keine Staatsanleihen mit 30-jähriger Laufzeit mehr aus und fragte sich sogar, ob die Anleihemärkte in ihrer bestehenden Form überleben würden. Das ist der Vorteil einer Gesellschaft mit einem relativ kleinen öffentlichen Sektor und einer geringen staatlichen Aufsicht. Gleichzeitig stellt diese Situation eine Gefahr für eine Gesellschaft dar, die der staatlichen Aufsicht über die ökonomischen Prozesse nicht genügend Aufmerksamkeit schenkt.

So weit, so gut, doch der wirtschaftliche Überschwang kann auch außer Kontrolle geraten. Die amerikanische Kultur ist für ihre Energie und ihren Optimismus bekannt, die in Kombination oft zu Exzessen führen. Da die Inflationsrate gering blieb und das verfügbare Kapital ständig zunahm, suchten amerikanische Geschäftsleute und Verbraucher nach Wegen zur weiteren Kapitalvermehrung. Die erste Konsequenz waren die Hightech-Blase, die sich Ende der neunziger Jahre bildete, sowie die Dot.com-Krise der Jahre 2001 bis 2002. Die Effekte dieser Expansion waren auf der ganzen Welt zu spüren. Parallel dazu entstanden neue Zentren des Überschwangs, zum Beispiel London, Hongkong oder Singapur, die genauso wenig beaufsichtigt wurden wie New York. Kurz darauf begann sich der Immobilienmarkt in Spanien zu überhitzen, und aufstrebende Ökonomien auf der ganzen Welt entwickelten sich zu scheinbar profitablen Zukunftsmärkten.

Nach so vielen Wachstumsjahren setzte sich bei den Investoren allmählich die Überzeugung durch, eine kontinuierliche Gewinnsteigerung sei quasi garantiert. Man hatte das Gefühl, dass Wohlstand durch Finanzmärkte befestigt werden könnte. Der Anteil der Finanzindustrie am amerikanischen Bruttosozialprodukt betrug 1960 vier Prozent. 2008 waren es acht Prozent. Herkömmliche Banken wurden zunehmend durch innovative Spekulationen der neuen Finanzingenieure aus dem Markt gedrängt. Die Risikokalkulation als Investmentstrategie verschwand praktisch von der Bildfläche, und so wurde die Suche nach Investoren und Kreditgebern zusehends leichter. Robert J. Samuelson kommentierte diese Entwicklung wie folgt: »Die guten Zeiten haben nun schlecht geendet, weil die Menschen aus einem zu großen Wohlstand über eine zu lange Zeit die falschen Schlussfolgerungen gezogen haben.«

Es ist jedoch wichtig, sich in Erinnerung zu rufen, dass derartige Blasen und ihr Platzen seit jeher ein regelmäßig wiederkehrendes Phänomen der globalen Wirtschaftsgeschichte waren. Die Niederlande des 17. Jahrhunderts und das Großbritannien des 18. Jahrhunderts sind dafür klassische Beispiele. Während des 19. und 20. Jahrhunderts probierte die Regierung der Vereinigten Staaten verschiedene Methoden zur Vermeidung von Krisen in den neuen und instabilen Finanzmärkten aus. Vor dem amerikanischen Bürgerkrieg gab es keine föderale Regulierung; in den Jahren 1819, 1837 und 1857 kam es zu einer Bankpanik und 1860 und 1861 zu einer beginnenden Panik. Nach dem Bürgerkrieg, als die Wirtschaft von der US National Bank regiert wurde, kam es 1873, 1893 und 1907 jeweils zu einer Bankpanik und noch einmal in den Jahren 1884 und 1890.

Einige Ökonomen glauben, die Vereinigten Staaten hätten eine sogenannte »lange Rezession« erlebt, die von 1873 bis 1896 dauerte. Nach der Gründung des Zentralbanksystems der Vereinigten Staaten durch den Federal Reserve Act im Jahr 1913 ereigneten sich vier ausgewachsene Bankpaniken, eine im Jahr 1930, zwei in 1931 und eine im Jahr 1933 sowie eine lokale Panik in Chicago im Jahr 1932.

Man sollte sich jedoch auch daran erinnern, dass die Phase zwischen 1865 und 1900 aufgrund ihres dramatischen Wirtschaftswachstums, des sprunghaften Anstiegs des allgemeinen Lebensstandards und der immensen Reichtümer, die in diesen Jahren angehäuft wurden, in den Vereinigten Staaten oft als Goldenes Zeitalter bezeichnet wird. Diese Jahre bezeichneten eine Phase gewaltiger Investitionen sowie eines kräftigen Industriewachstums, nicht unähnlich den letzten 20 Jahren. Zum Beispiel wurde zwischen 1880 und 1900 das Streckennetz der amerikanischen Eisenbahnen mehr als verdoppelt. Außerdem fand eine Hightech-Revolution statt, in deren Rahmen die elektrische Glühbirne, das Telefon, das Automobil und der Phonograph erfunden wurden.

Und hier kommt wieder die amerikanische Kultur ins Spiel. Wie in Kapitel 4 erwähnt, haben die Amerikaner ein beinahe endloses Vertrauen in die Kräfte der Selbstregulierung und -reformierung ihrer Gesellschaft. Die Geschichte des 19. Jahrhunderts ist ein integraler Bestandteil der amerikanischen Narrative, welche die eigene Erfolgsbilanz demonstriert. Amerikaner glauben, dass eine Idee, die in dieser bildhaften Schilderung wächst und gedeiht, auch praktisch erfolgreich sein muss.

Amerikaner glauben an das »Versprechen der Disharmonie«, wie es Professor Samuel Huntington einst nannte: die Überzeugung, dass sie in der Lage sind, Fehler durch ihre zutiefst amerikanischen Grundsätze zu korrigieren, und dass sie mehr kontrollieren können, als dies tatsächlich der Fall ist. Als die herausragende Wachstumsphase Ende des 20. Jahrhunderts an Dynamik gewann, konnten sich die Amerikaner einfach nicht vorstellen, dass sich freie Märkte nicht selbst regulieren beziehungsweise dass sie so großen Schaden anrichten können, wenn man ihnen allzu freien Lauf lässt.

Das dramatischste Beispiel für die Verantwortung dieser Mentalität für den Einbruch der Wirtschaft ist die Immobilie – die Basis der Hypothekenkrise. Der Besitz eines eigenen Hauses oder einer Eigentumswohnung ist in den Vereinigten Staaten wesentlich üblicher als in anderen ähnlich hoch entwickelten Ländern. In Amerika liegt die Rate der Hausbesitzer mit 67 Prozent zum Beispiel um 20 Prozent höher als in Deutschland.

Amerikaner ziehen öfter um, kaufen und verkaufen ihre Häuser öfter und haben eine wesentlich größere Bereitschaft, ihr Wohneigentum als verfügbare Kapitalinvestition zu betrachten, als Menschen anderer Länder. Amerikanische Politiker werten die steigende Zahl von Hausbesitzern regelmäßig als Erfolgsbeweis für ihre Politik der Unterstützung amerikanischer Familien. Amerikaner betrachten Hauseigentum beinahe als ein Geburtsrecht.

Man sollte Präsident Clinton wahrscheinlich ebenfalls auf die lange Liste von Menschen setzen, die eine Mitschuld an der Bildung und dem Platzen der Immobilienblase tragen. Mitte der neunziger Jahre unternahm seine Regierung große Anstrengungen zur Steigerung der Zahl der Hausbesitzer. Sie förderte minimale Eigenkapitalsummen und drängte Kreditgeber dazu, erstmaligen Immobilienkäufern mit einem geringen Einkommen und wackeliger Finanzierung Hypothekendarlehen zu gewähren.

Die Erosion der Kreditvergabestandards ließ die Immobilienprei-
se als Folge einer steigenden Nachfrage in die Höhe schießen. Das
führte später zu einer Welle von Kreditausfällen in Familien, die
sich den Kauf eines Hauses eigentlich nie leisten konnten. Präsident Bush setzte diese Praktiken fort, weil sie mit den Zielen der
von ihm propagierten *ownership society* im Einklang standen, und
natürlich wurde diese Politik intensiv vom US-Kongress unterstützt. Der Zusammenbruch des Immobilienmarktes war somit
quasi vorbestimmt.

Eine Krise von globalem Ausmaß

Unabhängig von der Bedeutung des Verhaltens der Vereinigten
Staaten für die Entstehung der derzeitigen Krise bewegen sich die
Probleme auf globaler Ebene, und ihre Lösungen müssen ebenfalls
global sein. Amerika mag die Krise mit den Hypotheken zweitran-
giger Bonität, sogenannten *subprime mortgages*, beschleunigt haben, doch ausländische Banken, die in einem Zeitalter niedriger
Zinsen nach höheren Renditen Ausschau hielten, haben diese Hypotheken massenweise gekauft.

Schätzungen des Internationalen Währungsfonds zufolge haben
Banken weltweit für mehr als 1,5 Billionen Dollar hypothekenbe-
sicherte Wertpapiere gekauft. Große Finanzinstitute in Frankreich,
Deutschland, der Schweiz, Belgien und Großbritannien stehen aufgrund ihrer umfangreichen Investitionen in Hypothekenderivate
vor dem Bankrott. Diese Institute glaubten genauso an die Selbst-
regulierungsmechanismen des Marktes wie ihre amerikanischen
Kollegen.

Nariman Behravesh ist Chefökonom des Beratungsunternehmens
IHS Global Insight und sagt, dass wir derzeit eine globale Kredit-
blase erleben, die von einem Überangebot an Kapital und dem
Verschwinden des Risikos als Konzept für Finanztransaktionen

verursacht wurde. Nach Behraveshs Überzeugung war die amerikanische Subprime-Krise das erste Anzeichen eines aufziehenden Sturms, aber nicht seine Ursache. Er weist zudem auf den weltweiten dramatischen Anstieg der Rohstoffpreise nach 2005 als Beleg für eine breitere Grundlage der Krise hin.

Regierungen auf der ganzen Welt sind eifrig bemüht, Rettungspläne für ihre Banken und Konjunkturprogramme für ihre Wirtschaft zu erarbeiten; sie beraten sich mit ihren Nachbarn und Partnern und denken intensiv über die Folgen der Krise nach. Bei den gewaltigen Summen, um die es hier geht, war es logisch, dass die meisten Unterstützungsprogramme auf nationaler Basis verabschiedet wurden. Kein Finanzinstitut und keine Gruppe an Instituten könnte diese bisher schon in Wirtschaft und Banken gepumpten Summen aufbringen, die in die Billionen gehen. Und es werden wahrscheinlich weitere hinzukommen.

Präsident Obama begegnet der Krise mit dem Ehrgeiz und der Energie, die er für die Ausübung seines Amtes versprochen hat. Sein oberstes Ziel muss es sein, sowohl Fürsorge als auch Initiative zu zeigen. In den ersten zwei Wochen seiner Amtszeit formulierten er und sein Team sofort eine Reihe von Empfehlungen und legten dem US-Kongress ein umfassendes Konjunkturprogramm zur Verabschiedung vor. Zwar hatte der Präsident versprochen, beide Parteien einzubinden, doch er war nicht bereit, seine Ideen so stark zu verändern, dass es ihm gelungen wäre, eine große Zahl an Stimmen von der republikanischen Opposition zu gewinnen. Sein Programm wurde mit nur drei Stimmen der republikanischen Senatoren verabschiedet. Die Rettung der amerikanischen Wirtschaft wurde somit eine parteigebundene, konfrontative Angelegenheit.

Nach der Verabschiedung seiner Programme stieg sein öffentliches Ansehen Umfragen zufolge auf 63 Prozent. Nach dieser ersten Schlacht in der Bekämpfung der Wirtschaftskrise war das öffentliche Urteil über das Programm des Präsidenten sowie seine Amtsführung nach wie vor sehr positiv. Den Republikanern dagegen warf die Öffentlichkeit mangelnde Kooperation vor. Doch der Präsident weiß, dass im Jahr 2010 Kongresswahlen anstehen. Seine politische Position wird erheblichen Schaden erleiden, wenn sich die Wirtschaft bis dahin nicht merklich erholt hat.

Obama scheint zu glauben, dass schnelles und dramatisches Handeln gefragt ist, um die Situation wieder unter Kontrolle zu bekommen. Sein Ansatz ähnelt der Amtsführung Franklin Roosevelts in seinen ersten 100 Tagen im Jahr 1933. Obama widmete fast seine gesamte Rede, die er am 24. Februar 2009 vor dem Kongress hielt, der Wirtschaftskrise. Er sprach ohne Umschweife alle kritischen Themen an und beschrieb seine Pläne bis ins Detail. Getreu seiner bisherigen Kommunikationsweise berief sich der Präsident auf den amerikanischen Geist als Fundament für seine Anstrengungen:

> »Die Geschichte erinnert uns daran, dass diese Nation in jedem Moment der wirtschaftlichen Turbulenzen und Umwälzungen mutig gehandelt und herausragende Ideen entwickelt hat ... Wir sind eine Nation, die Hoffnung inmitten der Gefahr entdeckt und in jeder harten Prüfung eine Chance gesehen hat. Heute müssen wir wieder diese Nation sein.«

Die Diskussionen über Konjunkturprogramme sind nur ein Teil des Problems. Zahlreiche Industrienationen stehen vor der Frage, ob sie Banken und Industrieunternehmen subventionieren sollen, die von der Krise so weit geschwächt sind, dass sie kurz vor dem Bankrott stehen. Die dramatische Frage, wie und wann Unternehmen gerettet werden sollen, wird wahrscheinlich noch eine ganze Weile ein wichtiger Aspekt der öffentlichen Debatte in Europa und den Vereinigten Staaten bleiben.

Die Beziehung zwischen der Regierung und der Wirtschaft war in den Vereinigten Staaten immer ein schwieriges Thema. Obamas Etatprioritäten, die das Gleichgewicht substanziell zugunsten einer größeren Regierungsintervention verschieben, werden diese Debatte noch weiter anheizen. Da die Republikaner nicht in der Lage sind, ein eigenes Programm zu erarbeiten, konzentrieren sie ihre Kritik an den Vorschlägen des Präsidenten auf die geplanten staatlichen Eingriffe. Dies wird in den ersten beiden Jahren von Obamas Amtszeit wahrscheinlich das zentrale Thema sein. Obama riskiert massive Beanstandungen, falls sich seine Konzepte nicht bewähren, weil er sich so weit aus dem Fenster gelehnt hat.

Wie tiefgreifend diese Sorgen sind, lässt sich an der Bereitschaft ablesen, mit der sich amerikanische Vorstände von lang gehegten Sichtweisen verabschiedet haben, um zur Wiederbelebung der Wirtschaft beizutragen. Vorschläge wie die Verstaatlichung von Banken, die umfangreiche finanzielle Unterstützung von großen Industrieunternehmen, zum Beispiel aus der Automobilindustrie, die massive Unterstützung von Hypothekenbesitzern und selbst die finanzielle Unterstützung für Hedgefonds, damit diese die schlechten Hypothekenkredite aufkaufen, hätten noch vor einem Jahr als reine Häresie gegolten.

Jetzt aber stimmen auch amerikanische Manager in das Konzert ihrer europäischen Kollegen ein, was den Ruf nach einer strengeren Kontrolle der Finanzmärkte betrifft. Auch die Amerikaner wollen, dass der Markt ehrlich und reibungslos funktioniert. Sie wollen auch weiterhin in der Lage sein, Kapital und die besten Experten der Finanzmärkte in eine offene und dynamische amerikanische Kapitalstruktur zu locken.

Langfristig werden sich die Regierungen auch mit der Frage beschäftigen, wie sich das globale Finanzsystem so restrukturieren lässt, dass sich Krisen wie die derzeitige nicht wiederholen. Die Organisationsstruktur, eine strengere Regulierung und die Rolle der Banken und anderer Finanzinstitute werden für die internationale Gemeinschaft noch einige Jahre zentrale Fragestellungen bleiben. Das gilt auch für die Effekte der Krise auf die schwächsten Ökonomien der Welt, und zwar sowohl in Europa als auch in Afrika, Asien und Lateinamerika.

Ironischerweise waren es bis vor kurzem Europa, China und Japan, die sich über eine zu starke amerikanische Regulierung der Wirtschaft und Finanzen beschwerten. Die strengen Anforderungen an die Unternehmensberichterstattung, die Zertifizierung von Geschäftsberichten und an die persönliche Verantwortung von Vorstandsmitgliedern, die nach den Skandalen von Enron und WorldCom Ende der neunziger Jahre als Teil des sogenannten Sarbanes-Oxley-Gesetzes eingeführt wurden, galten bei vielen ausländischen Unternehmen als äußerst aufwendig und unfair. Eine Reihe von Unternehmen entschied sich, der Börse von New York den Rücken zu kehren, anstatt sich diesen Regeln zu unterwerfen.

Und nun sind es ausgerechnet die Europäer, die nach einer strengeren, globalen Regulierung der Finanzmärkte rufen. Wenn die Muster der Vergangenheit irgendeinen Hinweis auf die Zukunft bieten, dann wird der Drang nach neuen Kontrollen und Steuerungsmechanismen wahrscheinlich über das Maß hinausgehen, das nach Auffassung der meisten als angemessen betrachtet werden kann. Eine derart heftige Reaktion liegt in der Natur des politischen Lebens. Wenn sich eine Katastrophe ereignet, wollen die politischen Führer demonstrieren, dass sie doppelt und dreifach dafür sorgen, dass sich diese nicht wiederholt.

So wichtig wie die sechste Flotte

Von ebenso fundamentaler Bedeutung für die Vereinigten Staaten und den Rest der Welt werden die Auswirkungen der Krise auf die Fähigkeit Amerikas sein, seiner Verantwortung in der Welt gerecht zu werden. Wird das Ende des sogenannten neoliberalen Zeitalters bedeuten, dass die Vereinigten Staaten nicht nur ihre Macht teilen müssen, sondern dass sie auch nicht mehr der ultimative Konsument sein können, der so viele Ökonomien der Welt über so lange Jahre finanziell unterstützt hat?

Der britische Historiker Niall Ferguson schrieb in einem kürzlich erschienenen Artikel: »Das amerikanische Finanzsystem ist in den letzten 30 Jahren ein ebenso großer Teil der amerikanischen Macht gewesen wie die sechste Flotte.« Gewiss dachten am 21. Februar 2009 viele Menschen dasselbe, als Außenministerin Clinton den chinesischen Regierungsführern ausdrücklich dafür dankte, dass sie auch weiterhin US-Schatzpapiere kauften, und beinahe im selben Atemzug Differenzen über die Frage der Menschenrechte zwischen den beiden Regierungen herunterspielte.

Vor Antritt ihrer Reise hatte sie Reportern mitgeteilt, die Menschenrechte »können die Kooperation zwischen den Vereinigten Staaten und China bei der Bewältigung der globalen Wirtschaftskrise, der Krise des globalen Klimawandels und der Sicherheitskrise nicht beeinträchtigen«. Mehrere Menschenrechtsorganisationen protestierten lautstark und erinnerten daran, wie unverblümt Außenministerin Clinton diese Themen im Jahr 1995 auf der Weltfrauenkonferenz in Peking angesprochen hatte.

Die konservative Zeitung *The Wall Street Journal* kommentierte dieses Ereignis wie folgt:

> »Die Äußerung [der Außenministerin] könnte eine besorgniserregende Veränderung in der US-Politik markieren. Frühere Regierungen beider Parteien betrachteten die Menschenrechte als wichtiges Thema ... Dagegen sendet Mrs. Clintons jüngste Aussage das Signal an Peking, dass Regierungsführer Menschenrechte relativ gefahrlos missachten können.«

Das ist nicht das letzte Mal, dass Obamas Regierung etwas über Menschenrechte in China hören wird. Die US-Regierung steht vor einem echten Dilemma. Selten in der Nachkriegszeit war die Zukunft der Weltwirtschaft derart zweifelhaft beziehungsweise die Rolle der Vereinigten Staaten derart offen für Zweifel. Selten waren die Vereinigten Staaten derart von der Unterstützung einer einzigen Nation abhängig wie derzeit von China.

Was die Ereignisse in China demonstrieren, ist, dass es sehr lange dauern wird, bis Amerika mit dem Draufgängertum eines George W. Bush agieren kann, der Krieg gegen den Irak führte, ohne sich zuvor weltweiter Unterstützung zu versichern, ohne eine längerfristige Strategie zu entwickeln und ohne eine klare Vorstellung, was dieses Abenteuer kosten würde. Auf absehbare Zukunft wird die amerikanische Regierung so knapp bei Kasse sein, dass selbst begrenzte ausländische Engagements schwer zu rechtfertigen sein werden. Obama wird sich hauptsächlich auf praktische Fragen konzentrieren müssen. Im Ausland werden das die Wirtschaftspolitik und Krisenherde sein. Längerfristige strukturelle Probleme, die zum Beispiel für Europa so wichtig sind, werden weniger Aufmerksamkeit genießen.

Professor Paul Kennedy schrieb am 14. Januar 2009 im *Wall Street Journal*:

> »... die politischen und wirtschaftlichen Mühsale der nächsten Jahren werden zahlreiche der Visionen, die in Mr. Obamas Wahlkampagne präsentiert wurden, arg zerknittern. Diese Nation wird einige sehr harte innenpolitische Entscheidungen verkraften müssen. Trotz einer großen Welle des Wohlwollens gegenüber Amerika sollten wir keinerlei Verbesserung unserer Fähigkeit erwarten, im Ausland auf irgendeine entscheidende oder nachhaltige Weise agieren zu können. In das Weiße Haus wird eine ziemlich wunderbare, charismatische und intelligente Persönlichkeit einziehen, doch das leider unter den widrigsten Umständen, in denen sich die Vereinigten Staaten seit 1933 beziehungsweise 1945 befunden haben.«

Amerikaner stellen sich keine Fragen über die Zukunft des Kapitalismus, wie es viele Europäer tun. In der Tat erwähnen sie dieses Wort nicht einmal. Für sie ist der Begriff des Kapitalismus für die rücksichtslosen Räuberbarone des 19. Jahrhunderts reserviert. Allerdings fragen sich die Amerikaner, ob die Vereinigten Staaten und ihre Partner die zur Wahrung einer fortschrittlichen Weltwirtschaftsordnung notwendige Stabilität wiederherstellen können. Und sie fragen sich, auf welche Weise die Wirtschaftsgeografie der Vereinigten Staaten von dem Verlust von Kapital und Industrie, der mit der gerade einsetzenden schweren Rezession einhergeht, betroffen sein wird.

Eine neue amerikanische Wirtschaftsgeografie

Wenn ich die Implikationen dieser neuen Situation überdenke, werde ich ganz unmittelbar mit meiner eigenen Geschichte konfrontiert. In den fünfziger Jahren war die wichtigste Person von Detroit, der Stadt, in der ich als Kind aufwuchs, der Präsident von General Motors. Wenn er sprach, lauschten wir ihm aufmerksamer als dem Präsidenten der Vereinigten Staaten. Anfang April 2009 wurde der derzeitige Präsident desselben Konzerns von der Regierung in Washington ohne Vorwanung abgesetzt.

Kein Wunder, dass Obama während der Wahlkampagne im Jahr 2008 gegenüber dem Freihandelsabkommen NAFTA und dem Freihandel generell Skepsis zeigte. Kein Wunder, dass ich meinen Augen und Ohren nicht trauen kann, wenn ich die ungeheuren Summen höre, die Automobilunternehmen zu ihrer Rettung von der Regierung erbitten. Und ich bin ehrlich betrübt, wenn ich sehe, dass die Zukunft der europäischen Tochtergesellschaften von General Motors unmittelbar von der Diskussion über einen möglichen Bankrott des Mutterkonzerns betroffen ist.

Einst war Detroit eine der dynamischsten und produktivsten Städte Amerikas. Und nun wurde sie vor kurzem von der Fernsehstation ABC zur am stärksten »leer gefegten« Stadt Amerikas gekürt. Detroit wird nicht vom Erdboden verschwinden, aber es wird in den nächsten zwei Jahrzenten kleiner und ärmer werden. Dieser Trend ist in allen ehemals prosperierenden Industriegebieten zu beobachten. Als Ergebnis wird Amerika wahrscheinlich neue demografische Entwicklungen und Wachstumsmuster erleben, welche die tiefgreifende wirtschaftliche Restrukturierung widerspiegeln, die derzeit stattfindet.

Insbesondere der Enthusiasmus, der vom immensen Wachstum der globalen Kapitalressourcen und der Mühelosigkeit hervorgerufen wurde, mit der sich große Summen per Computertastendruck weltweit verschieben ließen, wird immer mehr gedämpft werden. Wahrscheinlich wird es Jahre dauern, bis sich die Bank- und Regierungsgemeinden durch den Schrotthaufen an insolventen Vermögenswerten gearbeitet und den echten Wert der Kapital- und Finanzwerte festgestellt haben, die noch in der Welt verblieben sind. Die Struktur des Landes wird sich dramatisch verändern und mit ihr das Verhalten Amerikas in der Welt.

Aber die Dynamik der Informationsrevolution, die neuen industriellen Prozesse, die sich in den vergangenen zwei Jahrzehnten entwickelt haben, und die Denkgewohnheiten von Managern, die daran gewöhnt sind, auf neue Märkte und Lieferanten zuzugehen, werden nicht von heute auf morgen verschwinden. Genau wie im 19. Jahrhundert werden diese schweren Zeiten trotzdem technologische und industrielle Fortschritte mit sich bringen. Auch die globale Integration wird sich wahrscheinlich fortsetzen.

Was sich vor unseren Augen ereignet, ist nicht unbedingt ein Fehlverhalten einiger Tausend Banker, wie fragwürdig ihr Verhalten auch gewesen sein mag. Die Veränderungen sind wesentlich fundamentaler. Hier handelt es sich um eine Neuordnung der psychologischen und politischen Weltkarte; nicht der Ländergrenzen, sondern der Kontakt- und Denkmuster, die über lange Jahre von dem System geprägt wurden, das aus dem Zweiten Weltkrieg hervorgegangen ist.

Allerdings wird es in den meisten Industrieländern sehr wahrscheinlich zu einer Neudefinition der Wirtschaftspolitik mit einer begleitenden Restrukturierung der politischen und wirtschaftlichen Beziehungen kommen. Der Londoner G20-Gipfel am 2. April 2009 sendete ein klares Signal über die künftige Entwicklung aus. Regierungskontrolle und Regulierung werden wieder Einzug halten, ebenso wie eine strengere Überwachung der Unternehmen und ihres Managements. Langfristig werden die wirtschaftlichen Muster im Westen und der übrigen Welt wahrscheinlich anders aussehen als noch vor einem Jahr erwartet.

Anders als der Neandertaler wird der »Davos Man« höchstwahrscheinlich auf die eine oder andere Weise überleben. Das komplexe globalisierte System kann nicht ohne Erfahrung und geschulte Manager funktionieren, die nicht vor Risiken zurückscheuen, um neue Technologien einzuführen und neue Märkte zu erobern. Doch der Glanz und das Draufgängertum der ersten Phase der Globalisierung werden erheblich nachlassen. Es wird ein größeres Gleichgewicht und vielleicht sogar eine gewisse Bescheidenheit geben. Man wird zunehmend begreifen, dass Globalisierung in Wirklichkeit die grenzenlose Verbreitung von Risiko und Bedrohung und nicht nur von Gewinn bedeutet. Das ist ein schwacher Trost für das Leid so vieler Menschen, doch wahrscheinlich werden wir alle gestärkt daraus hervorgehen.

11
Supermacht oder Führungsmacht?

Am 6. Februar 2009 fanden die militärischen und politischen Eliten der Welt zur jährlichen Sicherheitskonferenz in München zusammen. Der Kontrast zu Davos, wo sich zwei Wochen zuvor die Wirtschafts- und Unternehmensführer der Welt getroffen hatten, hätte nicht größer sein können. Wenn man von dem ehemaligen US-Präsidenten Bill Clinton absieht, entsandte Präsident Obama keinen hochrangigen Repräsentanten nach Davos. Sein Wirtschaftsteam war zu sehr damit beschäftigt, die reale Wirtschaftskrise zu bekämpfen, um Zeit in Davos zu verbringen. Auch gut, denn dort wurde sowieso stets viel Zeit darauf verwendet, die amerikanische Politik und Wirtschaftsführung zu kritisieren.

In München dagegen war eine hochkarätige Delegation vertreten, einschließlich des Vizepräsidenten, des nationalen Sicherheitsberaters, des Sonderbeauftragten für Afghanistan und mehrerer Kongressmitglieder. Wichtige Senatoren, darunter John McCain, John Kerry und weitere hochrangige Regierungsvertreter, wären gekommen, wenn die Abstimmung über Obamas Konjunkturprogramm nicht an demselben Wochenende stattgefunden hätte.

Warum dieser Unterschied in Präsenz und Atmosphäre? Weil sich die Rolle der Vereinigten Staaten in der Außen- und Sicherheitspolitik von ihrer Rolle in der Wirtschafts-, Handels- und Finanzwelt unterscheidet. Auf dem Gebiet Wirtschaft und Finanzen sind die

Vereinigten Staaten nach wie vor das wichtigste Land der Welt, wenngleich es nicht mehr so dominant ist wie in der Vergangenheit. Amerika ist nach wie vor mächtig und einflussreich, aber nur als Erster unter (beinahe) Gleichen.

Auf dem Gebiet, das die zweitwichtigste Komponente der neuen globalen Weltordnung darstellt, bleiben die Vereinigten Staaten überlegen. Was die »traditionelle« Außen- und Sicherheitspolitik angeht, verfügt kein Land beziehungsweise keine Gruppe von Ländern auf der Erde über die Ressourcen, die Erfahrung oder das strategische Gespür der Vereinigten Staaten. Für diese Rolle gibt es weit und breit keinen Herausforderer.

Nach 60 Jahren der weltweiten Dominanz sind Amerikas Infrastruktur, seine Waffen, seine diplomatischen Instrumente und auch seine Fähigkeiten denen anderer Länder beziehungsweise Ländergruppen weit überlegen. Ohne das amerikanische Engagement und die amerikanische Führung gibt es keine Hoffnung auf eine stabile Weltordnung. Die Vereinigten Staaten sind nach wie vor eine unverzichtbare Macht. Und wie auch immer sie sich öffentlich äußern – die führenden Persönlichkeiten der internationalen Politik handeln danach, unabhängig von ihren persönlichen Überzeugungen.

In den letzten acht Jahren ist Amerikas Fähigkeit, seine weltweite Verantwortung zu erfüllen, gefährlich geschrumpft. Selbst Länder, die den Vereinigten Staaten nicht besonders freundlich gesinnt sind, machen sich Sorgen über den schwindenden Einfluss und die sinkende Glaubwürdigkeit der einzigen globalen Macht. Daher der positive Empfang des Obama-Teams in München und die Hoffnungen der meisten Zuhörer, die neue Regierung möge den Vereinigten Staaten ihre Führungsrolle wieder zurückgeben.

Es ist offen, wie stark Amerika an Einfluss eingebüßt hat. Gemessen an konkreten Skalen der wirtschaftlichen, politischen und militärischen Macht sind die Vereinigten Staaten der gesamten übrigen Welt noch immer weit voraus. Doch Diplomatie lässt sich nicht quantifizieren. In der modernen Welt der Hightech-Netzwerke wird der Einfluss einer Nation oder einer Gruppe von Nationen gleichermaßen von der Fähigkeit bestimmt, Partner zur gemeinsamen Verfolgung eines bestimmten Ziels zu organisieren, wie von den vorhandenen Mitteln, um andere zu zerstören. Der 2005 verstorbene amerikanische Diplomat und Historiker George Kennan argumentierte oft, Amerikas Einfluss im Ausland sei zu einem großen Teil von seiner Glaubwürdigkeit im eigenen Land bestimmt. Auf Basis dieses Maßstabs haben die Vereinigten Staaten in den vergangenen acht Jahren ganz erheblich an Einfluss eingebüßt.

Wie durch höhere Vorsehung wurde dieser Punkt von der Anwesenheit des ersten Referenten auf der Sicherheitskonferenz, Dr. Henry Kissinger, unterstrichen. Dr. Kissinger markiert den internationalen Standard für herausragende politische Analyse und Formulierung in Fragen der Diplomatie und der nationalen Sicherheit. Selbst mit seinen 85 Jahren ist er, was die Autorität auf diesem Gebiet betrifft, jeder anderen internationalen Persönlichkeit weit überlegen. Diese Tatsache verlieh seiner Rede in München eine noch größere Dramatik, da sie überdies zum Handeln aufrief.

Dr. Kissinger verschwendete keine Zeit. Er kam direkt zur Sache und rief eindringlich zur Wiederbelebung der westlichen Kooperation auf, vor allem zu einer gemeinsamen Anstrengung zur Kontrolle und letztlichen Vernichtung von Atomwaffen. Seine Rede war emotional und geradezu flehend. Zwar schnitt er das Thema nicht direkt an, dennoch war deutlich, dass er wusste, wie tief Amerikas Einfluss auf die Wahrung des atomaren Gleichgewichts gesunken war. Als ich später mit ihm sprach und den emotionalen Tenor seiner Rede erwähnte, sagte Kissinger: »Haben wir denn eine Alternative?«

Die Teilnehmer der Konferenz wussten, dass die einzige Antwort in einer gemeinsamen Wiederherstellung der Weltordnung bestand, und sie wussten, dass sie bei dieser Aufgabe auf die Vereinigten Staaten angewiesen waren. Auch andere Diskussionen waren von der Atmosphäre der Dringlichkeit geprägt. Afghanistan zerfällt vor unseren Augen; Pakistan braucht dringend Unterstützung; der Nahe Osten steht kurz vor der Explosion; die Beziehungen zwischen Russland und der übrigen Welt müssen verbessert werden. Und natürlich muss der Iran wieder an den Verhandlungstisch zurückgebracht werden. Der Präsident des iranischen Parlaments trug eine Reihe von Beschwerden über den Westen vor, die keinen Raum für Verhandlungen zu lassen schienen. Allerdings klang seine Stimme fast heiter, als er das Interesse seines Landes betonte zu erfahren, ob die Vereinigten Staaten wirklich gesprächsbereit seien.

Der Höhepunkt der Sicherheitskonferenz war die Rede des US-Vizepräsidenten Joe Biden. Biden ist seit vielen Jahren ein regelmäßiger Teilnehmer an dieser Konferenz und kannte viele der anderen Teilnehmer persönlich. Er gab sich heiter und offen, wie es seine Art ist. Als er das Podium betrat, wurde er von begeistertem minutenlangem Applaus empfangen. Biden wurde nicht nur mit Respekt, sondern auch mit einer Mischung aus Glücksgefühl und Erleichterung begrüßt. In diesem Raum in München konnte man die freudige Erwartung der Ankunft von Barack Obamas Stellvertreter deutlich spüren.

Die Sicherheitskonferenz in München hat in den letzten Jahren aufgrund der dort ausgelösten Kontroversen eine gewisse Berühmtheit erlangt. Im Jahr 2003 teilte der damalige deutsche Außenminister Joschka Fischer dem damaligen US-Verteidigungsminister Rumsfeld mit: »Es tut mir leid, aber ich bin nicht überzeugt«, als Rumsfeld für den Einmarsch in den Irak warb. Und im Jahr 2007 änderte Wladimir Putin auf dem Podium wütend spontan seine vorbereitete Rede und warnte stattdessen die Vereinigten Staaten und Europa, er lasse sich nicht herumschubsen.

Doch trotz aller Probleme auf der Welt lag in der diesjährigen Sicherheitskonferenz fast so etwas wie Optimismus in der Luft. In dem kurzen Moment vor Bidens Rede war zu spüren, wie schwierig die acht Jahre Bush-Regierung für viele Länder gewesen sind, die an der Münchner Sicherheitskonferenz teilnahmen. Bei allen Gesprächen über Multipolarität und die Entstehung neuer Mächte verstand jeder der Anwesenden, dass die Welt ohne eine solide amerikanische Führung nicht friedlich oder gar effizient funktionieren konnte. Es schien, als sei ihre Wertschätzung der Rolle Amerikas durch die Abwesenheit dieser Nation in den vergangenen acht Jahren, als sie so dringend gebraucht wurde, eher noch gestiegen.

Doch jetzt war es der französische Präsident Sarkozy, der den Europäern sagte, es sei ihre Verantwortung, die Amerikaner davon zu überzeugen, dass sie verlässliche Partner seien, die einen Beitrag zur Gewährleistung der Sicherheit leisten. »Wollen wir für Sicherheit sorgen oder wollen wir sichergestellt werden?«, lautete seine Frage. Und der britische Verteidigungsminister gestand ein: »Wenn wir ganz ehrlich sind, haben wir Europäer unseren Teil der Verantwortung in den letzten Jahren nicht erfüllt.«

Der deutsche Verteidigungsminister sprach über mehr Hilfe für Afghanistan. Der kanadische Verteidigungsminister äußerte Stolz über seine Rolle in Afghanistan und sagte, Kanada habe mit einer umfassenden Überprüfung seiner Verteidigungsstrukturen begonnen. Er wusste, dass diese in den vergangenen Jahren zu wünschen übrig gelassen hatten.

Biden enttäuschte seine Zuhörer nicht. Er kam ohne Umschweife zur Sache: »Ich bin im Auftrag der neuen Regierung nach München gekommen, um einen Neuanfang in Washington und in Amerikas internationalen Beziehungen zu machen.« Er betonte, die Regierung Obama sehe keinen Konflikt zwischen Amerikas Sicherheit und seinen Werten – ein Punkt, der in den vergangenen Jahren stark umstritten war. Aber er fügte auch hinzu: »Amerika wird mehr tun, aber es wird auch mehr von seinen Partnern verlangen.«

Im Verlauf seiner weiteren Rede berührte Biden alle Punkte, die für Amerikas Partner, Freunde und Feinde, von Bedeutung sind

– Amerikas Einsatz für den Frieden im Nahen Osten, ein intensives Engagement zur Bekämpfung der globalen Klimaerwärmung, die Erneuerung der transatlantischen Allianz, die Verbesserung der Beziehungen zu Russland sowie weitere Themen. Abgesehen davon, dass sie überhaupt in dieser Form gehalten wurde, enthielt Bidens Rede weder Ungewöhnliches noch Überraschungen. Dass Dick Cheney oder irgendein anderes Mitglied der Bush-Regierung eine solche Rede gehalten hätte, wäre jedoch undenkbar gewesen. Die Nachricht des Tages lautete: Amerika ist wieder zurück.

Doch was heißt »zurück«, und zu welchem Zweck zurück? Weder Biden noch seine Zuhörer erwarteten, dass seine Worte die Vereinigten Staaten wieder an den Punkt zurückführen würden, an dem sie sich unter der ersten Bush-Regierung oder sogar unter Clinton befunden hatten. Barack Obama ist der Präsident einer Nation, die sich stark von dem Amerika unterscheidet, das Bill Clinton führte.

Und dieses Amerika lebt in einer völlig veränderten Welt. Selbst unter den westlichen Alliierten herrscht auf mehreren kritischen globalen Krisengebieten nur wenig Konsens über die Ziele. Die Diplomatie muss wiederhergestellt und neue Strategien müssen entworfen werden. Den neuen sicherheitsrelevanten Problemen – der globalen Wirtschaftskrise, der globalen Klimaerwärmung und der Verbreitung von Nuklearwaffen – wurde viele Jahre lang nicht genügend Beachtung geschenkt. Die internationalen Institutionen sind inzwischen überholt und ineffizient. Ein amerikanischer Delegierter sagte mir: »Es ist fast so, als müssten wir noch einmal bei Punkt null anfangen.«

Was die amerikanische Außenpolitik betrifft, treten wir in eine hoffnungsfrohe Phase ein. Doch die Welt hat sich dramatisch verändert. Die Wiederherstellung einer gewissen Weltordnung wird in der Tat so etwas wie ein »völliger Neuanfang« sein. Der große Vertrauensvorschuss, den Biden in München erhielt, führt nur dann zu Ergebnissen, wenn sowohl Amerika als auch seine Partner die Führungsmöglichkeiten und vor allem die Bedeutung von

Führung und Führerschaft in der veränderten Welt des 21. Jahrhunderts verstehen.

Die politische und finanzielle Insolvenz und das Ende der Unschuld

Präsident Obama hat mit seinem Einzug in das Weiße Haus eine doppelte Belastung geerbt. Unsere Wirtschaft ist bankrott und muss sehr sorgfältig wieder aufgebaut werden. Unsere Außenpolitik ist gleichermaßen insolvent. Man muss nur Richard Holbrookes Beschreibung der administrativen und finanziellen Katastrophe der Afghanistan-Mission lauschen, um das Ausmaß des Bankrotts der amerikanischen Diplomatie zu verstehen. Hehre Pläne zur Weltveränderung wurden geschmiedet ohne die leiseste Ahnung, wer sie wie bezahlen sollte. Die Umsetzung war von Verschwendung und Ineffizienz gekennzeichnet; und dabei ging nicht nur viel Geld verloren.

Es fehlten auch genügend erfahrene Diplomaten und das wichtige, nicht greifbare Ansehen internationaler Glaubwürdigkeit. Ein Memoirenschreiber der Bush-Regierung nach dem anderen beschreibt nun, wie die Strukturen der politischen Entscheidungsfindung, die in einer so großen Regierung wie der der Vereinigten Staaten so wichtig ist, im Wesentlichen zerstört wurden. Die Entscheidungen wurden von kleinen Grüppchen ohne jeden Bezug zu irgendwelchen Zielen oder Ressourcen getroffen. Die Diplomatie wurde ignoriert. Als Folge befindet sich das Land in der schwächsten Position seit 75 Jahren.

Zwei große Entwicklungen beeinträchtigten Amerikas Rolle in der Welt während der vergangenen acht Jahre. Eine war die Insolvenz seiner Außenpolitik und der Kollaps seiner diplomatischen Präsenz in der Welt. Die andere war der Verlust der Hoffnung als Ergebnis der Ausbreitung des Terrorismus.

Die erste Entwicklung war das Ergebnis bewusster Entscheidungen der Bush-Regierung, ob sie deren Folgen verstand oder nicht. Die zweite Entwicklung wurde von der schweren Erschütterung des nationalen Selbstvertrauens verursacht, die von externen Ereignissen, vor allem dem Angriff auf das World Trade Center, ausgelöst worden war. Amerikaner hatten schon immer Schwierigkeiten mit ihrem »selektiven Gedächtnis«, wie es oft heißt. Wenn die Ereignisse nicht zu ihrer Version der amerikanischen Geschichte passen, dann werden sie entweder abgelehnt oder lösen Angst und Verwirrung aus. Die amerikanische Reaktion auf den Aufstieg Hitlers an die Macht ist ein Beispiel dieser historischen »Unschuld« der dreißiger Jahre. Dasselbe galt für die Reaktion auf den 11. September.

Vijay Prashad, Professor am Trinity College, merkt dazu an:

> »Unsere (amerikanische) Erinnerung an vergangene Dinge richtet sich nicht darauf, den Irrsinn vom 11. September zu verstehen ... Ich mache mir Sorgen, dass unsere unschuldige Amnesie verhindert, dass wir erkennen, warum so etwas passieren konnte, und wir die Verantwortlichen für diese Akte einfach als grundlose Terroristen abtun. Eine derartige Haltung bedeutet, dass wir wenig unternehmen können, um solch verheerende Terrorakte zu bekämpfen; das heißt, wir können nichts anderes tun, als darum zu beten, dass sich ein derartiger Irrsinn nicht wiederholt.«

Darin bestand im Wesentlichen die offizielle Reaktion der Regierung auf die Ereignisse vom 11. September. Die Bush-Regierung vermied eine öffentliche Diskussion der Gründe für den Terroranschlag und entschied sich stattdessen dafür, den Terroristen auf der ganzen Welt »den Krieg zu erklären«. Der Krieg gegen den Terrorismus war Bushs Version der von Prashad erwähnten Gebete. Die Regierung benutzte den 11. September als Instrument, um Angst in der Bevölkerung zu schüren und Unterstützung für Bushs Pläne zum militärischen Vergeltungsschlag gegen die offensichtlich irrationalen Terroristen zu gewinnen, die die Vereinigten Staaten auf ihrem eigenen Grund und Boden angegriffen hatten.

Doch je mehr der Präsident von Gefahr und Bedrohung sprach, desto schwächer wurde das Vertrauen der meisten Amerikaner in die Fähigkeit ihrer Nation, den von den undurchsichtigen Feinden verursachten Aufruhr zu meistern. Als der Irakkrieg außer Kontrolle geriet, verfinsterte sich die amerikanische Stimmung zusehends. Und in dem Maße, wie unsere Stimmung sank, schwand auch das Vertrauen der übrigen Welt, dass die Vereinigten Staaten wussten, was sie taten.

Noch wichtiger als die sinkenden Umfragewerte des US-Präsidenten war das wachsende Gefühl, dass sich das Land auf dem falschen Kurs befand. Wie an früherer Stelle erwähnt, erfordert Amerikas Fähigkeit zur Wahrung seines Selbstvertrauens eine ständige Rückbestätigung der Integrität seiner Sache – das heißt Amerikas Mission in der Welt – durch Worte und Taten. Das Gefühl der Unschuld, das damit verbunden ist, kann in schwierigen Zeiten sehr hilfreich sein, aber es kann auch zu einem Gefühl der Hoffnungslosigkeit führen, wenn keine Lösung in Sicht zu sein scheint.

Während der schwärzesten Tage der Depression äußerte sich Präsident Franklin Roosevelt oft überrascht, dass nicht mehr Amerikaner auf die Straße gingen und demonstrierten, wie es in Europa üblich war. Seine Antwort: Das liege daran, dass jeder einzelne Amerikaner davon überzeugt sei, er oder sie könne die Krise meistern. Diese Überzeugung, nämlich dass Amerika die Dinge besser machen kann, erlitt nach dem 11. September einen gefährlichen Einbruch.

Der Angriff auf das World Trade Center wurde als Teil einer globalen Attacke auf Amerika und aller Dinge und Werte betrachtet, die es repräsentiert. Dieser Terrorangriff löste eine Welle der Angst und des Misstrauens aus, die Amerika seit den Jahren, die einem ähnlichen Ereignis folgten, nämlich dem japanischen Angriff auf Pearl Harbor, nicht mehr erlebt hatte. Anders als Präsident Roosevelt im Jahr 1941 war George W. Bush nicht in der Lage zu definieren, gegen wen und wofür Amerika eigentlich kämpfte. Stattdessen vergrub er sich immer tiefer in Ablehnung und Misstrauen. Die amerikanische Außenpolitik steuerte geradewegs auf die Insolvenz zu.

Insolvenz ist üblicherweise kein Begriff, der in Verbindung mit Außenpolitik und Diplomatie verwendet wird. Meistens sind es Unternehmen oder Banken, die bankrottgehen. Doch die Prinzipien, nach denen Unternehmen funktionieren, lassen sich mit derselben Logik auch auf jede andere Organisation anwenden, einschließlich Politik, Regierung oder Außenpolitik.

Stehen ausreichend Ressourcen zur Verfügung, um die Ziele eines Vorhabens zu unterstützen, sei es das eines Unternehmens oder eine außenpolitische Strategie? Sind die im Geschäftsplan formulierten Ziele realistisch? Erfüllt das Produkt die Anforderungen des Geschäftsplans? Und vor allem: gibt es Kunden, die unser Produkt kaufen werden? Soweit die derzeitige amerikanische Außenpolitik betroffen ist, lautet die Antwort auf die Mehrheit dieser Fragen Nein.

Der herausragende amerikanische Kommentator Walter Lippmann wandte diesen Maßstab für die amerikanische Außenpolitik vor mehr als 65 Jahren in einem kurzen Buch mit dem Titel *US Foreign Policy, Shield of the Republic* an, das 1943 in den dunkelsten Tagen des Zweiten Weltkriegs veröffentlicht wurde. Lippmanns Analyse wurde zu einem Klassiker für alle, die die Grundlagen der amerikanischen Außenpolitik verstehen möchten.

Lippmann wollte mit dieser Analyse erklären, warum die US-Diplomatie in den zwanziger und dreißiger Jahren so kläglich darin versagt hatte, den Ausbruch des Zweiten Weltkriegs zu verhindern, und zwar trotz des umfangreichen Militäreinsatzes zur Beendigung des Ersten Weltkriegs.

Als junger Mann hatte Lippmann an der Friedenskonferenz von Versailles teilgenommen und war ein ausgesprochener Verfechter der amerikanischen Mitgliedschaft im Völkerbund. Seine Enttäuschung beim Ausbruch des Zweiten Weltkriegs war daher sowohl persönlicher als auch historischer Natur. Er befand sich in Gesellschaft derjenigen amerikanischen Politiker, die nach dem Rückzug Amerikas aus dem Völkerbund ein ausgeprägtes Schuldgefühl wegen des anschließenden Verlaufs der Ereignisse in Europa empfanden. In seinem Buch versuchte er herauszufinden, was damals falsch gelaufen war.

Lippmann betrachtete die amerikanische Außenpolitik seit Beginn der Republik. Er definierte die Verkündung der Monroe-Doktrin im Jahr 1823 als Basis für die schwindende Fähigkeit Amerikas zur Erfüllung seiner Auslandsverpflichtungen. Die Monroe-Doktrin wurde als Reaktion auf den Druck Spaniens und anderer Nationen auf Länder verabschiedet, die soeben ihre Unabhängigkeit gewonnen und sich von der spanischen Kolonialherrschaft in Lateinamerika befreit hatten. Ihrem Wortlaut zufolge behielten sich die Vereinigten Staaten das Recht vor, in der westlichen Hemisphäre für Sicherheit zu sorgen. Ein hoher Anspruch für eine kleine Republik, die damals über keine nennenswerten militärischen Streitkräfte verfügte.

Lippmann beschrieb die gewissenhaften Verhandlungen zwischen Präsident Monroe und britischen Abgeordneten, die schließlich in die Monroe-Doktrin mündeten. Die Briten waren selbstverständlich bereit, diesem Anspruch zuzustimmen, da eine amerikanische Behauptung von Rechten in der Neuen Welt andere Mächte, vor allem Frankreich, in Schach halten würde. Der Schlüssel zu dieser Initiative war die britische Bereitschaft, die notwendigen Seestreitkräfte zur Verfügung zu stellen, damit Amerika seine Ansprüche durchsetzen konnte.

An einem bestimmten Punkt überlegten die Vereinigten Staaten sogar, ob sie mit England ein formales Bündnis eingehen sollten, um ihre Fähigkeit zur Durchsetzung der Monroe-Doktrin zu schützen, doch später entschieden sie sich dagegen, zum größten Teil weil Großbritannien selbst noch immer zahlreiche Kolonien in der Region hatte.

Lippmann betrachtete das Versäumnis, die britische Rolle offen zu diskutieren, als einen für das zukünftige amerikanische Verständnis der Grundlagen seiner Außenpolitik fatalen Fehler. Präsident Monroe und seine Regierung hatten in Sicherheit »investiert«, um zu gewährleisten, dass die Nation aus kriegerischen Auseinandersetzungen herausgehalten wurde, hatten aber der amerikanischen Bevölkerung dieses Basiselement der Monroe-Doktrin nie erklärt. Lippmann argumentierte, von dem Moment der Verabschiedung dieser Doktrin an hätten Amerikaner zu glauben begonnen, sie könnten großartige Ziele in der Welt erreichen, ohne selbst in die dafür notwendigen Ressourcen investieren zu müssen.

Als Ergebnis wurde von aufeinanderfolgenden Generationen amerikanischer Regierungsführer ein »Mythos der Verortung« – wie ich ihn nennen würde – erfunden, um ihre Abhängigkeit von England nicht zugeben zu müssen. Lippmann merkt dazu an:

> »In der langen Periode von 1823 bis 1898 hatte die Nation in einem Zustand der illusorischen Isolation gelebt; sie bekannte sich zur Monroe-Doktrin, die auf der Unterstützung durch die britische Seemacht beruhte, ohne verstanden zu haben, dass die Verteidigung der westlichen Hemisphäre tatsächlich die Unterstützung durch die britischen Seestreitkräfte erforderte.«

Aus Lippmanns Perspektive betrachtet war die amerikanische Außenpolitik insolvent.

Wie der britische Historiker Niall Ferguson deutlich gemacht hat, setzt sich dieses Verhalten bis in die heutige Zeit fort. Ferguson zufolge leidet die amerikanische Führungsrolle an drei schweren Mängeln: mangelnden wirtschaftlichen Ressourcen, mangelnder militärischer Stärke und vor allem mangelnder politischer Aufmerksamkeit. US-Präsidenten sind traditionell versucht, bei schwierigen und oft heiklen außenpolitischen Angelegenheiten wortgewaltige Statements abzugeben oder ihrer Intuition zu vertrauen. Die anfängliche Bosnien-Politik der Clinton-Regierung ist ein gutes Beispiel für diesen Mangel an Aufmerksamkeit. Und dasselbe galt für den von Bush geführten Krieg im Irak.

Der Disziplin beraubt, die für den Kalten Krieg nötig war, fielen amerikanische Politiker beider Parteien erstaunlich schnell in die deklaratorische Sprache des 19. Jahrhunderts zurück. Sie verkündeten großartige Theorien über die Weltordnung, ohne die für ihre Umsetzung notwendigen Ressourcen zu investieren. Die Militärbudgets sind seit 1990 immens gestiegen; sie wurden zum größten Teil vom amerikanischen Engagement in Bosnien, im Kosovo, im Irak und in Afghanistan verschlungen, wo die politischen Fehler Militäreinsätze notwendig machten. Ressourcen für neue Strategien zur Bekämpfung der wachsenden globalen Instabilität oder neue strategische Partnerschaften waren bedauerlicherweise nicht vorhanden.

Dasselbe galt für Investitionen in unsere Fähigkeit zur Beeinflussung der zahlreichen neuen Herausforderungen einer globalisierten Welt. Sowohl das State Department als auch der Geheimdienst litten unter den knappen Finanzen und dem politischen Misstrauen. Botschafter wurden nach wie vor häufig auf Basis ihrer Spenden für den Wahlkampf des jeweiligen amtierenden Präsidenten ernannt statt aufgrund irgendeines logischen Zwecks. Selbst Verteidigungsminister Gates rief vor kurzem nach einer Neuausrichtung der Balance zwischen dem wachsenden militärischen Einfluss auf die Außenpolitik und der schwindenden Rolle der zivilen Diplomatie.

Bemerkenswerterweise lenkte Präsident Obama selbst die Aufmerksamkeit auf dieses Defizit, als er der Öffentlichkeit im Dezember 2008 sein nationales Sicherheitsteam vorstellte. Er machte auf die Leistungen aufmerksam, die amerikanische Diplomaten weltweit erbringen, und versprach, dass die Diplomatie wiederaufgebaut werden würde. Außenministerin Clinton hat bereits erste Schritte unternommen, indem sie mit dem stellvertretenden Außenminister eine neue Position geschaffen hat, deren Inhaber sich ausschließlich auf die Beschaffung der notwendigen Ressourcen zum Wiederaufbau der amerikanischen Diplomatie konzentrieren wird.

Obama muss jetzt gegen zwei fatale Trends gleichzeitig kämpfen. Die erwähnte politische Insolvenz bedeutet, dass weder die Zeit noch die Fähigkeit vorhanden sind, zahlreiche neue Herausforderungen zu bewältigen. Der Verlust der Unschuld hat zur Folge, dass der Enthusiasmus, der amerikanische Initiativen weltweit gekennzeichnet hat, in eine defensive, um nicht zu sagen depressive Haltung umgeschlagen ist.

Mit dem zunehmenden Verlust der Glaubwürdigkeit sank auch das Vertrauen in die europäisch-atlantische Gemeinschaft und die Werte der westlichen Welt. Neue Mächte in Asien schienen dynamischer und vor allem effizienter zu sein als die angeschlagenen Demokratien des Westens. Wladimir Putin hat jedes russische Interesse an einem Beitritt zu dieser westlichen Gemeinschaft mit den Worten dementiert, Russland habe einen praktischen und spirituell befriedigenderen Weg der Wirtschaftsentwicklung gefunden. Einige Europäer vertreten die Auffassung, Russlands sichere Energievorkommen machten das Land zu einem attraktiveren Partner als die Vereinigten Staaten.

Eine höchst anspruchsvolle Agenda

Mindestens dreimal in den letzten 60 Jahren standen die Vereinigten Staaten vor Herausforderungen, die Zweifel an der Nachhaltigkeit ihrer globalen Führungsrolle aufkommen ließen. Die erste stellte sich Ende der fünfziger Jahre, als die wissenschaftlichen Errungenschaften der Sowjetunion Nikita Chruschtschows prahlerischer Behauptung, die kommunistische Welt werde den Westen innerhalb von zehn Jahren begraben, eine gewisse Glaubwürdigkeit verliehen. Die Begeisterung über John F. Kennedys *new fron-*

tier setzte den meisten dieser Ängste bald ein Ende, doch zunächst bedrohte ein ermutigter Chruschtschow nicht nur die westlichen Sektoren Berlins, sondern drohte zudem mit einer Stationierung von Raketen auf Kuba und brachte die Welt damit an den Rand eines Atomkriegs.

Zehn Jahre später begann unter den Belastungen des Vietnamkriegs, der Watergate-Affäre und der Ölkrise, die im Jahr 1973 auf den Jom-Kippur-Krieg folgte, eine Phase der Stagflation – einer Mischung aus wirtschaftlicher Stagnation und hoher Inflation. Japan und Europa wurden als eine neue Art politisch-wirtschaftlicher Mächte gepriesen, deren Vorliebe für systematische Planung und zentrale Steuerung zu Ergebnissen führte, die denen des unstrukturierten und oft chaotischen amerikanischen Systems überlegen waren.

Doch egal wie unstrukturiert dieses System auch gewesen sein mag, es erzeugte unter US-Präsident Ronald Reagan ein neues Selbstvertrauen sowie einen beeindruckenden Investitionsschub und technologische Fortschritte, die sowohl Europa als auch Japan weit hinter sich ließen. Die beeindruckende Dynamik der achtziger Jahre in Kombination mit Reagans Entschlossenheit, einer weiteren sowjetischen militärischen Provokation wie der SS-20-Rakete zu begegnen, trug letztlich zum Untergang der Sowjetunion bei. Und auch in diesem Fall überraschte Amerika die Experten auf der ganzen Welt mit seiner Fähigkeit, sich auf ein neues Zeitalter auszurichten.

Auf Basis dieser Erfahrung wäre es eine Versuchung zu sagen, dass die Vereinigten Staaten wieder einmal wie Phönix aus der Asche auferstehen werden, um ihre Führungsrolle erneut wahrzunehmen. Doch dieses Mal wird die Aufgabe schwieriger sein. Die Vereinigten Staaten sind ernsthaft geschwächt, da ihre Führungsrolle von mindestens fünf parallel verlaufenden Revolutionen angegriffen wird:

➤ Die beeindruckende Expansion sowohl von Kapital als auch von Technologien, die aus der Freisetzung menschlicher und materieller Ressourcen nach Beendigung des Kalten Kriegs ausgelöst wurde. Erst heute können wir begreifen, wie die ideologisch gefärbte Ost-West-Konfrontation die weltweite Entwicklung und Kreativität gebremst hat. China und Indien hätten sich nie zu den heutigen Industriegiganten entwickelt, solange die Gedankenfreiheit durch den Kalten Krieg unterdrückt wurde. Neue Muster der globalen Kommunikation erforderten offene politische Systeme, um sich entwickeln zu können. Nun, da wir in eine weltweite Wirtschaftskrise rutschen, beginnen wir zu erkennen, wie sich die Koordinaten unser Welt vor unseren Augen dramatisch verändern. Die internationalen Organisationen erfüllen nicht mehr länger die Bedürfnisse ihrer Mitglieder oder haben zuweilen sogar die falschen Mitglieder. Eine neue, offenere internationale Ordnung wird dringend benötigt. Die bestehenden Mächte, vor allem die Vereinigten Staaten, müssen sich sehr anstrengen, um mit der sich dynamisch verändernden Landschaft unserer physischen und mentalen Welt Schritt halten zu können.

➤ Die Ausbreitung destabilisierender und oft gewalttätiger politischer und militärischer Unruhen, die durch die Ungewissheit aufgrund radikaler Umwälzungen entstanden sind. Das Ende des Kalten Kriegs brachte religiöse, nationale und geografische Konflikte zum Ausbruch, die lange als begraben galten. Wirtschaftliche Turbulenzen erzeugten in vielen Entwicklungsländern, vor allem aber im Nahen Osten, einen gleichermaßen terroristischen wie anarchischen Druck. Und die Entstehung neuer Machtzentren schwächte die bestehenden internationalen Institutionen ausgerechnet zu einer Zeit, da globaler Konsens immer wichtiger wurde. Wenn die Wirtschaftskrise längere Zeit anhalten sollte, werden soziale Unruhen und der Wettbewerb um Ressourcen wahrscheinlich zu neuen politischen und militärischen Konflikten führen.

➤ Aus diesen neuen regionalen Konflikten erwächst die zunehmende Gefahr, dass bei militärischen Einsätzen oder terroristischen Angriffen Atomwaffen verwendet werden. Henry Kissinger sagte in München: »Die Verbreitung von Nuklearwaffen ist zu einem alles überspannenden strategischen Problem geworden ...« Er bezeichnete dies als »Eindämmung des Feuers der Götter«. Kissinger und andere hochrangige Konferenzteilnehmer riefen nach einer neuen nuklearen Agenda zur Lösung dieser Probleme. An dieser Agenda muss die gesamte Welt beteiligt werden.

➤ Eine weltweite soziale und humanitäre Krise, die von der Erosion traditioneller Lebensstile, von militärischen und politischen Konflikten und durch dramatisch veränderte demografische Muster in zahlreichen Teilen der Welt ausgelöst wurde. Entwickelte Gesellschaften kämpfen mit Überalterung und schrumpfenden Bevölkerungszahlen, während der Rest der Welt von einer Welle einer unzufriedenen Jugend überrollt wird. Bestehende Lebensmuster lösen sich auf, und die sozialen und wirtschaftlichen Systeme sind nicht in der Lage, mit diesen Problemen fertig zu werden.

➤ Ein zunehmender Druck auf die menschliche Fähigkeit zur Steuerung der kostbaren Ressourcen der Erde. Klimawandel, die Erosion von Wald- und Ackerbauland, Überfischung der Ozeane und die zunehmende Verknappung neuer Energiequellen werfen Fragen über die Zukunft der Menschheit auf, wie wir sie kennen. Als weltgrößter Verbraucher natürlicher Ressourcen tragen die Vereinigten Staaten eine große Verantwortung für die Entdeckung von Wegen zur Wahrung unseres globalen Geburtsrechts.

Die Veränderung der Spielregeln

Barack Obama wurde zum Teil deswegen gewählt, weil er bei den Amerikanern und der Weltgemeinschaft die Hoffnung weckte, er verstehe diese Herausforderungen und könne die Art und Weise verändern, wie die Vereinigten Staaten damit umgehen. Angesichts der hier genannten Agenda und der Insolvenz der amerikanischen Diplomatie wird der amerikanischen Außenpolitik kein Erfolg beschieden sein, falls Obama sich darauf beschränkt, dieselben Dinge einfach besser zu machen als sein Vorgänger.

Selbst wenn Obama nicht auf einen unbeliebten Präsidenten gefolgt wäre, hätte er keine andere Möglichkeit, als der amerikanischen Außenpolitik ein neues Gesicht zu verleihen. Doch eine veränderte Rhetorik allein wird nicht genügen. Wie wir später im Detail beschreiben werden, sind 20 Jahre nach dem Fall der Berliner Mauer die Strukturen und Ziele der amerikanischen Außenpolitik, aber auch die außenpolitische Philosophie des gesamten Westens auf gefährliche Weise überholt. Obamas Plan zur Neuausrichtung Amerikas muss sich auch auf die Außenpolitik des Landes erstrecken. Selbst ohne das negative Erbe der Bush-Regierung hätte Obama die amerikanischen Führungsmethoden radikal verändern müssen.

In Kapitel 9 haben wir darüber gesprochen, auf welche Weise Obama versucht, ein *transformational leader* zu werden. Seine außenpolitischen Ziele formuliert er in denselben Begriffen, die er auch für seine innenpolitischen Ziele verwendet. Außenpolitische Erklärungen kleidet er oft in bildhafte Geschichten, so wie im Juli 2008 in Berlin geschehen. Dieser Ansatz spiegelt nicht nur die Person Obama wider, sondern ist ein wesentliches Mittel zur Kommunikation seiner Ideen an das amerikanische Volk. In den Vereinigten Staaten ist die Außenpolitik im Wesentlichen ein Teil des nationalen Empfindens der amerikanischen Fähigkeit zur Perfektionierung der Umwelt.

Ausländische Regierungen betrachten die scheinbare Neigung der Vereinigten Staaten, sich in ihrer Außenpolitik zugunsten alles Neuen und Kreativen von Kontinuität und Stabilität zu verabschieden, regelmäßig mit Bestürzung. Viele hoffen, Obama werde die Kontinuität der Vergangenheit wiederherstellen. Dabei ist es genau die Diskontinuität, die Obamas Philosophie verkörpert und die den Schlüssel zum Verständnis darstellt, wie Präsidenten Amerikas Rolle in der Welt lenken müssen.

Das offene, umstrittene und letztlich unberechenbare amerikanische Politik- und Wirtschaftssystem transformiert sich durch das Zusammenspiel konkurrierender Visionen sowie sozialer und technischer Innovationen, die dazu beitragen, dass die Vereinigten Staaten stets an der Spitze des Wandels stehen, regelmäßig selbst. Präsidenten, denen es gelingt, diesen internen Innovationsprozess an Amerikas Rolle in der Welt zu adaptieren, können auch erfolgreiche Außenpolitiker sein. Diejenigen, denen das nicht gelingt, scheitern oft kläglich. Und Verbündete, die verstehen, wie dieser grundlegende Innovationsantrieb funktioniert, werden in der Lage sein, Einfluss auf die Ergebnisse zu nehmen und von ihnen zu profitieren.

Einige Beispiele aus der Vergangenheit könnten dabei nützlich sein. Eines davon, das Beispiel eines gescheiterten Präsidenten, ist Woodrow Wilson, der seine Entscheidung, in den Ersten Weltkrieg einzutreten, mit amerikanischem Idealismus bemäntelte.

Wilsons Vierzehn-Punkte-Programm zielte darauf ab, das konzertierte Machtgefüge zu zerbrechen, das Europa mindestens seit dem Kongress von Wien im Jahr 1815 regierte. Wilson griff auch das von Bismarck so perfektionierte System der Allianzen an, indem er die Art Geheimverträge ablehnte, die seiner Überzeugung nach in Europa beinahe automatisch zum Krieg führten. Darüber hinaus legte er eine starke Betonung auf das nationale Selbstbestimmungsrecht der Völker, die bisher unter der Kontrolle großer Imperien standen, und griff den Kolonialismus an, der stets einer der größten Angriffspunkte Amerikas war.

Wilson hatte diesen idealistischen Appell als Mittel verwendet, um einer isolationistisch gesinnten amerikanischen Öffentlichkeit die Beteiligung am Ersten Weltkrieg schmackhaft zu machen. Zwar trat er mit Erfolg in den Krieg ein, doch die Unterstützung für ein weiterführendes Engagement in Europa schwand fast unmittelbar nach Kriegsende.

Die europäischen Siegermächte, die spürten, dass Wilson Probleme im eigenen Land hatte, machten einen möglichst großen Bogen um seine idealistische Vision. Territorien wurden besetzt, und insbesondere auf Deutschland lasteten Kriegsschulden, die Wut und Nationalismus auslösten. Die Vereinigten Staaten lehnten den Vertrag von Versailles ab, und der US-Kongress legte ein Veto gegen die amerikanische Mitgliedschaft im Völkerbund ein. Wilson starb als gebrochener Mann, die Vereinigten Staaten zogen sich fast vollständig aus den europäischen Angelegenheiten zurück, und dann brach der Zweite Weltkrieg aus.

Der amerikanische Kulturhistoriker Simon Scharma merkt an, dass Wilson von den Franzosen insbesondere für seine Selbstgerechtigkeit und sein Versagen bei der Erzielung von Ergebnissen verachtet wurde. Während der zwanziger und dreißiger Jahre wuchs in Europa die Überzeugung, dass Amerika allein aus Profitgier in den Ersten Weltkrieg eingetreten war. Heute gilt Wilson als Held, ein Held mit Schwächen zwar, aber dennoch ein Präsident, der seine Ära geprägt hat.

Harry Truman erzielte ein positiveres Ergebnis aufgrund seiner dramatischen, regelverändernden Reaktion auf die sowjetische Blockade Berlins im Jahr 1948. Die Überwindung dieser Blockade durch die Berliner Luftbrücke veränderte das Machtgleichgewicht in Europa drastisch und dauerhaft und machte die Vereinigten Staaten zu einer aktiven politischen Kraft auf der Weltbühne. Zwar hatte die Sowjetunion rund um Berlin überwältigende militärische Streitkräfte versammelt, doch durch die Versorgung der Stadt über die Luftbrücke gelang es den Vereinigten Staaten, diesen Vorteil zu neutralisieren und die Freiheit der westlichen Sektoren zu schützen.

Doch die Luftbrücke spielte auch in den Vereinigten Staaten eine wichtige Rolle. Truman kämpfte gegen den isolationistischen Druck aus zahlreichen Richtungen, an dem Wilson 25 Jahre zuvor gescheitert war. Und er wurde von den Idealisten bedrängt, die Franklin Roosevelt umgeben hatten und glaubten, das amerikanische Engagement im Ausland würde ihren Traum einer Weltregierung durch die Vereinten Nationen schwächen.

Trumans dramatische und erfolgreiche Reaktion auf die Berlin-Blockade brachte beide Gruppen zum Schweigen. Die Sowjetmacht galt als gefährliche Bedrohung für den Weltfrieden. Die militärischen und politischen Aktivitäten Amerikas, mit denen die Macht der Sowjetunion eingedämmt werden sollte, wurden als notwendiges Engagement betrachtet. Von da an war Amerika auf seine Rolle als Garant für Frieden und Stabilität in Europa und anderen Teilen der Welt festgeschrieben.

Ironischerweise schwand Trumans Popularität fünf Jahre später, als er der Logik der Berlin-Intervention folgte, indem er sich die Zustimmung der Vereinten Nationen zur Entsendung von Truppen holte, um die von China unterstützte Invasion Nordkoreas in Südkorea zu stoppen. Der Krieg war so unpopulär, dass Truman die Unterstützung im eigenen Land verlor.

Ich war einer der Hauptbeteiligten an einem anderen hochdramatischen Moment der jüngeren amerikanischen Diplomatie, der demonstrierte, wie ein Präsident mit einem regelverändernden Ereignis die Wahrnehmung im In- und Ausland beeinflussen kann.

Dabei handelte es sich um die Rede, die Präsident Reagan am 21. Juni 1987 am Brandenburger Tor hielt und in der er an Gorbatschow seine berühmte Aufforderung richtete: »Reißen Sie diese Mauer ein!« Reagans Berlin-Besuch war als feierliches Ereignis anlässlich des 750. Jubiläums der Stadt Berlin geplant. Reagan war eines von mehreren Staatsoberhäuptern, die Berlin in jenem Jahr einen Besuch abstatteten, darunter die Königin von England sowie die Staatspräsidenten oder Monarchen zahlreicher wichtiger europäischer Länder.

Der Anbruch eines neuen Zeitalters

Der 21. Juni 1987 hat sich in meine Erinnerung als schnell wechselndes Kaleidoskop an Erinnerungen und Eindrücken eingegraben. Die Organisation von Reagans Berlin-Besuch war eine der schwierigsten Aufgaben meines Lebens. Es war nämlich gar nicht so einfach, die Zustimmung zu erhalten, Reagan vor dem Brandenburger Tor sprechen zu lassen. Zudem gab es Debatten über die Rede an sich, über die Zahl der zu erwartenden Zuhörer und die Art und Weise der Berichterstattung über dieses Ereignis. Eines hatten die amerikanische und die deutsche Presse gemeinsam: Sie waren davon überzeugt, das Ganze sei eher die Theateraufführung eines alternden Schauspielers als eine seriöse politische Initiative.

Angesichts der angespannten Ost-West-Lage der vorangegangenen Jahre konnte sich niemand vorstellen, dass Reagan ernsthaft daran glaubte, er könne zum Niederreißen der Mauer aufrufen. Doch dann rief mich Dieter Kronzucker an und trug mir eine Idee vor: Lass uns auf die Plattform steigen, auf der Reagan die Rede gehalten hat, und im heute-journal des ZDF die Rede kommentieren.

Und das taten wir. Ich fragte niemanden um Erlaubnis. Da der Präsident bereits wieder abgereist war, kümmerte sich niemand darum. Also gingen wir direkt zu dem Platz, an dem Reagan seine Aufforderung an Gorbatschow gerichtet hatte. Zwei Veteranen in transatlantischer Politik erzählten Ost- und Westdeutschland, was sie von Reagans Rede zu halten hätten. Dieter widmete sich den atmosphärischen Aspekten und sprach über die Zuschauermenge und die Stimmung. Ich sagte, ich sei zufrieden mit dem Ereignis, würde aber gerne die politische Bedeutung der Rede Reagans betonen.

Seine Aufforderung an Gorbatschow war eine sorgfältig geplante politische Initiative, um in Berlin, im Zentrum der Ost-West-Teilung, eine Dynamik zu erzeugen; keine Theatershow, sondern eine entschlossene Strategie, um von den verbesserten Beziehungen als Folge von Gorbatschows Perestroika zu profitieren. Dieter fragte mich nach Einzelheiten, und ich nannte sie ihm. Doch die Details waren gar nicht so wichtig. Was ich an diesem Abend gehofft hatte und was sich später bewahrheiten sollte, war ein Schwinden der feindseligen und aggressiven Atmosphäre der vergangenen Jahre; dass sich die Vereinigten Staaten an der Spitze des Wandels in Europa befinden würden; dass Reagan der große Wiedervereiniger sein würde, der er stets zu sein gehofft hatte.

Es war ein lauer Sommerabend, die Straßen waren mit Papierschnipseln bedeckt, und überall standen die Reste der Polizeibarrieren herum, die noch wenige Stunden zuvor die rund 40.000 Zuhörer umzäunt hatten, die zum Brandenburger Tor geströmt waren, um sich das Ereignis aus nächster Nähe anzusehen. Später erfuhren wir, dass in Ostberlin einige Demonstrationen stattgefunden hatten. Die ostdeutsche und die sowjetische Presse verurteilten Reagans Worte; die meisten Westdeutschen ignorierten sie.

Eine Zeit lang war unsere Sendung die einzige öffentliche Beschreibung der Ziele dieser Rede. Die meisten Zuschauer verstanden wahrscheinlich gar nicht, was wir auszudrücken versuchten. Wie konnten sie auch? Selbst wir erkannten nicht, wie dramatisch dieser Moment war. Wir beschrieben den Anbruch eines neuen Zeitalters. Bald darauf sollte eine Zukunft anbrechen, mit der niemand gerechnet hatte. An diesem Platz in Berlin hatten wir den ersten kurzen Blick auf eine völlig veränderte Welt erhascht; eine Welt, die selbst wir kaum für möglich gehalten hätten. (JK)

Erst nachdem amerikanische Diplomaten in Deutschland zu spüren begannen, dass die etablierten »Spielregeln« in Deutschland allmählich an Glaubwürdigkeit verloren, erhielt Reagans Rede eine stärkere politische Bedeutung. In diesem Fall bestanden die Regeln in dem gegenseitigen Bekenntnis der Bundesregierung und ihrer westlichen NATO-Verbündeten zur Wahrung der Rechte der vier Siegermächte sowie zur rechtlichen Einheit beider Teile Berlins und Deutschlands als Grundlage für eine demokratische Wiedervereinigung von Europa, einschließlich der versklavten Völker Zentraleuropas.

Die Gründe für die schwindende Unterstützung einer entschlossenen Linie gegen die Sowjetpräsenz in Zentraleuropa waren zahlreich, aber die schwächenden Effekte der emotionalen Auseinandersetzung über die Stationierung von Mittelstreckenraketen in Europa, gefolgt vom Aufstieg des reformorientierten russischen Präsidenten Michail Gorbatschow, waren die beiden wichtigsten.

Weite Teile der deutschen Bevölkerung waren von der militärischen Konfrontation, die gerade noch hatte verhindert werden können, ermüdet und besorgt. Sie wollten in erster Linie Frieden und begannen Gorbatschow stärker zu vertrauen als Ronald Reagan. Nachdem das Bundeskanzleramt in Bonn Signale ausgesendet hatte, dass die Bundesrepublik gerne Konzepte zur Abschaffung des Vier-Mächte-Status von Berlin im Gegenzug für Zugeständnisse des Ostens untersuchen würde, verwandelte sich Reagans Rede in Berlin in ein hochpolitisches, regelveränderndes Ereignis.

Anstatt Berlin feierlich zum Jubiläum zu gratulieren, stand Reagan genau im Zentrum des Ost-West-Konflikts, nämlich am Brandenburger Tor, und sandte eine Botschaft über politischen Wandel aus, welche die öffentliche Position der Vereinigten Staaten durch eine Herausforderung der Russen von einer Verbesserung des Status quo zu einer Veränderung der herrschenden Zustände verschob. Die dramatische Aufforderung »Mr. Gorbatschow, reißen Sie diese Mauer ein!« sollte in diesem Kontext betrachtet werden. In der Rede folgte eine wesentlich längere Beschreibung von Vorgehensweisen, mit denen der US-Präsident die Mauer mit friedlichen Mitteln öffnen wollte. Die Bedeutung dieser Aufforderung war eindeutig. Das Ziel der Vereinigten Staaten war nicht, die Teilung Berlins menschlicher zu gestalten, sondern sie mit friedlichen Mitteln ein für alle Mal zu beseitigen.

Tatsächlich erregte die Rede zunächst wenig Aufsehen. Washingtons Auslandskorrespondenten waren mehr an einem aktuellen Skandal zu Hause interessiert, der Iran-Contra-Affäre, und die deutsche Presse verstand die Botschaft nicht. Dennoch war der Zweck dieses Ereignisses mehr als erfüllt. Der Auftritt des Präsidenten war sorgfältig darauf ausgelegt, mehr als eine Rede mit dem berühmtesten Satz der Welt zu sein. Die Wahl des Brandenburger Tors als Auftrittsort war ein Akt der kontrollierten Provokation, der die westdeutschen und die ostdeutschen Autoritäten gleichermaßen beunruhigte. Die Positionierung der Rednerplattform in einem Winkel, der ein perfektes Fernsehbild von Reagan mit dem gesamten Brandenburger Tor im Hintergrund ermöglichte, stellte eine weitere Provokation dar. Dieses Bild ist nach wie vor eines der meistreproduzierten Fotos der Welt, weil es das Drama des Augenblicks vermittelt, ohne dass auch nur ein Wort des Begleittextes nötig wäre.

Einige Analysten glauben, Reagan habe so entschieden klingen wollen, um seine Anstrengungen zur Vereinbarung einer atomaren Abrüstung mit der Sowjetunion zu verschleiern. Seinen Worten wurde auch in mehreren zentraleuropäischen Ländern und in Ostdeutschland mit großer Aufmerksamkeit gelauscht. Bonn äußerte keine weiteren Bitten zur Überprüfung des Status von Berlin. Achtzehn Monate später konzentrierte sich die Diskussion intensiv auf den Wandel. Zweieinhalb Jahre später war die Mauer gefallen.

Ausweg aus der Insolvenz

Was die Außen- und Sicherheitspolitik betrifft, steht Barack Obama vor einer Aufgabe, die der Bewältigung der Wirtschaftskrise nicht unähnlich ist. Der außenpolitische Bankrott wurde von einem Fehleinsatz der Ressourcen und einer fehlgeleiteten Definition der Ziele verursacht und von einer rapiden Veränderung der Weltsituation weiter verschärft.

Wie die Wirtschaftskrise widerspiegelt, ist die außenpolitische Insolvenz ebenfalls eine wichtige Eigenschaft des amerikanischen Charakters, vor allem seiner Neigung, in aller Eile nach dramatischen Lösungen für komplexe Probleme zu suchen und, wie zuvor erwähnt, den Mut zu verlieren, wenn sich diese Probleme nicht im Rahmen des amerikanischen Kontextes erklären lassen.

Das große Vertrauen und die überbordende Begeisterung, die Obamas Wahl zum US-Präsidenten ausgelöst hat, könnten den Pessimismus, der auf die Ereignisse des 11. September und den Irakkrieg folgte, bis zu einem gewissen Grad heilen. Die Wahl Obamas zum neuen US-Präsidenten hat das Ansehen der Vereinigten Staaten im Ausland bereits erheblich gestärkt. Doch wie bei der Bewältigung der Wirtschaftskrise ist Obama auch hier mit einer neuen und verwirrenden Bandbreite an Ländern, Herausforderungen und Strategien konfrontiert, welche die organisatorische und intellektuelle Stärke der Vereinigten Staaten auf die Probe stellt. Wie in Kapitel 9 beschrieben, bedeutet die Globalisierung des Risikos und der Bedrohung sowie der Investitionen und Gewinne, dass bestehende Beziehungsmuster mit Regeln, die in den vierziger Jahren aufgestellt wurden, schwierig aufrechtzuerhalten sein werden.

Regierende aus allen Erdteilen sind heute mit einer Serie von tückischen Problemen konfrontiert – *wicked problems*, wie amerikanische Sozialtheoretiker sie nennen –, die aufgrund unklarer oder widersprüchlicher Anforderungen schwer bis unmöglich zu lösen sind und nicht in die bestehenden Muster der internationalen Organisationen und Beziehungen passen. Eine Veränderung der Spielregeln in diesem Kontext bedeutet, neue Kombinationen aus Herausforderungen und Beteiligten zu finden. Es werden neue und andere Interessengruppen entstehen und vielfältige Rahmenstrukturen gleichzeitig gemanagt werden müssen.

Um die wahre Komplexität der Aufgabe zu verstehen, müssen wir nur an die grundlegend anders beschaffenen Bündnisse denken, die zur Bekämpfung des Klimawandels, zur Lösung des Nordkorea-Problems oder zur Bekämpfung von Atomwaffen erforderlich sind. Keins davon passte in bestehende internationale Organisationen. Jedes fordert neue Methoden und andere, offenere Strukturen der Zusammenarbeit. Obamas Dilemma wird darin bestehen – wie auf der Münchner Sicherheitskonferenz auf so dramatische Weise deutlich wurde –, dass die Vereinigten Staaten den Status quo zugleich erneuern und schützen müssen.

Das bedeutet, dass Obama bei der Definition seiner Rolle als *transformational leader* stets Amerikas grundlegende Rolle als globale Macht vor Augen haben muss, die in der Welt für Stabilität und Ordnung sorgt. Dies erfordert häufig die gleichzeitige Verfolgung eines konservativen und eines innovativen Problemlösungsansatzes. Konservativ in dem Sinne, dass die Vereinigten Staaten fest die internationale Stabilität verteidigen; innovativ durch den Einsatz ungewöhnlicher Instrumente oder Bündnisse und eine kreative Definition der Ziele.

Ich hoffe, dass Barack Obama bei der Planung seiner Außenpolitik neben dem Studium von Abraham Lincoln und Franklin Roosevelt auch die Erfahrungen von Jimmy Carter gründlich untersucht hat. Carter wurde 1976 unter Bedingungen gewählt, die sich nicht sehr von denen unterschieden, die Obama zum Wahlsieg verholfen haben. Das Land war von innenpolitischen Skandalen und einem tragischen Krieg gebeutelt. Die Wirtschaft befand sich am Boden. Carter war ein Außenseiter mit wenig politischer Erfahrung, der Wandel versprach. Auf einer Welle des Wohlwollens und großer Hoffnungen zog er in das Weiße Haus ein.

Doch im Anschluss erwies er sich zwar als visionsstark, aber schwach in seinen politischen Fähigkeiten. Carter konnte seine Ideen nicht so gut kommunizieren wie Obama. Zudem schien ihm das Auf und Ab des politischen Theaters in Washington nicht zu schmecken, das jede Politik kennzeichnet. Carter war ein Techniker und kein *community organizer* wie Obama. Er betrachtete alle Probleme aus einem innenzentrierten Blickwinkel.

Es dauerte nicht lange, bis sich selbst in seiner eigenen Partei die Widersacher formierten. Auch ausländische Partner waren verwirrt. Carters außenpolitische Statements waren prinzipienfest und konsistent, zeigten aber nur wenig Verständnis für das, was zu ihrer Umsetzung nötig war. Ganze Bücher wurden zum Beispiel über seine Konflikte mit Helmut Schmidt geschrieben.

Carter war ein Mann des Friedens, dessen Anstrengungen zur Rüstungskontrolle so missverstanden wurden, dass sie zu einer der größten Aufrüstungswellen in der modernen Geschichte führten. Er versuchte, auf die Entwicklungsländer zuzugehen, und wurde mit dem iranischen Geiseldrama belohnt. Seine Sichtweise über Menschenrechte war visionär, aber sie führte in der kommunistischen Welt zu einer größeren Unterdrückung der Dissidenten als in den vorangegangenen zehn Jahren. Carter wurde zum US-Präsidenten gewählt aufgrund seines Versprechens, Amerikas Image in der Welt wiederherzustellen. Als er das Weiße Haus verließ, befand sich das Vertrauen in die Vereinigten Staaten an seinem absoluten Tiefpunkt.

Fast 30 Jahre nachdem Carter aus dem Amt geschieden ist, gilt er als Innovator, dem allerdings das Verständnis fehlte, wie sich seine Ziele erreichen ließen. Im Gegensatz zu den meisten anderen ehemaligen US-Präsidenten sinkt seine Position auf der Rangliste der besten Präsidenten beständig. Um ihn im Präsidentschaftswahlkampf von 1980 zu schlagen, musste Ronald Reagan wenig mehr tun als zu versprechen, dass er kein Jimmy Carter sein würde.

In der Anfangsphase seiner Kampagne im Rahmen der Vorwahlen schien Barack Obama Gefahr zu laufen, einige von Carters Fehlern zu wiederholen, vor allem in der Außenpolitik. Er hatte hochfliegende Visionen, denen es an realistischer Bodenhaftung mangelte. Seine Vorschläge zur Bewältigung der internationalen Krisen wurden oft als naiv abgestempelt, vor allem von seinen Widersachern in der eigenen Partei. Hillary Clinton nutzte seinen Mangel an Erfahrung sehr wirkungsvoll, um seine politische Reife für internationale Führung infrage zu stellen.

Als die Nominierung des demokratischen Präsidentschaftskandidaten näherrückte, begann Barack Obama diesen Eindruck zu korrigieren. Die Rede, die er in Berlin hielt, ist ein wichtiges Dokument von Obamas Vor-Präsidentschaft. Bei seinen späteren Auftritten in den Fernsehdebatten zeigte er sowohl das notwendige Verständnis der Probleme als auch die Bereitschaft, im Umgang mit diesen Problemen Macht und Rhetorik einzusetzen. Seine Fähigkeit zur Vermittlung seiner Botschaft verscheuchte den größten Teil der Zweifel an seiner Erfahrung. Selbst seine Prognose über die Notwendigkeit eines Dialogs mit dem Iran oder den politischen Kurs im Irakkrieg scheint einzutreten.

Obama nutzte die zweieinhalb Monate Übergangsphase im Rahmen des Amtswechsels zur Stärkung seines Images. Die Ernennung seiner Kabinettsmitglieder war effizient; die Beschreibung seiner Ziele prägnant und verständlich. Er stellte sich auf die Debatte über die Wirtschaftskrise ein, ohne sich direkt in die Politik einzumischen. Selten hat ein Präsident den Amtseid mit einer derart starken öffentlichen Unterstützung geleistet.

Seit er zum US-Präsidenten gewählt wurde, hat Obama Reinfälle und Niederlagen erlebt, doch er konnte auch wichtige Erfolge verzeichnen. In seinen ersten Wochen wurde er jedoch völlig von der Wirtschaftskrise absorbiert. Dennoch unternahm er einige wichtige und äußerst symbolträchtige Schritte in der Außenpolitik, um zu demonstrieren, dass in Washington ein neuer Wind wehte. Am bedeutendsten war sein Angebot vom 23. März an das iranische Volk, einen neuen Anfang in den Beziehungen zwischen den USA und dem Iran zu versuchen. Dadurch hielt er eins seiner wichtigsten Wahlkampfversprechen ein. Obama unterschrieb auch Präsidentenverfügungen, um die Schließung des Gefangenenlagers Guantánamo zu initiieren und die Methoden der Befragung terroristischer Gefangener zu regulieren. Kurz danach erklärte der

US-Generalbundesanwalt Eric Holder, dass das sogenannte »Wa terboarding« als Foltermethode einzustufen sei und nicht mehr angewendet werden dürfe.

Schon früh telefonierte Obama mit dem russischen Präsidenten Medwedew und tauschte lange und substanzielle Briefe mit ihm aus. Ohne eine direkte Verbindung herzustellen, machte er deutlich, dass Fortschritte in der Verringerung der atomaren Bedrohung durch den Iran es den Vereinigten Staaten erleichtern könnten, die Notwendigkeit einer Stationierung von Raketenabwehrsystemen in Europa zu überdenken. Beide Staatsoberhäupter trafen sich Anfang April und versicherten ihren gemeinsamen Wunsch der besseren Zusammenarbeit. Zudem rief er den palästinensischen Präsidenten Abbas an und gewährte einem islamischen Kabel-TV-Sender ein Interview. Und bei seiner ersten Reise nach Europa im April 2009 legte er einen Zwischenstopp in der Türkei ein.

Senator George Mitchell wurde zum Sondergesandten für den israelisch-palästinensischen Konflikt und Richard Holbrooke zum Sonderbeauftragten für Afghanistan und Pakistan ernannt. Zwei Wochen später kündigte Obama die Entsendung zusätzlicher 17.000 amerikanischer Soldaten nach Afghanistan an. All das waren wichtige Maßnahmen. Sie signalisierten Handlung, waren jedoch zumeist nur erste Schritte. Wichtiger war der Führungsstil, mit dem sie demonstriert wurden. Die Art und Weise, wie ein Präsident seine Politik präsentiert, spielt eine wichtige Rolle in der Gewinnung von Glaubwürdigkeit für einen neuen Ansatz. Sie trägt dazu bei, Vertrauen zu bilden und ein Fundament für eine echte Kooperation zu legen.

Mehrere wichtige Charakteristika seiner Vorgehensweise wurden in den ersten Monaten seiner Amtsführung deutlich:

➤ Erstens scheut Obama nicht davor zurück, von seiner Macht als Präsident Gebrauch zu machen. Beinahe ab dem ersten Tag seiner Amtszeit hat er sowohl bei innen- als auch bei außenpolitischen Problemen die Initiative ergriffen. Sein umfassendes Wirtschaftsprogramm steht dem »New Deal« Franklin Roosevelts in Bezug auf seinen transformativen Charakter in nichts nach. Obama möchte den Erfolgen Franklin Roosevelts und Abraham Lincolns nacheifern. Dabei sollte er die Niederlagen Jimmy Carters jedoch nicht vergessen.

➤ Zweitens zögert Präsident Obama nicht, sich mit herausragenden Beratern zu umgeben. Sein Kabinett sowie der weitere Stab des Weißen Hauses bestehen aus persönlichkeitsstarken Experten mit beeindruckenden Reputationen. Diese Regierungsvertreter werden eine starke Autorität ausstrahlen. Zudem werden sie Obamas Fähigkeiten erweitern, »neu entstehende Möglichkeiten zu erspüren«, um es mit den Worten John Kaos auszudrücken.

➤ Drittens hat Obama seine Regierung so organisiert, dass sie ein Maximum an Dialog und Innovation und ein Minimum an Schichtenbildung ermöglicht. Sowohl der Nationale Sicherheitsrat als auch der Nationale Wirtschaftsrat sind Körperschaften innerhalb des Weißen Hauses, deren Aufgabe darin bestehen könnte, die Diskussion anzuregen, aber auch die formale Politik zwischen den zahlreichen Regierungsbehörden zu koordinieren. Beide Organisationen wurden gestärkt. Darüber hinaus wurden Sonderbeauftragte für alle möglichen Themen ernannt, von Afghanistan über Umwelt bis zu Gesundheitsversorgung und alternativen Energien. Dieses System kann Meinungsverschiedenheiten und schädliche Rivalitäten auslösen. Es wurde jedoch auch von Lincoln und Roosevelt mit jeweils guten Ergebnissen angewendet. Sein Erfolg hängt von den Fähigkeiten des Präsidenten ab. Obama scheint daran zu glauben, dass er es zum Funktionieren bringen kann.

Wie in vorhergehenden Kapiteln bereits erwähnt, fährt Obama damit fort, seine direkte Kommunikation innerhalb von Amerika sowie im Ausland aufzubauen, und zwar sowohl mit traditionellen als auch mit modernen Kommunikationsinstrumenten. Er organisiert *home dialogues* in Privathäusern, um wichtige Probleme zu diskutieren; er reist durchs Land, um direkt mit den Bürgern zu sprechen, und er baut seine Internetaktivitäten aus. Auch ausländische Regierungen werden bemerken, dass seine Botschaft nicht nur ihre jeweilige nationale Presse, sondern über diese unkonventionellen Methoden auch ihre Institutionen erreicht.

Der Aufbau einer neuen Weltordnung

Als Präsident der einzigen globalen Macht der Welt wird eine der wichtigsten Aufgaben Obamas darin bestehen, die multilateralen Institutionen neu auszurichten und den Aufbau einer neuen Weltordnung voranzutreiben. Wie in Kapitel 9 beschrieben, haben sich die Dynamiken des internationalen Lebens in den letzten 20 Jahren derart dramatisch verändert, dass ein Großteil der nach dem Zweiten Weltkrieg gegründeten Institutionen nicht mehr länger effektiv funktioniert. Die Entwicklung neuer Strukturen wird weder eine leichte noch eine kurzfristige Aufgabe sein. Ihre Durchführung wird wahrscheinlich eine gesamte Generation in Anspruch nehmen. Tatsächlich könnte man sagen, dass die Aufgabe des Wiederaufbaus nach dem Kalten Krieg eine Wiederholung der Reorganisation der Welt nach dem Zweiten Weltkrieg darstellt.

Unsere derzeitige Weltordnung war die Arbeit von Politikern und Diplomaten, die sich nach den Kalamitäten von zwei Weltkriegen und einer grauenhaften Depression im Schockzustand befanden. Sie wollten sicherstellen, dass sich solche Ereignisse niemals wiederholen konnten. Sie glaubten, strenge Regeln und formale Strukturen seien das beste Mittel, um dies zu verhindern. Und da die Führer der Welt alle denselben historischen und kulturellen Hintergrund hatten, fiel es ihnen nicht schwer, für die meisten Probleme eine Lösung zu finden.

Barack Obama wurde Präsident, weil er eine Vision bot: die Transformation der strukturierten Nachkriegswelt in eine Ära des offenen Dialogs. Seine Vision passt gut zur Mentalität der Generation, die mit Computern und Informationstechnologie aufgewachsen ist. Sie legt den Schwerpunkt auf Offenheit und Teilhabe. Obama betrachtet die Welt als ein Netzwerk aus miteinander verknüpften Elementen und nicht als eine Ansammlung separater Einheiten.

Auf die Außenpolitik angewendet, unterscheidet sich dieser Ansatz von der Konsenssuche der klassischen multilateralen Diplomatie. In multilateralen Organisationen versuchen verschiedene souveräne Teilnehmer, ihre unterschiedlichen Sichtweisen innerhalb einer strengen Vertragsstruktur auf Basis etablierter Regeln miteinander in Einklang zu bringen. In Obamas Welt werden Fragestellungen von zahlreichen Quellen zur Kommentierung ausgesendet. Die Ernennung von zwei oder sogar drei Beratern, die sich mit demselben Problem beschäftigen, ist ein Beispiel für seine Methode. Obama scheint sich selbst eher als einen Systemintegrator zu betrachten denn als höchste Führungskraft im traditionellen Sinne.

Anstatt von oben Erlasse zu diktieren, scheint er danach zu streben, dass an verschiedenen Knotenpunkten eines integrierten Systems Ideen generiert werden, wobei der Konsens aus vielfältigen Quellen und nicht über eine hierarchisch gegliederte Struktur entsteht. Im Umgang mit diesen Quellen scheint Obama die Regeln oft im Verlauf seiner Regierungsführung zu definieren.

Der bekannte diplomatische Korrespondent der *Washington Post*, Jim Hoagland, beschrieb Obamas Ansatz wie folgt:

> »Während seines ersten Monats machte Obama seinen außenpolitischen Stil deutlich: Er spielt mit den Karten, die er gerne in den Händen halten würde, anstatt mit denen, die ihm ausgeteilt wurden. Er verlässt sich auf seine Fähigkeiten sowie einen entschlossenen Optimismus, der ihm seiner Überzeugung nach bei der Bestimmung der Ergebnisse helfen wird, um das schlechte Blatt zu kompensieren.«

Ein weiteres Instrument, zu dem Obama regelmäßig greift, um die tückischen Probleme der Globalisierung zu lösen, sind die Chancen, die in der Stärke der westlichen Welt selbst liegen. Diese Schlussfolgerung mag überraschend klingen angesichts der Betonung des multipolaren Zeitalters, in das wir gerade eintreten. Doch ein starker und einflussreicher Westen steht nicht im Widerspruch zur globalen Integration einer multipolaren Welt. Obama glaubt eindeutig, dass eine starke westliche Gemeinschaft für seinen Erfolg von grundlegender Bedeutung sein wird, wie er oft sagt: »Unsere Werte zu leben, macht uns nicht schwächer, sondern sicherer und stärker.«

Dass sich Amerika auf den Westen als Grundlage für seinen Erfolg stützt, hat eine strategische Logik. Auf sich gestellt sind die Vereinigten Staaten stark, aber intellektuell und kulturell isoliert. Das Gefühl der Einzigartigkeit ihrer Nation führte die Amerikaner zu den Fehlkalkulationen und Niederlagen, die George W. Bushs Amtszeit gekennzeichnet haben. Sie brauchen Partner mit einer gemeinsamen philosophischen Basis, mit denen sie sozusagen innerhalb der Familie Ideen und Konzepte diskutieren können. Egal wie stark andere Länder werden, diese Art der Unterstützung bietet nur der Westen.

Kehren wir für einen Augenblick zu Walter Lippmann zurück, der bereits 1943 die Logik einer unwiderruflichen Bindung der Vereinigten Staaten an die transatlantische Gemeinschaft erkannte:

>»Der atlantische Ozean ist keine Grenze zwischen Europa und dem amerikanischen Kontinent. Vielmehr ist er der Binnensee einer Gemeinschaft an Nationen, die durch ihre Geografie, ihre Geschichte und durch Lebensnotwendigkeit miteinander verbunden sind ... Es existiert auf dieser Erde eine großartige Gemeinschaft, aus der kein Mitglied ausgeschlossen werden und die kein Mitglied verlassen kann. Diese Gemeinschaft hat ihr geografisches Zentrum im großen atlantischen Becken.«

Die transatlantische Gemeinschaft, über die wir hier sprechen, beschreibt nicht allein die Welt der NATO oder der EU, so wichtig sie auch sein mögen. Vielmehr handelt es sich dabei um die Welt der Regeln und Werte, die in den atlantischen Ländern im Verlauf von Jahrhunderten entwickelt wurden. Zusammengenommen bilden diese Überzeugungen und Praktiken das beste Fundament für die Herstellung von Gerechtigkeit und Wohlstand in der gesamten neuen globalisierten Welt.

Obama glaubt, wenn die globalisierte Welt prosperieren wolle, müsse sie zudem einen Verhaltenskodex, einen Ethikkodex für den Umgang mit Dritten definieren, der den Verhaltensstandards für den Betrieb moderner Technologien und Netzwerke entspricht. Die Behauptung, dass westliche Verhaltensstandards für diese Aufgabe am besten geeignet sind, ist keineswegs chauvinistisch. Barack Obama schrieb diesem Punkt in seiner Berlin-Rede eine große Bedeutung zu:

> »Was uns stets geeint hat, was unser Volk stets angetrieben hat, was meinen Vater an die Küsten Amerikas brachte, ist ein Katalog an Idealen, die die Wünsche und Ziele aller Menschen wiedergeben: nämlich dass wir frei von Angst und Begehr sein mögen; dass wir unsere Gedanken offen aussprechen und uns mit Menschen unserer freien Wahl zusammentun und nach unseren persönlichen Vorstellungen Gott verehren können. Dies sind die Wünsche und Ziele, die das Schicksal aller Nationen in Berlin vereinte. Diese Wünsche und Ziele sind größer als alles, was uns auseinandergetrieben hat. Aufgrund dieser Wünsche und Ziele entstand die Luftbrücke. Aufgrund dieser Wünsche und Ziele wurden freie Menschen überall Bürger von Berlin. Durch die Verfolgung dieser Wünsche und Ziele muss eine neue Generation, unsere Generation, ihre Spur in der Welt ziehen.«

In seinen Worten und Taten ist bereits klar geworden, dass Obama beabsichtigt, sich auf den Westen zu stützen – einen demokratischen Westen, der sich inzwischen von Finnland bis nach Alaska erstreckt –, und zwar als Plattform für den angestrebten globalen

Wandel. Darüber hinaus will er seine rhetorischen Fähigkeiten nutzen, um den Westen dazu zu motivieren, nach höheren Zielen zu streben als in den vergangenen Jahren.

Mit anderen Worten, Amerikas westliche Alliierte sollten davon ausgehen, als Teil ihrer Kooperation mit ihm die volle Kraft seiner Vision, seiner Methoden und Rhetorik zu empfangen. Sein Drängen, seine Rede vor dem Brandenburger Tor halten zu können, hat im offiziellen Berlin zwar für einige Unruhe gesorgt, doch es war ein Omen für das, was noch folgen wird. In einem Artikel, den er am 24. März 2009 gleichzeitig in 30 Zeitungen rund um den Globus veröffentlichte, schrieb er:

>»Meine Botschaft ist klar: Die Vereinigten Staaten sind bereit, die Führung zu übernehmen, und wir rufen unsere Partner auf, sich uns in einem Geist der Dringlichkeit und gemeinsamen Absicht hinzuzugesellen. Es ist viel gute Arbeit geleistet worden, noch mehr bleibt zu tun. Unsere Führung gründet sich auf eine einfache Prämisse: Wir werden entschlossen handeln, um die amerikanische Wirtschaft aus der Krise zu führen ... und diese Maßnahmen werden durch komplementäre Schritte im Ausland gestärkt. Die Vereinigten Staaten können eine globale Erholung beispielhaft befördern und weltweit Vertrauen schaffen, und wenn der Londoner Gipfel zur Veranlassung sofortiger gemeinsamer Maßnahmen beiträgt, können wir den Weg für eine sichere Erholung ebnen und zukünftige Krisen verhindern.«

Es ist ein Versprechen, dass die Vereinigten Staaten entschlossen handeln und führen werden, aber auch eine deutliche Botschaft an andere: Sie müssen mitmachen!

Wo sonst als in der demokratischen Welt kann Obama an dieselben hehren Werte appellieren, die ihm im eigenen Land so gute Dienste geleistet haben? Der Westen wird eine Plattform für Ideen und Kommunikation bilden, aber nicht unbedingt für Organisationen und Programme – kein exklusives Rahmengerüst für seine Anstrengungen, aber eine Plattform, die er seiner Überzeugung nach als eine gemeinsame Basis aus Prinzipien und Werten nutzen kann, und das mit denselben Methoden, die er in den Vereinigten Staaten angewendet hat.

Eine erneute Betonung des Westens wird nicht bedeuten, dass die Institutionen oder Vorgehensweisen der Vergangenheit unverändert weiter bestehen werden. Sowohl die Außenwelt als auch unsere Gesellschaften selbst werden nach einem differenzierteren Ansatz streben als dem in der Vergangenheit angewendeten. Und wie zuvor erwähnt, ist Barack Obama entschlossen, sich nicht auf eine bestimmte Gruppe von Beratern oder ein bestimmtes Handlungsmuster festlegen zu lassen. Das wird innerhalb der westlichen Gemeinschaft genauso gelten wie innerhalb der Vereinigten Staaten.

Das bedeutet, dass sich der neue US-Präsident an die westlichen Regierungsführer halten wird, die ihm dabei helfen können, seine Ideen in praktische, funktionsfähige Programme und Lösungen zu verwandeln. Sein Verständnis für diejenigen, die nicht handeln wollen oder können, wird begrenzt sein. Seine Offenheit für neue Ideen wird groß sein. Deren Umsetzung wird jedoch für alle das Wichtigste überhaupt sein.

12
Der amerikanische Volksheld

»Die USA sind einzigartig unter den Nationen. Denn sie wurden gleich in die Heldenphase ihrer Geschichte hineingeboren«, meint der Psychologe und Heroismusforscher Jerome Bernstein. Anders als die europäischen Mutter- und Vaterländer »haben die Vereinigten Staaten die Entwicklungsphasen von Aristokratie und Leibeigenschaft, Städtebau und Landreform ausgelassen, sie sind eine Geburt des Krieges«.

Wer die Hauptstadt dieser Kriegsgeburt besucht, der kann die These von Jerome Bernstein nur bestätigen. Washington und seine unmittelbare Umgebung sind eine Ansammlung von Monumenten und Memorials, von Feldherrenstatuen und Heldenfriedhöfen. Erinnerungen an Schlachten innerhalb und außerhalb der Nation und der Bau von Erinnerungsstätten nehmen kein Ende.

Das Gedenken, das die Nation am tiefsten bewegt, gilt sicherlich Ground Zero, der riesigen Wunde, die der Terrorismus in Manhattan geschlagen hat. Es folgen die Gedenkstätten für den Unabhängigkeitskrieg gegen England, den Bürgerkrieg zwischen Nord und Süd, den Ersten und den Zweiten Weltkrieg, Korea, Vietnam und bald auch Irak und Afghanistan. Barack Obama sagte bei einem NATO-Besuch: »Die schwerste Aufgabe eines Präsidenten ist der Kondolenzbrief an eine Familie, die einen Angehörigen im Kampf für die Freiheit verloren hat.« Kaum eine militärische Auseinandersetzung der Neuzeit, an der Amerika nicht beteiligt ist. Kaum ein Sieg (oder eine Niederlage) draußen in der Welt, der nicht mit einem Mahnmal oder einer aufgepflanzten Fahne gefeiert wird, von Iwoshima im Pazifik bis Kandahar in Afghanistan – nicht zu vergessen die Flagge auf dem Mond.

Die Amerikaner sind gleichzeitig ein friedliebendes und ein kriegerisches Volk. Da mischt sich eine ungebrochene demokratische Entwicklung mit der rauen Herkunft aus der Pionierzeit zu einer pathetischen Selbstauffassung als Vorbild- und Heldennation. Amerikaner kommen von überallher, unter anderem auch aus ihrem eigenen Land. Deshalb brauchen sie Felder der Gemeinsamkeit, um scheinbar Unverbindliches verbindlich zu machen. Daher ihr Glaube an und ihr Stolz auf Traditionen und Institutionen und ihr Bedarf an heroischen Taten.

Weil die USA aber im Vergleich mit den Staaten der Alten Welt eine Spätgeburt sind, wurzeln ihre Vorbilder und Volkshelden nicht tief in der Geschichte oder der Sagenwelt, sondern mussten erst definiert werden. Der Staat und die Politik erheben Feldherren und Befehlshaber in den Heldenstatus. Die Soziologen und Romanciers aber siedelten ihre Helden an, wo die Amerikanisierung Amerikas begann: im Wilden Westen. Der Historiker Frederic Jackson Turner erkannte schon Ende des 19. Jahrhunderts seine Bedeutung:

>»Unsere frühe Geschichte besteht im Studium der europäischen Samen, die sich in einem amerikanischen Umfeld entwickeln. Dabei hat Amerikanisierung nirgendwo so schnell und so effektiv stattgefunden wie im Grenzerleben des Westens. Die Amerikaner meinen mit ›Grenze‹ etwas völlig anderes als die Europäer. Dort ist es eine befestigte Linie. In Amerika ist *frontier* immer der Vorposten der Zivilisation. Und den Männern, die diese Grenze immer weiter vorwärts treiben, verdankt der amerikanische Intellekt seine besonderen Merkmale: ungeschliffene Stärke, kombiniert mit schlauer Neugier; erfinderischer Sinn, dem das Künstlerische komplett abgeht; energiegeladene Heiterkeit und ungebändigte Kraftfülle, die wiederum Teil des Freiheitswillens sind.«

Präsident Theodore Roosevelt verglich die Legenden der Grenze mit den Heldensagen in Deutschland, die Cowboys mit Kreuz- und Raubrittern:

> »Sie haben sich mit der gleichen ungebärdigen Intensität in den Dienst der guten oder bösen Sache gestellt. Sie hatten auch diesen Hang zur Grausamkeit, der im grimmigen Kampf gegen die wilde Natur entsteht und der auch immer eine Zwillingsschwester des Heroismus ist.«

Trivialautoren wie Louis L'Amour und Zane Grey nahmen sich der Heldenzeit im Wilden Westen an – und natürlich Hollywood mit der Stilisierung des edlen Cowboys und des arglistigen Viehbarons. Zwischen Gut und Böse blieben keine Schattierungen, bis auch die Westernhelden gebrochene Charaktere und Lebensläufe hatten, dargestellt von Gary Cooper bis Clint Eastwood.

Die wirkliche Westernwelt war aber typischer und wichtiger als die Filmwelt. In der Zeit der großen Viehtrecks war jeder fünfte Cowboy schwarz, jeder zehnte ein Indianer. Es ging nicht um die Rasse, sondern um den Umgang mit Lasso und Revolver. Es zählte nicht die Herkunft, sondern die Bewältigung der Aufgabe. Im Wilden Westen waren die USA schon einmal eine multikulturelle Gesellschaft, in der es darum ging, »nicht wo wir herkommen, sondern wo wir hingehen«, wie es Amerikas erste schwarze Außenministerin Condoleezza Rice im letzten Jahr ihrer Amtszeit ausdrückte.

In der idealisierten Westernwelt jedoch sind die Helden zunächst ausnahmslos weiß und verlieren ihre Identität an die Schauspieler, die sie darstellen. Bisbee und Tombstone, die Schauplätze des Gefechtes im O.K.-Corral, gleichen immer noch Wallfahrtsorten.

Im Zweiten Weltkrieg erfüllte der Western eine vaterländische Funktion. Audie Murphy und John Wayne ritten für die USA. Gerade John Wayne wurde zur beherrschenden Kultfigur. Im großen Cowboymuseum in Oklahoma City ist ihm ein ganzer Saal gewidmet, als seien der Sattel, auf dem er durch das Kinoleben ritt, und das Schweißband in seinem Hut authentische Artefakte. Hartnäckig halten sich auch Gerüchte, dass sowjetische Machthaber und südamerikanische Caudillos John-Wayne-Filme anschauten, um daraus Rückschlüsse auf die US-Außenpolitik zu ziehen.

Das gelbe Halstuch, das Wayne einmal in einer Rolle als Kavallerieoffizier trug, wurde zum nationalen Symbol, als 1979 amerikanische Diplomaten in Teheran als Geiseln genommen worden waren. Die Symbolik des *yellow ribbon* hat zwar einen weiter zurückliegenden Ursprung, aber es war die Popularität des Filmschauspielers, die der gelben Schleife die nationale Bedeutung verlieh. Die Fähnchen der Verbundenheit wehten in Vorgärten und über Wolkenkratzern bis zur Rückkehr der Geiseln aus dem Iran. Obwohl Patriotismus im Wilden Westen gar nicht gefragt war, gehört er zum Charakter des aufrechten Cowboys.

Dem 26. Präsidenten der USA, Theodore Roosevelt, hatten es die Legenden des rauen Westens besonders angetan. Er selbst gehörte einst zu den *rough riders,* einer wilden Reitertruppe, die in Kuba Krieg führte. Roosevelt nutzte den Cowboy als Leitbild für das Erbgut der amerikanischen Rasse angesichts der Zuwanderung aus aller Welt: »Das große Problem der Zivilisation besteht darin, einen relativen Zuwachs der wertvollen und nicht der weniger wertvollen oder gar schädlichen Elemente in der Bevölkerung sicherzustellen.« Wer die dazugehörigen Debatten im Kongress nachliest, stößt auf erstaunliche Redebeiträge über »die Notwendigkeit, amerikanisches Blut rein zu halten« oder »der drohenden Entartung vorzubeugen«.

Es ist verbrieft, dass sich Anfang des 20. Jahrhunderts deutsche Rassehygieniker im Vokabular dieser Debatten umschauten. Umgekehrt hat die Umsetzung dieses Gedankengutes als Mittel der ethnischen Säuberung durch die Nationalsozialisten Amerika in Schrecken und dann in Kriegsbereitschaft versetzt. Der Schulterschluss der Amerikaner unterschiedlicher Rasse im anschließenden Weltkrieg förderte die Emanzipation.

Amerika – Die Wagenburg

Zu den Legenden des Wilden Westens gehört auch die Wagenburg. Wenn die Pioniere auf ihren Trecks Feindberührung hatten, bauten sie ihre Conestoga-Waggons zu einem Kreis auf und nutzten sie als Verteidigungsring. War die Gefahr vorüber oder der Sieg errungen, zogen sie weiter, als ob nichts sie aufhalten könnte. Am Ende der Eroberung sicherten die Nachfahren der Pioniere ihre Heimat auf ähnliche Weise ab.

Dabei verfügten sie mit dem Atlantik und dem Pazifik in Ost und West über natürliche Burggräben. Die Flanke gen Norden, gegenüber Kanada, schützen sie mit Verträgen. An der Grenze zu Mexiko im Süden bauten sie eine Festungsmauer, die immer undurchdringlicher wird. Über das Land selbst spannten sie ein Netz von Forts. Nirgendwo in den USA ist man mehr als 80 Meilen von irgendeiner Militäranlage entfernt. Wenn ein Feind dennoch einen Angriff wagte, dann igelte sich Amerika zunächst ein und schlug dann zurück.

Das war so nach dem japanischen Angriff auf Pearl Harbor, dem eine Pause gewaltiger Aufrüstung folgte und dann ein unerbittlicher Krieg. Das war so nach dem Attentat auf das World Trade Center. Zuerst verbunkerte sich Amerika in inneren Sicherheitsmaßnahmen und Sondergesetzen, um dann in die Schlacht zu ziehen. Diese Wagenburgmentalität kommt auch dann zum Vorschein, wenn wirtschaftliche Konkurrenz oder eine Importinvasion droht: dann muss Amerika den Isolationismus im eigenen Land bekämpfen. (DK)

Aber die Absonderung schwarzer Einheiten von der weißen Truppe wurde erst 1947 durch Truman aufgehoben, und erst 1965 fiel die Klausel zum Schutz der »Qualität des Erbmaterials« im Zusammenhang mit einem neuen Einwanderungsgesetz unter Präsident Johnson: »Eine Nation, die von Einwanderern geschaffen wurde, kann jene, die jetzt Einlass begehren, durchaus fragen: ›Was könnt ihr für unser Land tun?‹, aber nicht: ›In welchem Land seid ihr geboren?‹« Wie der Kommunikationswissenschaftler Sanford Ungar in seinem Buch *Frisches Blut* feststellt, »ist der Beitrag, den Einwanderer für unser Land leisten, stets größer als der mögliche Schaden, den sie anrichten«.

Gerade der Wilde Westen war ein Sammelbecken für Zuwanderer und kein Hort für Amerikas pure Gene. Es entwickelte sich allerdings in dem rauen und nicht gerade menschenfreundlichen Umfeld eine eigentümliche Grenzertradition, die durchaus als uramerikanisch definiert werden kann. Deshalb wird Heroismus in der heutigen Gesellschaft immer noch an den Werten gemessen, die den Pionieren in der Tiefe des Landes eigen waren. Die Grenzertradition hat sich allerdings längst weiter in den hohen Norden verschoben, nach Alaska.

Dort machte nicht ein Revolverheld, sondern ein Flintenweib von sich reden.

Eine echte Patriotin

Es war ein Blogger namens Wurzelbach, der Sarah Palin für Amerika entdeckt hat. In der Suche nach einem *running mate,* einem Partner für John McCain im Kampf um die Präsidentschaft, definierte er die Eigenschaften, die dem Kandidaten der Republikaner fehlten. Der galt zwar wegen seines Mutes als Kampfflieger und seiner Standhaftigkeit in vietnamesischer Gefangenschaft selbst als Held – aber seine Heldenqualität war in die Jahre gekommen. Als Schauspieler hätte er nur noch die Rolle des Heldenvaters ausgefüllt. McCain verfügte auch nicht über jenen Mix aus Frömmigkeit und Waffenliebe, Pioniertradition und Anti-Darwinismus, der den Erzrepublikanern so ans Herz gewachsen ist, und außerdem war er nicht ländlich-sittlich genug.

Wurzelbachs Charakterstudie führte zwangsläufig zu Sarah Palin. Sie stammt aus dem Grenzermilieu, das Alaska prägt: krasser Individualismus gepaart mit konservativen Werten. Ihr Heimatort Wasilla war einst Versorgungsposten für Goldgräber und liegt mitten in wilder Natur. Sie ist jung und eine Frau. Sie schießt wie ein Mann und kann einen Elch oder ein Karibu zerlegen. Sie geht in den ungezähmten Flussläufen am Rande der Gletscher Lachse fischen. Ihr Gatte ist Ölarbeiter und Großwildjäger mit Eskimoblut. Sie bringt ein Kind zur Welt, von dem sie vorher wusste, dass es am Down-Syndrom leiden wird. Ein schon erwachsener Sohn meldet sich freiwillig für den Irakkrieg.

Palin ist Mitglied in der Wasilla Bible Church, einer evangelikalen Gemeinde, die an die baldige Rückkehr des Herrn glaubt. Sie war nacheinander Schönheitskönigin, Sportberichterstatterin, Mutter, die ihre Kinder zum Hockeyspiel fährt, und Bürgermeisterin von Wasilla, bis sie sich durch die Politclique von Alaska bis zur Gouverneurin durchbiss.

Anlässlich einer Reportage über die Gletscherschmelze in Alaska kam ich auch zum Mathanuska-Gletscher nahe Wasilla und konnte mir nicht vorstellen, dass ein *native* in dieser weißen Einöde sich in der großen Politik auskennen und wohlfühlen würde. Ich sah auch noch die Überbleibsel ihrer Wahlwerbung: »Go, Sarah, go«, wie der Zuruf beim Schlittenhunderennen, und »Clean up the mess«, in etwa: »Mach sauber in der korrupten Politik.« Das hat sie offenbar in kurzer Zeit geschafft.

»The Hockeymom showed that she can play tough«, schrieb die *Anchorage Daily News,* in etwa: »Die sorgende Mutter hat gezeigt, dass sie sich auch durchsetzen kann.« Dieses tüchtige »Sauber-frau-Image« war eigentlich nur der noch fehlende Mosaikstein im Charakterbild des Bloggers Wurzelbach. Seine Vorhersage erfüllt sich am 27. August 2008: Da wurde Sarah Palin unauffällig auf die Ranch von John McCain in Arizona gerufen. Ein paar Tage später war sie die erste weibliche Kandidatin für die Vizepräsidentschaft der Republikaner und wurde wie eine Heldin gefeiert.

Kleiner Webfehler: Palins damals 17-jährige Tochter erwartete ein uneheliches Kind, obwohl die Kandidatin doch die Jungfräulich-keit vor der Ehe predigte. Eigentlich ist der kometenhafte Aufstieg der Sarah Palin auch wieder so eine Geschichte, die nur in Amerika möglich ist. Und da gibt es doch Parallelen zum unwahrscheinlichen Aufstieg von Barack Obama.

Die Grenzerfrau aus Alaska stahl dem demokratischen Kandidaten eine Zeit lang die Show mit Frische, Medienpräsenz und Spott: »Was macht der eine, wenn er trockenen Fußes über das Wasser gegangen ist und die Welt gerettet hat?« Palin traf den Ton der Erzkonservativen und erwarb auch den Respekt der Bevölkerung. Aber dann genügten ihre Pionierqualitäten und ihr Heroismus doch nicht für die am Ende wichtigste Frage: Könnte sie Amerika regieren, sollte McCain ausfallen?

Die Antwort der politischen Auguren war Nein – besonders nach einigen Interviews, in denen sie mehr Naivität als Kenntnis verriet. Damit entschärfte sie auch eine Waffe, die McCain gegen Obama gerichtet hatte: seine Unerfahrenheit. Sarah Palin gab jedoch nach der Wahlniederlage nicht auf. Sie will es 2012 wieder versuchen, und zwar allein und gegen alle Widerstände. Eine Pionierfrau eben.

Die Emanzipation

Wenn Soziologen von Minderheiten reden, meinen sie nicht nur Schwarze und Latinos, Asiaten und Indianer, sondern auch Frauen. Das ist kurios, denn Frauen verfügen über die absolute Mehrheit in Amerika. Lange Zeit spiegelte sich dies aber nicht in ihrer Position in Gesellschaft, Wirtschaft und Politik wider. Vielmehr tat sich eine Lücke auf, im Soziologenjargon *gender gap* genannt. Hinter diesem Ausdruck verbergen sich auch die Missachtung der weiblichen Selbstbestimmung und die Behinderung des weiblichen Aufstiegs durch die Männerwelt. Die Zulassung von Frauen in Clubs und Kasinos, im Kapitol und an der Wall Street war genauso schwer zu erringen wie die Aufnahme von Afroamerikanern. Und nun ist ein Schwarzer Präsident in den USA und eine Frau sein »Boss«, wie Barack Obama sagt.

Präsidentenfrauen waren in der Ahnentafel Amerikas schon oft dominant – manchmal sogar Heldinnen, wie Dolley Madison, die
nach der Zerstörung des Regierungssitzes durch britische Truppen
1812 mehr Tatkraft zeigte als ihr Gemahl und die rauchgeschwärz-
ten Ziegelwände tünchen ließ. Seitdem ist das Haus des Präsidenten in der Pennsylvania Avenue weiß. Eleanor Roosevelt war die
engste Ratgeberin ihres Mannes, auch nachdem die Ehe nicht mehr
funktionierte. Mamie Eisenhower bewarf Ike schon mal im Zorn
mit Porzellan. Jacqueline Kennedy brachte Glanz und Kultur in die
verschlafene Hauptstadt. Nancy Reagan bediente sich der Astro-
logie, um Ronald den rechten Weg zu zeigen, und Hillary Clinton
gab sich auch offiziell nicht mehr mit der Rolle der »Frau an Bills
Seite« zufrieden.

Wie keine andere First Lady zuvor suchte Hillary Clinton eine
eigene Rolle im Weißen Haus. Sie wagte sich an die Reform des
Gesundheitswesens und war dabei vom deutschen Beispiel beeindruckt. Ihr Plan, niedergeschrieben in einem Konvolut von
1.300 Seiten, scheiterte am Widerstand der Republikaner und
der Versicherungsgesellschaften und wohl auch an ihrem eigenen Ehrgeiz.

Das schwächte nicht ihren Einfluss auf Bill Clinton – einen Einfluss, den viele Kritiker fatal fanden. Die Boulevardpresse fragte
entsprechend: »Ist sie eine Heilige oder eine Hexe?« Heilige, weil
sie die Untreue ihres Mannes hinnahm, Hexe, weil sie darin eine
Zauberformel für ihre eigenen Ambitionen sah – zunächst als Senatorin und dann als Präsidentenkandidatin.

Angesprochen auf ihr heroisches Verhalten, sagte sie bei einem Besuch im Roosevelt Hospital in Manhattan: »Die Idee des einsamen
Helden ist eine gute Idee für Filme und Bücher, aber die Zahl der
Leute, die durchs Leben gehen, ohne jemanden zu brauchen und
ohne für jemanden ein Opfer zu bringen, ist gering.« Es war ganz
offensichtlich, wie die Zeitschrift *New Yorker* schrieb, dass sie den
Senatssitz als Ausgangspunkt für eine höhere Karriere nutzte, für

die Rückkehr ins Weiße Haus, aber diesmal mit Bill Clinton als *consort*, als begleitendem Gemahl.

Sie ging mit großem Vorsprung bei den Meinungsumfragen in den Vorwahlkampf und hätte vermutlich den größten Preis, den das Land zu vergeben hat, gewonnen – wäre da nicht der Vertreter einer anderen Minderheit gewesen, der Afroamerikaner Obama. Noch vor 25 Jahren wäre beides nicht möglich gewesen: weder ein Schwarzer im Weißen Haus noch eine Frau.

Immerhin hatten die Demokraten schon 1984 beim Parteitag in San Francisco eine Frau zu ihrer Kandidatin für die Vizepräsidentschaft ausgerufen, Geraldine Ferraro. In ihrer Dankesrede würdigte die Abgeordnete aus Queens in New York ihre Berufung

> »als Teil des amerikanischen Traums. Wie einst Kennedy das Zeitalter der Raumfahrt eingeleitet hat, so wie das Datum, an dem mit Sally Ride die erste Frau ins All flog, so wie Jesse Jackson, der sich als erster Schwarzer für die Präsidentschaft beworben hat.«

In San Francisco hatte 1920 schon einmal ein Parteitag der Demokraten stattgefunden. Damals gab es immerhin schon 58 weibliche Delegierte. Es war übrigens das Jahr, in dem die Frauen das allgemeine Wahlrecht (neu) erkämpften. Die Bilder der Sufragetten und ihrer Protestmärsche erregten das Interesse der Welt. Die Frau trat ins Berufsleben ein, im Predigertalar, im Arztkittel oder in der Anwaltsrobe. Aber wie Hugo Münsterberg in seinem Buch über die Amerikaner schon 1912 herausfand, waren Frauen auch in einfache Berufe vorgedrungen. Seine Statistik belegte 45 Lokomotivführerinnen, 91 Küsterinnen, 31 Liftgirls, 167 Maurerinnen, 5 weibliche Lotsen, 196 Schmiedinnen, 625 Kohlengräberinnen und 1.320 professionelle Jägerinnen.

Viel früher als in der Politik setzten sich die Frauen in der Erziehung durch. Wo immer sich eine neue Gemeinde etablierte, gab es eine kleine Bibliothek und ein *One-room*-Schulhaus. Im Wilden

Westen standen Schule und Saloon oft nebeneinander, waren Lehrerin und Puffmutter Nachbarinnen.

Die Emanzipation erzwang Frauen-Universitäten. Der Standard einiger war so hoch, dass man sie die »sieben Schwestern der Ivy League« nannte. Erst in den achtziger Jahren ließ die letzte Hochschule dieser »Efeuliga«, nämlich Wellesley, dann auch männliche Studenten zu. Umgekehrt erteilte zeitgleich das Magdalen College in Cambridge als letzte reine Männeruniversität auch Frauen den Zugang zum Studium. An der kalifornischen Eliteuniversität Stanford stieg Condoleezza Rice 1993 zum Provost auf. Stanford freut sich auf die eventuelle Rückkehr der Exaußenministerin, um dort die »Luft der Freiheit zu atmen«, wie der Wahlspruch der Universität lautet.

Der Kampf um die Frauenrechte, in den USA auch *culture wars* genannt, ist jedoch keineswegs zu Ende. Die Feministinnen fordern »das Recht der Frau auf ihren Körper«, die große Lobby der Pro-Life-Organisationen spricht der Frau das Recht auf Abtreibung ab. Dabei müssen immer wieder Gerichte entscheiden, ob das Leben bereits mit der Empfängnis beginnt oder erst wenn sich der Fötus erkennbar gebildet hat. 1992 bestätigte der Oberste Gerichtshof, darunter Richterin Sandra O'Connor, das Recht der Frau auf Schwangerschaftsabbruch. Auch um die Verwendung embryonaler Zellen in Wissenschaft und Forschung herrscht ein emotionaler Disput. Präsident Obama machte als eine seiner ersten Amtshandlungen die Anordnung seines Vorgängers rückgängig, was die staatliche Unterstützung der Stammzellenforschung angeht.

Zu diesen *culture wars* gehört auch der Streit um die Herkunft des Menschen. Verdankt er seine Beseelung einem göttlichen Funken? Oder hat er sich, wie Darwin belegt, durch Evolution zum Vernunftwesen entwickelt?

Die meisten Frauen in Führungspositionen vertreten dabei die wissenschaftliche Seite, darunter Condoleezza Rice und Susan Rice,

Obamas UNO-Beauftragte. Ebenso Nancy Pelosi, Präsidentin des Repräsentantenhauses, Doris Meissner, Leiterin der Einwanderungsbehörde, Oprah Winfrey, Amerikas Talkshowkönigin, Caroline Kennedy, die Tochter des ermordeten John F. Kennedy, Hillary Rodham Clinton sowie Michelle Obama – Erstere war, Letztere ist Ehefrau eines amtierenden Präsidenten.

In der zweiten Märzwoche 2009 verliehen Michelle Obama und Hillary Clinton gemeinsam einen Preis an couragierte Frauen aus aller Welt. Die Heldinnen kamen aus acht verschiedenen Ländern. Die beobachtenden Medien aber konzentrierten sich auf die Begegnung der beiden Powerfrauen, die sich im Wahlkampf spinnefeind waren.

Die Frauenmacht in Washington ist sicher das augenfälligste Beispiel für die Emanzipation. Sie entwickelte sich zeitgleich mit dem Aufstieg der schwarzen Bevölkerung in die politischen Hierarchien. Dabei ist nicht Gleichheit das Gebot einer neuen Epoche, sondern Gleichberechtigung. Das Amerika von heute nimmt Abschied von der besonderen Förderung der Minderheiten, auch weil sie von der Mehrheit als ungerecht empfunden wird.

Dazu gehört die *affirmative action,* die besondere Förderung der Schwarzen. Sie war als Starthilfe gedacht. Wer aber diesen Start verpasst hat, muss sich heute den Regeln des freien Marktes unterwerfen. So haben in Kalifornien vor allem Amerikaner mexikanischen Ursprungs ein Gesetz wieder aufgehoben, das die Zweisprachigkeit in den Schulen vorschrieb. Denn der Existenzkampf wird nun mal in Englisch geführt, der Sprache des Wettbewerbs und des Internets.

Im Mittleren Westen und im hohen Norden, am Rande der Rocky Mountains und am Colorado River entsteht auch eine Zivilisation wieder neu, die von den europäischen Eindringlingen zerstört oder verformt worden war: die der Indianer oder, wie sie sich selbst bezeichnen, der *native Americans.* Karl Marx und Karl May haben uns geschildert, welches Unrecht der weiße Mann dem roten Mann zugefügt hat. Wer aber sieht, welchen Respekt und welches Feingefühl heutzutage Touristen und Journalisten den Stämmen und den Stammestraditionen entgegenbringen, der erkennt den Wandel der Zeit.

Es ist heute *fashionable,* in schwarzer oder roter Gesellschaft zu dinieren oder zu flanieren. Gelegentlich vereinen sich die amerikanischen Regenbogenfarben zum Mischblut. Der Golfstar Tiger Woods hat einmal auf die Frage nach seiner Herkunft gesagt, er sei *Cablinasian.* Dazu muss man wissen, dass im ethnischen Register der Vereinigten Staaten Weiße unter der Bezeichnung *Caucasian* geführt werden. Ein deutscher Ethnologe prägte einst diesen Ausdruck, weil er den Prototyp des Europäers an den Abhängen des Kaukasus gefunden zu haben glaubte. *Cablinasian* setzt sich zusammen aus Ca für *Caucasian,* bl für *black,* in für *Indian* – und *Asian* versteht sich von selbst.

An diese Mischung nahe heran kommt Barack Obama, der einmal scherzte, dass eine Familienzusammenkunft einer UNO-Vollversammlung gleiche. Dieser laut der Zeitschrift *Atlantic* erste »post-weiße Präsident in einer post-weißen Gesellschaft« will die Völkervielfalt und ihre Gleichstellung auch in seiner Regierungsmannschaft wiedererkennen.

Amerika im Spiegelbild

Es war Bill Clinton, der eine Regierung bilden wollte, »die aussieht wie Amerika«. Es ist Barack Obama, dem das offensichtlich gelungen ist. Sein Kabinett mit siebzehn Mitgliedern plus fünf gleichrangigen Beratern im Weißen Haus umfasst noch immer eine Mehrheit von Angloamerikanern. Aber es sind drei Minister asiatischer Abstammung dabei, drei Afroamerikaner, zwei jüdische Amerikaner und ein Nachkomme libanesischer Einwanderer. Die hispanische Gemeinde war mit drei Vertretern geplant, aber der als Handelsminister vorgesehene Bill Richardson trat wegen Unklarheiten in der Wahlkampffinanzierung gar nicht erst an.

Frauen waren unter den zweiundzwanzig zunächst unterrepräsentiert. Aber mit Hilda Solis konnten die Gewerkschaften eine der Ihren platzieren. Und Kathleen Sebelius, ehrgeizige Gouverneurin von Kansas, übernahm das wichtige Gesundheitsministerium statt des Politveteranen Daschle, der wegen Steuerproblemen ausschied.

Das in Obamas Augen ebenso wichtige Energieministerium ging an den Nobelpreisträger Steven Chu. Der Freund des Umweltgurus Al Gore soll den Kampf gegen den Klimawandel anführen und die Wissenschaft überhaupt aus der Lethargie der Bush-Jahre wecken. Als Chef des Gesundheitsdienstes war der indischstämmige Mediziner Sanjay Gupta ausersehen. Aber den hoch bezahlten TV-Arzt schreckte wohl auch das geringere Ministergehalt von unter 200.000 Dollar im Jahr ab.

Unter den Kabinettsmitgliedern sind *old hands* aus der Clinton-Zeit, wie Stabschef Rahm Emanuel, der als vormaliger Abgeordneter weiß, wie man mit dem Kongress umgeht. Oder Rechtsexperte Gregory Craig, der schon den russischen Literaten Alexander Solschenizyn, den UNO- Generalsekretär Kofi Annan und gar manchen demokratischen Politiker beraten hat. Oder der Afroamerikaner Eric Holder, der unter Clinton Staatssekretär im Justizministerium war und jetzt Chef der Behörde ist, die einst den Schwarzen gleiche Rechte verweigert hatte.

Obama hat aber auch frische Kräfte geholt, beispielsweise den Hispanic Ken Salazar aus Colorado, der 2004 gleichzeitig mit ihm als Senator nach Washington zog und als Innenminister sowohl für die ausgedehnten Nationalparks zuständig ist wie auch für ihren Schutz gegenüber den Begehrlichkeiten der Ölbohrer und Grundstücksspekulanten. Der Basketballprofi Arne Duncan aus Chicago soll die Bildungspolitik reformieren. Den Heimatschutz übernimmt die Italoamerikanerin Janet Napolitano, Exgouverneurin von Arizona, ein Ministerium, das unter Bush zum Instrument der exekutiven Machterweiterung geworden war.

Das wichtigste Ressort überhaupt hat Obama einem erprobten Strategen sowie einem Politneuling übergeben: Larry Summers, der schon unter Clinton gedient hat, und Tim Geithner, bisher Präsident der Notenbank Fed in New York, sollen zusammen mit einem Expertenteam Amerika aus der Krise führen.

Es gehört nach einem spalterischen Wahlkampf zur Tradition der Regierungsbildung, dass mindestens ein Mitglied der Opposition mit von der Partie ist. Von drei Republikanern, die Obama ins Kabinett holen wollte, sind zwei dem Ruf gefolgt.

Der 44. Präsident der USA folgte im Übrigen dem Beispiel Abraham Lincolns und holte erbitterte Gegner aus dem Vorwahlkampf ins Team. Lincoln hatte seinerzeit Parteifeind Seward zum Außenminister gemacht, der ihm und der Nation nicht nur gut diente, sondern auch Alaska von den Russen erwarb, das lange »Sewards Icebox« genannt wurde und heute ein großes Reservoir an Natur- und Bodenschätzen darstellt.

Dennoch war die Verblüffung groß, als Barack Obama die Außenpolitik einer Frau anbot, die ihn bei den *primaries* als unerfahren und parteiisch verdammt hatte. War sein Bestreben so groß, den Zwist zwischen zwei demokratischen Lagern zu schlichten? Wollte er Störmanöver vermeiden, die aus dem Clinton-Camp hätten kommen können? Fühlte er eine Verpflichtung gegenüber den geschichtlichen Vorbildern? Wollte er seine Souveränität unter Beweis stellen? Oder hielt er Hillary Clinton tatsächlich für die beste Wahl? Vermutlich ist seine Entscheidung ein Resultat aus all diesen Elementen. Sicherheitshalber hat Obama die neue Außenministerin in ein Expertenteam mit Sondervollmachten eingebunden.

Anders als alle seine Vorgänger hatte Obama sein Kabinett schon vor dem 20. Januar, dem Tag seiner Amtsübernahme, erdacht, ausgesucht und austariert. Der eine oder andere ist abgesprungen. Aber um das häufig auf ihn angewendete Messias-Bild zu bemühen: Unter den Aposteln von Jesus Christus waren ein ungläubiger Thomas, ein Verleugner und ein Judas, der Silberlinge nahm. *Nothing is perfect,* wie die ersten 100 Tage seiner Präsidentschaft zeigen.

Die mexikanische Herausforderung

Eitel Sonnenschein empfängt Hillary Clinton bei der Ankunft in Mexiko. Am Vorabend des Besuches Ende März 2009 war allerdings ein Wolkenbruch über der mexikanischen Hauptstadt niedergegangen. Die sehr gemischte Wetterlage entspricht eher dem Klima zwischen den beiden Nachbarstaaten, die »derselben Familie entstammen, denselben Subkontinent bewohnen ... und gemeinsam fallen oder wachsen«.

Die Botschaft der amerikanischen Außenministerin war Balsam auf die arg verwundete mexikanische Seele. Denn in den vorhergehenden ersten neun Wochen der Obama-Regentschaft hatte die Diplomatie Schlagseite. Die Befestigung der Grenze, von manchen Mexikanern eine »neue Berliner Mauer« genannt, ging weiter. Der Warenverkehr auf mexikanischen Lastwagen in die USA wurde untersagt, obwohl das einen Verstoß gegen das Freihandelsabkommen zwischen beiden Staaten darstellt. Viele amerikanische Parlamentarier und hohe Sicherheitsbeamte sprechen vom Nachbarland als einem gescheiterten Staat.

Diese Stigmatisierung galt bisher nur für Somalia und bezieht sich auf die Herrschaft und die Mordlust der Drogenkartelle und die Gefahr grenzüberschreitender Gewalt. Das wiederum nährt die martialische Theorie von einer dritten Front, an der Amerika zu kämpfen habe – neben dem Irak und Afghanistan. Offenbar ließ sich auch Obama von der Hysterie anstecken, als er die Entsendung von Soldaten erwog. Das löste in Mexiko Empörung aus. Jedes Kind nämlich lernt in der Schule, dass die Vereinigten Staaten vor 150 Jahren mit Militärgewalt halb Mexiko in Besitz genommen und sich einverleibt haben.

Die Mexikaner, wie etwa mein journalistischer Nachbar nach einer Pressekonferenz mit Hillary Clinton, halten dagegen: »Wir halten es für Unrecht, dass uns die USA den Einlass nach Kalifornien und Texas, New Mexico und Arizona verweigern. Immerhin waren wir dort vor den Yankees zu Hause.«

Alfredo Harp Helu, einer der reichsten Männer Mexikos, argumentiert: »90 Prozent der Drogen werden in den USA konsumiert. 90 Prozent der Waffen für die Drogenkartelle stammen aus den USA und töten unsere Landsleute. Die USA sind mitschuldig an der Herrschaft der Gewalt, und dafür werden wir als gesetzloser Staat bezeichnet.« Mexikos Präsident Calderón ging noch einen Schritt weiter und meinte, dass in New Orleans, einer Stadt mit einer halben Million Einwohner, mehr Leute pro Monat ermordet würden als in Mexiko City mit 25 Millionen Einwohnern.

Die Regierung Obama hat das Problem zunächst vernachlässigt, aber dann als vordringlich erkannt: »Es gibt keine nachbarliche Beziehung in der Welt, die wichtiger ist als die zwischen Mexiko und den USA«, erklärte Frau Clinton bei einer Pressekonferenz nach ihren Gesprächen mit der mexikanischen Staatsführung, und: »Wir zollen dem Mut Respekt, mit dem die Regierung gegen die Drogenkartelle vorgeht. Nicht Mexiko, sondern das organisierte Verbrechen wird am Ende scheitern.«

Als sei es von langer Hand vorbereitet gewesen, gelingt den mexikanischen Behörden ein großer Schlag gegen die Drogenmafia zeitgleich mit dem amerikanischen Besuch. Kooperation statt Konfrontation verspricht Amerikas neue Führung im Gegenzug. Das erinnert die Veteranen der Diplomatie an die »Allianz für den Fortschritt«, die Präsident Kennedy den Lateinamerikanern einst versprochen hatte und die als Allianz gegen den Fortschritt Kubas aufgefasst worden war.

Kuba ist Clintons nächstes Problem in Lateinamerika, das nur mithilfe eines guten Maklers zu lösen ist, nämlich Mexiko. Übrigens: Nach dem Besuch ging erneut ein Regenguss über der mexikanischen Hauptstadt nieder. (DK)

13
Die ersten 100 Tage

Die erste Unterschrift, die der Linkshänder als 44. Präsident der Vereinigten Staaten leistete, galt dem Tag eins seiner Amtszeit. Obama erklärte den 20. Januar 2009 zum Tag der Erneuerung und Versöhnung. Der Brückenschlag zwischen Siegern und Verlierern, die Überwindung von Gegensätzen entspricht der Rolle des Moderators, die Obama aus Überzeugung einnimmt. Der politische Heilungsprozess ist aber auch demokratische Tradition nach amerikanischen Wahlschlachten, die stets tiefe Wunden hinterlassen.

Das andere Motiv, die Erneuerung, enthält das Programm des Präsidenten, das er in seinem Buch *Hoffnung wagen* niedergeschrieben hat und das ihm als roter Faden im Wahlkampf diente. Nun erwarten seine Wähler die Einlösung der Wahlversprechen, und seine Kritiker achten auf jedes Programmdetail. Dabei genießt ein neuer Präsident 100 Tage Schonfrist.

Diese Fixierung auf die »ersten 100 Tage« geht zurück auf die Präsidentschaft von Franklin Delano Roosevelt, der zwischen dem 4. März und dem 16. Juni 1933 nach Amerikas schwerster Depression seine 15 wichtigsten Gesetzespakete durch den Kongress pauken konnte. Damals hatte ein Präsident mehr Vorbereitungszeit zwischen Wahl und Schwur. Roosevelt hatte überdies nicht nur Entscheidungen zwischen Gedeih und Verderb zu treffen, sondern auch zwischen Demokratie und Diktatur. 1933 nämlich übernahm in Berlin Hitler die Macht, Mussolini herrschte schon länger über Italien, Stalin über die Sowjetunion. Und es gab auch in den USA Strömungen, die der linken oder der rechten Diktatur mehr Chancen für eine »Erneuerung« einräumten als der Demokratie, die alt und verbraucht schien.

Gemessen an der Krise der dreißiger Jahre wirken die Probleme, die Obama zu lösen hat, weniger dramatisch. Das erweist sich aber auch als Handicap, denn die Krise von heute erscheint politisch Andersdenkenden nicht so schicksalhaft, dass sie sich ohne Weiteres hinter ihren neuen Präsidenten scharen. Das Ringen um seine kurz- und langfristigen Ziele gestaltet sich mühsamer als vielleicht auch von ihm erwartet. Obama betont denn auch immer wieder, dass die Lösung nicht einfach wird, und hält nicht viel von der 100-Tage-Frist, sondern spricht eher von 1.000 Tagen. Eigentlich wollte er sich auch nicht vorzeitig zu Taten drängen lassen, mit der Begründung »There is only one president at a time.«

Aber so wie ihn die Notwendigkeit zwang, schon in den 77 Tagen zwischen Wahl und Amtseid ein Personalpaket zu schnüren, so fordert die Krise Sofortentscheidungen am laufenden Band. Vorneweg natürlich das Finanzdebakel, das Banken und Versicherungen, Autoproduzenten und die Schwerindustrie ergriffen hat, mit dem entsprechenden Anstieg der Arbeitslosigkeit. Aber gerade da erlebt der Teamdenker Obama mangelnde Solidarität. Zum einen tut sich gerade das Finanzministerium unter Timothy Geithner schwer mit der Einstellung von Mitarbeitern. Die Schreibtische im *Treasury Department* sind gähnend leer. Zum anderen bestehen die bankrotten Banken und Versicherungen auf Bonuszahlungen für ihre Vorstände. Der größte Versicherer der Welt nahm dankend eine 180-Milliarden-Dollar-Hilfe an und schüttete einige Hundert Millionen an Mitarbeiter aus. Das ging sogar dem ausgleichenden Temperament Obamas zu weit. Er nannte dieses Verfahren »schamlos«.

Eine Teilschuld trifft dabei Timothy Geithner. Er war noch vor seiner Ministerbestallung mit der Sanierung des Versicherungsriesen
AIG beauftragt worden und hat dabei wohl die Bonuszahlungen
übersehen. Der Zorn von Volk und Volksvertretung richtet sich also auch gegen ihn. Der deutschstämmige Geithner muss aber auch
mit einer Rumpfmannschaft die größten Probleme der Finanzge-
schichte lösen. Er hat keine politische Rückendeckung, selbst Barack Obama hält seine Stellung für einen Schleudersitz, lässt ihn
aber nicht fallen. Immerhin hatte Geithner Obamas Mutter, die
Ethnologin Ann Dunham, bei einer Zusammenarbeit in Asien
kennengelernt, sicher ein Privileg. Außerdem wäre die Panikre-
aktion der Finanzwelt größer als die Patzer, die sich das Treasury
Department bisher geleistet hat. Der republikanische Abgeordnete Connie Mack sprach sogar von einem Desaster. Und aus China
kommt der Ruf nach einer neuen Weltleitwährung.

Die Wogen haben sich allerdings geglättet mit einem Geithner-
Plan, der die Wild- und Freiläufer an der Börse strenger Aufsicht
unterstellen soll. Versicherungsgesellschaften wie AIG, private Be-
teiligungsgesellschaften wie Permira oder KKR sowie Risikokapi-
talfonds sollen sich künftig in die Karten schauen lassen. Eine Maß-
nahme auch der Versöhnung zwischen Main Street und Wall Street.
Gemeinsam mit den europäischen Partnern will Geithner verhindern, dass die finanzielle Vormachtstellung des Westens in der Welt
ins Wanken gerät. »Wir können nicht alleine handeln«, meint der
Nachfahre deutscher Einwanderer aus dem Vogtland.

Die Wall Street wiederum hat sich für die Milliardenhilfe mit einem Kursanstieg bedankt, weil die Banker die volle Konzentration
der Regierung für die Lösung der Finanzkrise fordern. Im Übrigen
führen Finanzexperten den Kurssturz auf eine höhere Besteuerung
der Vermögenden zurück, die Obama ab dem Jahre 2011 plant,
wenn die Steuersenkung unter Bush ausgelaufen ist.

Auch Obamas Freunde unter den Reichen des Landes wie Warren
Buffett und George Soros drängen auf eine Prioritätenliste, die der

Wirtschaft und der Finanzwelt zugute kommt. Obama achtet aber darauf, dass ihn eine große Krise nicht von der Lösung anderer abhält. Er lässt keinen Konkurrenzkampf der Prioritäten zu, sondern geht auf breiter Front gegen alle Probleme gleichzeitig vor – eine schier übermenschliche Anstrengung. Präsidenten wie Reagan und Bush hatten das Prinzip »one by one«, schön nacheinander. Das kann und will sich Obama nicht erlauben.

Fast gleichzeitig hebt er Verfügungen auf, die Gesetze verdunkeln, Folter erlauben, Menschenrechte verletzen. Ein Bündel von Verfügungen gilt der Energiesicherheit und dem Kampf gegen den Klimawandel. Obama ermutigt fortschrittliche Gouverneure wie Arnold Schwarzenegger zu eigenständigem Vorgehen gegen die Umweltverschmutzung, was die Bush-Regierung unter dem Einfluss der Autolobby verboten hatte.

Der aus Österreich stammende Gouverneur von Kalifornien, Arnold Schwarzenegger, rühmt Amerika als das Land der unbegrenzten Möglichkeiten, wofür seine eigene Karriere vom Muskelmann über den Kinohelden bis zum Politstar steht. Eine Einschränkung muss er hinnehmen: ohne amerikanische Geburtsurkunde kann er nicht Präsident werden. Das Streben nach dem höchsten Amt würden seine republikanischen Parteifreunde ohnehin nicht würdigen, seit Schwarzenegger Präsident Obama als den rechten Mann zur rechten Zeit mit dem richtigen Rezept hochgelobt hat. Dieses Rezept enthält viele Millionen Dollar Schützenhilfe für Kalifornien, einen Bundesstaat in höchster finanzieller Not. Und es macht auch wieder staatliches Geld locker für Forschung und Wissenschaft, frische Impulse für Silicon Valley und die Stanford University.

> »In Zeiten der Krise kann man unterschiedlich reagieren. Man kann sich zurücklehnen und klagen und jammern und sich in das Geschick fügen, oder man kann aufstehen, die Herausforderung annehmen, an sich arbeiten und Versagen einfach nicht zulassen. Man kann aus der Krise eine Chance machen, vielleicht an Konkurrenten vorbeiziehen, die es sich zu leicht machen. Das tun Gewinner.«

Mit Sorge erlebt der Gouverneur die Abwanderung von Talenten und Patenten aus Kalifornien, das als unabhängiger Staat bisher noch den achten Platz in der Weltwirtschaft einnehmen würde. Dabei schöpft Kalifornien nicht mehr aus dem Reservoir der Alteingesessenen. Die jungen Ingenieure und Studenten kommen zunehmend aus dem asiatischen Raum. Chinesen und Japaner unterlagen in der Vergangenheit immer wieder Restriktionen, entweder aus Gründen der Konkurrenz auf dem Arbeitsmarkt oder als ehemalige Kriegsgegner. Heute entwickeln sie, zusammen mit Indern und Indonesiern, eine fast konkurrenzlose Dynamik, denn sie sind fleißig, ehrgeizig und verfügen noch über die Tugend der Bescheidenheit.

»Aus der Vielfalt ergeben sich tausend neue Fragen, aber auch tausend neue Antworten«, sagt Schwarzenegger, der Politiker. Als Schauspieler aber denkt er wieder ans Filmen, wie er mir bei einem Treffen in Hannover auf der CeBIT sagte. Die Biografie des »Kaisers von Kalifornien« hat es ihm angetan, das war ein Deutschschweizer, der einst in und um Sacramento ein Kleinhelvetien gründete und auf dessen Land Gold gefunden wurde, das berühmte »Eldorado«. Gouverneur Schwarzenegger soll neben Transportminister La Hood und Energieminister Chu »grüne Technologie« fördern.

Ein Erlass zu *fair pay* soll Männer und Frauen auf dem Arbeitsmarkt gleichstellen. Die Tür zur Wissenschaft, die unter Bush trotzig verschlossen blieb, soll wieder aufgestoßen werden, »damit Amerikas Forschung wieder Weltgeltung bekommt«. In Obamas Stimuluspaket sind 140 Milliarden Dollar für ein besseres Erziehungssystem enthalten, weil »die Schulen der USA die größte Abbrecherrate in der industrialisierten Welt haben«. Obama macht aber nicht nur die Erziehung, sondern auch die Erzieher zum Thema. Er will ein System einführen, das die Leistung der Lehrer zum Prinzip macht. Dabei legt er sich mit der Lehrergewerkschaft an, die ihn wie keine andere gestützt hat.

Der alte Wahlkampfstratege James Carville äußert dazu: »Der Wahlkampf galt dem Feind, die Regierungsarbeit befremdet den Freund.« Kritiker werfen Obama vor, dass er sich übernimmt. In der Tat wachsen ihm schon ein paar graue Haare. »Er versucht aus Amerika einen sozialistischen Staat zu machen wie in Europa«, stänkert *politico*, ein Fachblatt der Konservativen.

> »In Wahrheit folgt er nur einem Wahlversprechen und seiner Vision«, meint Norman Birnbaum, ein Sozialist der alten Schule, »aber wenn eine Methode, seine Ziel zu erreichen, nicht funktioniert, wählt er eben eine andere. In diesem Sinne ist er radikal und pragmatisch zugleich. Das hat mit Sozialismus nichts zu tun.«

Der freundliche Norman Birnbaum unterrichtete Marxismus an der Georgetown University und gehörte zu den Achtundsechzigern, die den Kulturkampf gegen das Establishment führten. Tom Hayden war dabei und Javier Solana, der vor dem Franco-Regime in Spanien geflohen war. Heute ist er der hohe Beauftragte für die Außenpolitik der Europäischen Union. Norman Birnbaum ist Mitglied des konservativen Kosmos-Clubs in Washington, in dem aber die freie Diskussion floriert und nur die Kleidung dem Krawattenzwang unterliegt. Die Vereinbarung des Gegensätzlichen ist ein amerikanisches Phänomen.

Obwohl Barack Obama aus seinem Leben und seinen Zielen offene Bücher gemacht hat, ordnen ihn die Beobachter unterschiedlich ein. Für die einen ist er ein Linker, der vom amerikanischen Weg abweicht, für die anderen ein Neokonservativer, der eine schwarze Tarnkappe trägt.

Und dann ist da das Gerücht von der Bilderberg-Gruppe und ihrem Einfluss. Die Bestallung von Kathleen Sebelius mit der Mammutaufgabe einer längst überfälligen Gesundheitsreform hat die Frage ausgelöst: Gehört sie zu einer Gruppe von Verschwörern, die Amerika einer Weltregierung unterordnen wollen? Sebelius ist Mitglied der Bilderberg-Gruppe, die angeblich hinter den Kulissen die Weltgeschicke lenkt und Barack Obama einbinden will. Die Polemik macht die Runde just in einem Augenblick, da Sebelius eine der großen Herausforderungen der Zeit anzunehmen bereit war.

Sie hat als Gouverneurin in ihrem Staat Kansas schon ein Stück Weg gewiesen zur Krankenversicherung für alle. Kann sie vollbringen, was noch Hillary Clinton als Gesundheitsbeauftragte unter ihrem Mann misslungen ist? Kann sie der mächtigen Lobby der Versicherer trotzen, die alles beim Alten belassen will? Und vor allem: Stärkt Frau Sebelius die Gruppe jener katholischen Christen, zu der auch Vizepräsident Joe Biden gehört, die für das Recht auf Abtreibung eintreten? Das Gerücht von der Weltherrschaft entstammt wohl dem immer noch schwelenden Kulturkrieg um den Zeitpunkt, da das Leben beginnt.

Ob nun Ideologe oder Pragmatiker, die meisten Beobachter sind sich einig, dass Obama eine moralische Grundüberzeugung hat – und das bringt ihm ebenfalls Feindschaft ein. Eine seiner ersten Verfügungen galt der eigenen Mannschaft. Wer für ihn im Weißen Haus arbeitet, der darf bis zu zwei Jahre nach seinem Abschied für keine Lobbygruppe arbeiten. Gleichzeitig aber ist Lobbyismus ein Grundzug der parlamentarischen Demokratie.

Jeder Abgeordnete in Senat und Repräsentantenhaus nimmt für sich ganz selbstverständlich das Recht in Anspruch, etwas für seinen Bundesstaat und für seine Sponsorengruppe zu tun. Schließlich hängt davon seine Wiederwahl ab. Das führt zu kostenträchtigen Spezialprogrammen, die im jährlichen Staatshaushalt enthalten sind und die Handschrift ihres Initiators tragen. Sie heißen »earmarks«, zu deutsch»Eselsohren«. Dabei geht es ebenso um sinnvolle Projekte wie um ungenierte Vorteilsnahme.

Der Senator John Cornyn aus Texas möchte eine neue Fähre für Port Aransas. Der Abgeordnete David Dreier möchte eine neue Straßenkreuzung in Rancho Cucamonga in Kalifornien. Berühmtberüchtigt geworden ist ein 250 Millionen Dollar teures Brückenprojekt in Alaska, das zu einer Insel mit nur 50 Einwohnern führt und deshalb als die Brücke nach Nirgendwo in die Annalen eingegangen ist.

Im Haushalt 2009 verbergen sich fast 9.000 solcher Earmark-Programme und werden auch diesmal als Trittbrettfahrer auf dem Omnibus des Staatshaushaltes ihr Ziel erreichen. Allerdings nicht ohne Kontroverse. Senator McCain erinnerte daran, dass Obama im Wahlkampf versprochen hatte, als Präsident werde er diese *earmarks* Zeile für Zeile durchgehen, um sicherzugehen, dass das Geld nicht zum Fenster hinausgeworfen wird. Obama wiederum verteidigt sich, dass diese parlamentarischen Sonderwünsche ja schon vor seiner Zeit aufgenommen worden seien und die Reform Aufgabe der unmittelbaren Zukunft sein werde. Die Mehrzahl der Parlamentarier wiederum will vom Verlust ihrer Privilegien nichts wissen. Kein Wunder, dass Obama das Stimuluspaket, das die Konjunktur wieder ankurbeln soll, verabschieden ließ, bevor es zur Abstimmung über den Haushalt kam.

Die Versuche, dem neuen Präsidenten anzukreiden, was der Kongress noch unter Bush geplant hat, gehören zum politischen Spiel und zeigen, wie schwierig sich nicht nur die Erneuerung, sondern auch die Versöhnung gestaltet. Die Metapher der ausgestreckten Hand, wenn sie nicht auf eine geballte Faust trifft, hat im Ausland mehr Eindruck gemacht als im Inland.

Die von der Regierung Bush so getauften Schurkenstaaten halten sich bis auf Nordkorea zurück. Die Opposition in den USA selbst hat das Angebot zur Versöhnung weitgehend abgewiesen, schon aus Selbsterhaltungstrieb. Denn die Front hatte schon vor der Wahl alarmierend gebröckelt. Da erklärte sich mit Colin Powell ein Ex-Außenminister der Regierung Bush für Barack Obama. Powell war einst selbst Präsidentschaftskandidat der Republikaner und hätte gegen Bill Clinton im Jahre 1996 gute Chancen gehabt, aber hat aus Angst um sein Leben zurückgezogen. Er wäre dann der erste Afroamerikaner im Oval Office gewesen. George Bush hatte ihn später als Außenminister geholt und für die Verteidigung der Irak-Invasion gegenüber der UNO und den NATO-Verbündeten missbraucht.

Schließlich sind gar zwei Republikaner in das Kabinett Obama eingetreten, Verteidigungsminister Gates und Transportminister LaHood. Ein dritter Minister in spe, der Senator Judd Gregg, nahm unter dem Druck seiner Partei in letzter Minute Abstand.

Die Republikaner sahen ihre Klientel schwinden. Da versuchten sie, die Zeichen der Zeit für sich zu deuten, und machten mit Michael Steele einen Afroamerikaner zu ihrem Vorsitzenden. Das bedauern sie schon heute, denn Steele verhält sich taktisch ungeschickt und strategisch parteiisch – und zwar zugunsten der Demokraten. Mit der Parteidoktrin hat er es sich mit folgender Bemerkung verscherzt: »Ein Schwuler kann seine Neigung genauso wenig abstreifen wie ein Schwarzer seine Farbe.« Und Michael Steele hat sich mit einer Ikone der Partei angelegt, indem er Rush Limbaugh anklagt, in seinem Radioprogramm »mit dem Feuer zu spielen«. Steele musste die Bemerkung wieder zurücknehmen, was zeigt, welch schwache Position der republikanische Afroamerikaner vertritt.

Wortgewaltig und marktschreierisch setzte sich derweil der Demagoge Rush Limbaugh als ungewählter Kandidat an die Spitze der konservativen Bewegung. Sein Credo: »Ich hoffe, Barack Obama scheitert!« Limbaugh verdient sein Geld als Radiomoderator, und das ist nicht wenig. Seine Auftraggeber haben ihn für zehn weitere Jahre und 500 Millionen Dollar an sich gebunden. Limbaugh erreicht mit seinen Kommentaren und Parolen an die 20 Millionen Hörer, und wenn er öffentlich auftritt, wird er zum Gespräch der Nation. Ich habe ihn in Washington gehört und gesehen, als er sein Verhältnis zu Gott etwa so definierte:

> »Petrus signalisierte mir, dass Rush Limbaugh im Himmel keine Rolle spielt. Dann geleitete er mich in einen herrlichen großen Saal mit goldenem Thron, darüber stand Rush Limbaugh. Also doch, triumphierte der irdische Gast. Nein, sagte Petrus, das ist der Thron Gottes, bloß, er hält sich für Rush Limbaugh.«

Der Zuschauersaal in Washington tobte vor Vergnügen. Nur der Partei war nicht zum Lachen zumute. Da kündigten sogar die Evangelikalen ihre Zweckehe mit den Neokonservativen auf. Einer der ihren, David Frum, rechnete mit Limbaugh ab: »Er gebraucht die Sprache eines Kultes und nicht der Partei, er will provozieren und nicht überzeugen. Er ist in der Zeit Reagans stehen geblieben und spricht für ein Land, das es so gar nicht mehr gibt ... «

In der Tat sahen viele Konservative nach dem Ende der Reagan-Jahre mit Bangen auf den Nachfolger George Bush senior, der vielen zu international ausgerichtet und zu wenig national eingestellt war. Sie setzten auf Rush Limbaugh als Fackelträger des erzkonservativen Erbes. Bestätigt fühlten sie sich, als Bush senior, der Sieger im Irakkrieg, den Kampf um die Innenpolitik 1992 gegen einen Demokraten Clinton verlor, der sicher war: »It's the economy, stupid!«

Die Neokonservativen schalteten nach dieser Niederlage um: von der Insiderdiskussion etwa in intellektuellen Zeitschriften wie *Commentary* oder im Enterprise Institute, ihrem Thinktank, zum Kampf um die öffentliche Meinung. Ihr Kampfblatt ist seit 1995 der *Weekly Standard*, kofinanziert von Medienguru Rupert Murdoch. Im Impressum findet sich die Elite der Neocons. Jene, die Populisten wie Rush Limbaugh für Gaukler halten. Jene, die Religion als ein Vehikel der Politik sehen. Jene, die Demokraten als Maulwürfe unter Amerikas heroischem Boden diffamieren. Jene, die Amerikas Auftrag in der irdischen Vorherrschaft sehen und nicht in der Mitbestimmung. Jene schließlich, die Bush auf den Kriegspfad lenkten.

Einige sind schon während der zweiten Amtszeit Bushs von Anhängern zu Kritikern geworden. Sie glauben, dass die Partei mittlerweile die falschen Schlachten schlägt, zum Beispiel gegen die Gesundheitsreform, wo doch auch viele arme Republikaner betroffen sind, oder gegen den Aufklärungsunterricht in den Schulen, wo doch die Mutterschaft unter Teenagern enorm zunimmt –

die Tochter von Sarah Palin ist ein aktuelles Beispiel. Als 17-Jährige wurde sie schwanger, der Kindsvater musste während des Wahlkampfes den künftigen Schwiegersohn mimen, jetzt haben die jungen Eltern sich getrennt.

Um was es modernen Republikanern wirklich gehen sollte, zeigte der *Weekly Standard* in seiner Märzausgabe 2009. Den Titel zierten eine Schafherde, die Obama blindlings folgt, sowie ein Zitat von Alexis de Tocqueville, der Amerika schon vor 200 Jahren als Modell der Zukunft beschrieben hatte. Er warnte aber vor den sanften Despoten, die das keimende demokratische Saatgut in ihrem Sinne umpflanzen könnten. Das ist natürlich auf Obama und seine wohltuende Art der Einflussnahme auf Amerikas Psyche gemünzt.

Dazu die neokonservative Litanei: gegen ein Bildungskonzept für alle, das die Elite verwässert – gegen die Rettung maroder Unternehmen und für den Protektionismus zum Schutz der Arbeitsplätze – für den Ausbau der Kernenergie und eine Lagerstätte nuklearen Abfalls in der Wüste der Yucca Mountains – für die Kürzung der Sozialausgaben und einen höheren Verteidigungsetat – für die Blockade von *big government* und die Rückkehr der Politik in die Privatwirtschaft – und schließlich für eine neue republikanische Führungsschicht, die sowohl die McCains als auch die Sarah Palins ablöst.

Die ist aber momentan nicht in Sicht. Ein Hoffnungsträger der Republikaner ist Gouverneur Bobby Jindal aus Louisiana, der vom Hinduismus zum Christentum übergetreten ist. Er macht es den Konservativen leichter, multikulturell zu denken, ist aber rhetorisch noch nicht so weit. Seine Gegenargumente zu Obamas Haushaltsplan blieben in wenig überzeugender Präsentation stecken. »We are in a mess«, sagte mir ein republikanischer Freund: »Wir sind ein Scherbenhaufen.«

Demgegenüber gibt die Demokratische Partei ein Bild der Geschlossenheit ab. Sie hat die Mehrheit in beiden Häusern des Kongresses. Auch wenn Harry Reid im Senat und Nancy Pelosi im

Repräsentantenhaus betonen, dass sie nicht unter, sondern mit Obama arbeiten. In der Innenpolitik sichert sich Obama doppelt ab. Fast jeder Kabinettsposten hat eine Entsprechung im Weißen Haus. Jetzt kommt noch ein Büro für *urban affairs* dazu, für urbane Angelegenheiten. »Dem Weißen Haus gehen bald die Räume aus«, meint ein Mitarbeiter, »aber dafür muss sich der Präsident nicht um das Mikromanagement kümmern.«

In der Außenpolitik sind die Akteure unter sich. Noch nie in der Geschichte der Vereinigten Staaten waren so viele Führungskräfte aus dem Senat. Sowohl Hillary Clinton als auch Joe Biden und Barack Obama kennen sich bestens aus dem außenpolitischen Ausschuss. Sein neuer Vorsitzender ist John Kerry, der ehemalige Präsidentschaftskandidat der Demokraten.

Obamas Vorreiter in der Anwendung des Internets, Howard Dean, hat die Graswurzelbasis mit aktiviert, die Obama zur Macht verhalf. Sie wird jetzt neuerlich mobilisiert, um die Zögerer und die Gegner im Kongress unter Druck zu setzen. Es ist wieder der geniale David Plouffe, der über das Internet die Getreuen aufgerufen hat, »das Werk zu vollenden«. Plouffe gehört zum engeren Kreis um den Präsidenten, wie Pressesprecher Robert Gibbs, Stabschef Rahm Emanuel, Seniorberater David Axelrod, Kampagnenberaterin Valerie Jarrett und Bildungsminister Duncan – allesamt aus der Chicago-Clique. Eine Art Küchenkabinett, dessen Chefköchin aber sicherlich Michelle Obama darstellt.

Black is beautiful

Die Familie Eckstine wohnt im Süden Chicagos und gehört der jüdischen Gemeinde von Hyde Park an. Ihre 200 Jahre alte Synagoge liegt direkt gegenüber dem Backsteinhaus der Obamas in der Greenwood Avenue. Die beiden Kinder der Eckstines kennen Malia und Sasha und bewundern die Natürlichkeit, mit der sich die beiden Mädchen innerhalb des Sicherheitskordons bewegen. Vater Eckstine hat die Petition unterzeichnet, die Barack Obama zur Senatskandidatur verholfen hat. Caroline Eckstine erzählt mir vom nachbarschaftlichen Umgang mit den Obamas und ist begeistert von Michelle: »Sie hat ein untrügliches Gefühl für falschen Zungenschlag und eine Antenne für soziale Gerechtigkeit.«

Während Barack Obama der Schwarze ist, »bei dem das Etikett stimmt, aber ohne die Narben«, wie ein alter Bürgerrechtskämpfer meint, ist Michelle mit dem Rassenunterschied aufgewachsen. Das machte sie am Ende ihrer Studienzeit auf der Princeton University 1985 auch zum Thema ihrer Abschlussarbeit : »Ich fühle mich manchmal wie ein Besucher auf dem Campus, so als ob ich nicht wirklich dazugehörte. Egal auf welche Weise ich mit Weißen zu tun hatte, schien es mir doch, dass ich für sie zuerst schwarz und dann erst eine Studentin war.«

Vierundzwanzig Jahre danach ist »black beautiful«, streiten sich die Weißen um die Gunst einer selbstbewussten Frau, die es zur First Lady der Nation gebracht hat. Den Aufstieg hat sie nicht nur ihrem Mann zu verdanken, sondern auch der Rolle, die sie dabei in Zeitungsinterviews, Fernsehauftritten und der Arbeit hinter den Kulissen gespielt hat. Zusammen mit den Strategen David Axelrod und Valerie Jarrett hat sie den Wahlkampf gesteuert.

Valerie Jarrett hatte sie einst im Büro des Bürgermeisters von Chicago beschäftigt, ist also ihre politische Patin. Jarrett, die in Teheran als Tochter eines Arztes aufwuchs, linderte auch Michelles Vorurteil gegenüber den Weißen. Anlässlich der Kür ihres Mannes zum Kandidaten konnte sich Michelle jedoch die Bemerkung nicht verkneifen, dass sie erstmals stolz auf Amerika sei. Das wurde von der Gegnerschaft als Vorurteil gegenüber der weißen Mehrheit interpretiert und hat Michelle den Ruf einer Ideologin eingetragen.

Sie gilt als energischer und manchmal auch als zynischer als er, steht mehr im täglichen Leben. Deshalb nennt er sie auch *the rock*, den Felsen in der Brandung. Nach dem ersten Kind und seiner vergeblichen ersten Kandidatur für Washington soll es eine Ehekrise gegeben haben, aber das hat Michelles Eigenständigkeit wohl auch gefördert, wie Caroline Eckstine sagt: »She is a person in her own rights.«

Spätestens nach dem Einzug in das Weiße Haus trat sie aus dem Schatten ihres Mannes, nun ruht das Rampenlicht fast mehr auf ihr: sportlich, nicht magersüchtig, elegant, nicht exaltiert, kühne Farben wie Lila und Türkis. Sie folgt keiner Mode – sie nutzt die Mode, um sich auszudrücken. Im Konzept Obamas übernimmt sie flankierende Aufgaben und wirkt dabei selbst wie die Hauptperson. Auf der ersten großen Auslandsreise nach London zum Gipfel der Zwanzig und nach Straßburg und Baden-Baden zum NATO-Geburtstag stahl sie ihm in der Boulevardpresse die Show. Dabei betont Michelle Obama immer wieder, dass sie ihre Hauptaufgabe in der Betreuung der Kinder sieht, zusammen mit ihrer Mutter.

Im Dreieck zwischen dem Weißen Haus, dem Wochenenddomizil Camp David und dem Zuhause in Chicago spielt sich das Leben der First Family ab. »Es ist fast zu schön, um wahr zu sein«, stöhnt eine Fotografin, die auch mal ein »realistisches« Bild der Familie machen möchte, aber immer nur heile Welt sieht.

> »Der Präsident wird den Familienzusammenhalt noch bitter nötig haben«, meint Tom Hughes, einst Staatssekretär unter Dean Rusk: »Obama wollte das Ringen gegen Klimawandel und Bildungsarmut, für mehr soziale Gerechtigkeit und allgemeine Krankenversicherung aufnehmen. Nun führt er einen Krieg gegen die Arbeitslosigkeit, den Terrorismus und das Gespenst des wirtschaftlichen Bankrotts.«

Allerdings hat Amerika schon größere Krisen gemeistert und diese auch noch in Erfolge verwandelt. Thomas Jefferson lenkte seine Nation aus einem wirtschaftlichen Tal und vergrößerte sie danach, indem er den Franzosen die Kolonie Louisiana abkaufte. Abraham Lincoln führte Amerika aus dem Elend von Bürgerkrieg und Sklaverei und kaufte obendrein Alaska von den Russen. Franklin Delano Roosevelt überwand die Depression, gewann den Weltkrieg, verschuldete die Nation dabei über alle Maßen und machte dennoch die Finanzen locker für einen Marshall-Plan, der Europa aus der Zerstörung führte.

Die Vereinigten Staaten sind sich heute nicht mehr so sicher, wie die Welt zu retten ist. Aber die Erwartungshaltung ist hoch, dass Amerika der Welt die Krise nicht nur eingebrockt hat, sondern ihr auch wieder heraushilft. Und diese Erwartungshaltung ist an einen Namen geknüpft: Barack Obama. Vielleicht ist das nicht nur ein Name, sondern eine Idee, deren Zeit gekommen ist.

Weltpolitik im Zeitraffer (oder: Unser aller Präsident)

Wenn es noch Bedenken gab, ob Barack Obama den Anforderungen internationaler Politik und ihren Verästelungen gerecht wird und ob er auf dem diplomatischen Parkett gleiten kann, dann sind sie wie Nebel vor dem Wind seiner Rhetorik und Gestik zerstoben. Bei seiner Reise im April 2009 durch zwei europäische Metropolen, eine deutsche und eine französische Provinzstadt in Sachen Weltwirtschaft, Atlantikpakt und Europaunion hat er erst zugehört und dann geführt. Mit den zwanzig Granden der Industrie- und Schwellenländer, aber insbesondere mit Angela Merkel hat er transatlantische Wogen geglättet.

So einigen sich in der tiefsten Finanzkrise seit 80 Jahren die Zwanzig in London auf globale Rezepte: Kontrolle über Banken und Boni, Regulierung der Freiläufer an den Börsen, Trockenlegung der Steueroasen und sogar milliardenschwere Hilfsfonds für jene Länder der Weltfamilie, die finanziell nicht mithalten können.

In sicherer Entfernung von Protesten und Krawallen in Straßburg und Baden-Baden gab Obama der NATO eine neue Richtung vor. Er setzte sogar einen neuen Generalsekretär gegen den Widerstand der Türken durch, denen der Däne Rasmussen eigentlich zu unempfindlich im Umgang mit dem Propheten Mohammed war.

In Prag schmeichelte Obama der EU als gleichberechtigtem Partner und machte in einer Rede vor dem Hradschin auch seine erste Doktrin öffentlich – den Einsatz für eine Welt ohne Atomwaffen. Diesen Wunschtraum hatte er vor einem Schülerforum von 3000 jungen Leuten aus Frankreich und Deutschland schon einmal vorgetragen und frenetischen Beifall geerntet. Die Jugend vor allem ist sein Fanclub.

Das erste Frühstück auf europäischem Boden nahmen die Obamas mit Familie Brown ein, mit dabei die kleinen Söhne des britischen Premiers. „Ich sprach mit John und James über Dinosaurier", referiert Barack Obama. Ein Märchenprinz in Downing Street? Nein, ein Vater, der sich in Groß und Klein hineindenken kann, ein langer Händedruck für Medwedew, ein Salaam für den saudischen Vertreter, eine sanfte Hand im Rücken der Kanzlerin, sogar ein Foto mit Berlusconi.

Noch am Mittwoch, den 2. April 2009 erfolgt abends im Buckingham Palast zu London ein unerhörter Zwischenfall. Michelle Obama legt der eigentlich unberührbaren englischen Königin den Arm um die Schulter. Noch erstaunlicher aber ist, dass Queen Elizabeth II. die amerikanische First Lady um die Taille fasst. Tabubruch zwischen europäischem Hochadel und afroamerikanischer Sklavennachfolge? Nein, ein Sieg der Natürlichkeit über die Etikette.

Auf dem Marktplatz von Straßburg zieht der Boulevard in die Politik ein mit einem Rendezvous transatlantischen Charmes. Michelle Obamas handfeste Eleganz überragt Carla Brunis ätherische Erscheinung. Ein Kontrapunkt zum Ernst der Themen und der Lage. Aber das Ehepaar Obama hat Europa im Gefühlssturm genommen, wie dereinst John und Jaqueline Kennedy. Obamas Kritiker zuhause allerdings spotten: er sei der erste europäische Premier, der es zum Präsidenten der Vereinigten Staaten gebracht habe. Und der alte Bürgerrechtler Vaclav Havel warnt, dass Obama die Gefahr des Absturzes droht, wenn er die in ihn gesetzten hohen Erwartungen nicht erfüllen kann. (JK/DK)

14
Ein neues Amerika?

»In Gefahr und großer Not bringt der Mittelweg den Tod.«
Friedrich von Logau

Die Erneuerung Amerikas

Mein Coautor Dieter Kronzucker hat die emsige Betriebsamkeit beschrieben, welche die ersten 100 Tage von Barack Obamas Präsidentschaft kennzeichnete. Selten wurde ein Präsident dafür kritisiert, dass er zu viel getan hat, doch genau diese Klage wurde jetzt häufig laut. Obama war ständig in Bewegung. Er wollte drei separate Themen gleichzeitig angehen:

> ➤ die Wiederbelebung der amerikanischen Wirtschaft und die Wiederherstellung von Amerikas Position in der Welt;

> ➤ die Definition einer Vision für ein neues und verändertes Amerika, das Obama während seiner Amtszeit aufzubauen hofft, und

> ➤ die Beseitigung der letzten Überreste der Nixon-/Reagan-/Bush-Ära, die seiner Auffassung nach für zahlreiche aktuelle Schwierigkeiten der Vereinigten Staaten verantwortlich sind.

Trotz seiner versöhnlichen Bemerkungen anlässlich seiner Amtseinführung begann Obama schon kurz darauf die Probleme der Nation als Erbe seiner republikanischen Amtsvorgänger zu beschreiben. Falls es irgendwelche Zweifel an seiner Entschlossenheit gab, mit der Vergangenheit zu brechen, beseitigte Präsident Obama diese in seinem Kommentar zu seinem ersten Haushaltsentwurf, den er am 26. Februar 2009 vorlegte und der den Titel trug »Ein neues Zeitalter der Verantwortung«.

> »Dies ist das Erbe, das wir übernehmen – ein Vermächtnis des Missmanagements und der fehlgeleiteten Prioritäten, der verpassten Chancen und tiefgreifender struktureller Probleme, die viel zu lange ignoriert wurden.«

Wo Ronald Reagan einst erklärte, die Regierung sei das Problem und nicht die Lösung, hält Obama dagegen, die Regierung müsse aktiv führen. Einen Großteil der billionenschweren Summen zur Rettung von Unternehmen und zur Wiederbelebung der Konjunktur konzentriert Obama auf seine politische Strategie, die darauf abzielt, die Funktionsweise der Regierung zu verändern. Er lehnt die Trickle-down-Theorie der Einkommensverteilung ab und ruft nach einer Steuererhöhung für Vermögende, um die Unwucht in der Einkommensverteilung auszugleichen, die in den letzten 20 Jahren entstanden ist.

Der Präsident will den Treibhausgasausstoß reduzieren und alternative Brennstoffe fördern; sein Haushaltsetat sieht mehr Geld für das Außenministerium vor, um sicherzustellen, dass die Diplomatie wieder von Zivilisten gesteuert wird und nicht vom Militär, wie es unter Bush oft der Fall gewesen ist. Die Liste der Veränderungen ist lang: mehr Geld für die Forschung über den Klimawandel und für Auslandshilfe; die Initiierung der Diskussion über ein umfassendes Krankenversicherungsprogramm; die Aufhebung des Verbots staatlich finanzierter Stammzellenforschung, um nur einige Punkte zu nennen.

Das ist die Vision einer Gesellschaft, die fast jeder europäische Politiker von ganzem Herzen unterstützen würde. Ein Regierungskonzept, das die europäische Überzeugung akzeptiert, es liege in der Verantwortung der Regierung, aktiv die Ziele der Gesellschaft zu definieren, anstatt sich darauf zu beschränken, das Gleichgewicht einigermaßen zu wahren, wie es die von Reagan geprägten Republikaner befürworten. Wenn in den ersten 100 Tagen eine konsistente Kritik an Obama geäußert wurde, dann die, dass er zu europäisch ist. »Ich glaube, ein Frankreich ist genug«, scherzte Roger Cohen, ein liberaler Kolumnist der *New York Times,* der Obama fast von Anfang an unterstützte. Die *Washington Post* empfand es sogar als sinnvoll, einen Kommentar zu drucken, dessen Zweck darin bestand zu beweisen, dass Obama immerhin kein Sozialist ist.

Doch zwischen politischer Führung nach europäischem Muster und dem amerikanischen Präsidenten gibt es einen großen Unterschied. Ein Großteil der Substanz von Obamas Konzepten mag den europäischen Konzepten ähneln, der Veränderungsprozess an sich ist dennoch sehr amerikanisch. Wenn man mit Obama zusammenarbeiten möchte, ist ein Verständnis dafür, wie Barack Obama ein neues Amerika aufzubauen gedenkt, beinahe so wichtig wie die Kenntnis der Details seiner Vorgehensweise. Und die Auswahl der richtigen Kooperationsform mit diesem ehrgeizigen, risikofreudigen, wandlungsorientierten Präsidenten wird eine der wichtigsten politischen Entscheidungen sein, mit der Politiker auf der ganzen Welt in den nächsten zwei Jahren konfrontiert sein werden.

Obama und die Vereinigten Staaten sind ganz und gar der Meinung von Friedrich von Logau. In einer solchen Krise sind halbherzige Reaktionen sogar gefährlich. Obama hat seine Agenda und will diese vorantreiben. Sein Ziel ist nicht die Wahrung der Stabilität. Obama will forcieren. Er nutzt bei der Verfolgung seines Ziels die Instrumente des kontrollierten Konflikts. Er sieht sich selbst als Transformationspräsidenten, der wenig Zeit zu verlieren hat. Bei jeder Herausforderung, die sich stellt – sei sie friedlich oder kriegerisch –, ist die amerikanische Antwort seit Kolonialzeiten immer dieselbe gewesen: ein gewaltiger Einsatz an Energie und Ressourcen, mit dem Ziel, die Probleme einfach zu überwältigen. Sich über etwas derart Detailliertes wie den europäischen Stabilitätspakt Gedanken zu machen, käme ihnen gar nicht in den Sinn.

Allerdings beschäftigen sich die europäischen Partner der Vereinigten Staaten mit solchen Details. Und die chinesischen Partner beginnen sich Sorgen über die Stabilität ihrer Investitionen in einem Amerika zu machen, das derart immense Schulden anhäuft. Die Entwicklungsländer wiederum sorgen sich, dass die Amerikaner das weltweite Kapital für ihre eigenen Erneuerungszwecke absorbieren. Plötzlich wirkt Obamas Amerika so wild und ungestüm, wie das Amerika von George W. Bush stets gesehen wurde.

Amerikas Partner folgen bei der Krisenbewältigung ihrer eigenen nationalen Agenda und verschwenden nicht viele Gedanken an den Aufbau von Kooperationsmustern mit der nächsten amerikanischen Führungsgeneration. Das mag zwar kurzsichtig sein, aber so handeln eben Politiker, die wiedergewählt werden wollen. Dieses Problem ist innerhalb Europas so kritisch wie jenseits des Atlantiks. Regierungen errichten Zäune, die zu ernsthaften Missverständnissen führen können. Solche Missverständnisse standen im Zentrum der Auseinandersetzungen über den Irakkrieg, selbst wenn die meisten die Hauptursache dieser Konflikte in der mangelnden Kooperationsbereitschaft der Bush-Regierung sahen.

Obama hat große Anstrengungen unternommen, um Respekt für die Sichtweise seiner internationalen Partner zu demonstrieren. Er hat seinen Vizepräsidenten und seine Außenministerin um die Welt geschickt, um seinem Wunsch nach gemeinsamen Konsultationen und Partnerschaft Ausdruck zu verleihen. Er ist davon überzeugt, dass die atlantische Welt als Fundament für die Ausübung Amerikas globaler Verantwortung wiederhergestellt werden muss. Er will die Beziehungen zu Russland wieder verbessern und sogar die Welt von Kernwaffen befreien. Außerdem sucht er nach einer neuen Art der Beziehung zu der islamischen Welt.

Obwohl seine Politik der europäischen Politik stark ähnelt und seine Motive positiv sind, sind dennoch Spannungen aufgetreten. Hier kommen mehr Faktoren ins Spiel als die Details der Wirtschaftspolitik. Was viele irritiert, ist das unermüdliche Tempo der Veränderung und der grenzenlose Ressourceneinsatz. Da die Regierung Obamas den intensiven Druck zur Initiierung des Wandels verspürt, wird sie gelegentlich ungeduldig auf die etablierten internationalen Spielregeln reagieren.

Szenen aus dem neuen Amerika

Ein Besuch in einem Shoppingcenter in Montgomery County, Maryland, vermittelte meiner Frau und mir kürzlich einen interessanten Einblick in die Dringlichkeit, die Obamas Politik antreibt. Trotz der Rezession wimmelte es im Einkaufszentrum nur so von Kauflustigen. Doch im Gegensatz zu dem Bild, das sich uns noch vor einem Jahrzehnt geboten hätte, war das Publikum ethnisch bunt gemischt. Hier konnte man Obamas Revolution in seinen prägenden Phasen erleben und die Dringlichkeit besser verstehen, mit der er den Wandel voranzutreiben versucht.

Das heutige Amerika ist eine Kultur, die nicht nur zahlenmäßig wächst, sondern auch in ihrer Vielfalt. Die Menschen, die sich mit uns in dem Einkaufszentrum aufhielten, waren indischer, pakistanischer, philippinischer Herkunft oder kamen aus dem Nahen Osten. Es waren Immigranten aus zahlreichen afrikanischen Kulturen und natürlich in großer Zahl aus lateinamerikanischen Ländern.

Amerika ist nicht China, steht aber vor einer ähnlichen Aufgabe: Millionen von Einwanderern müssen in eine moderne Ökonomie und ein modernes Sozialsystem integriert werden. Die Reaganomics funktionieren nicht mehr; die alten Industriesysteme befinden sich im Niedergang. An den Gesichtern der Menschen lässt sich die Fragilität einer Wirtschaft ablesen, die bis in die letzten Ecken der Welt mit Ereignissen verbunden ist, die in keinem Zusammenhang miteinander stehen. Der Präsident steht vor der Aufgabe, die Dinge in Bewegung zu bringen, und zwar nicht nur indem er neue Arbeitsplätze schafft, sondern auch indem er die Ressourcen erzeugt, die zur Restrukturierung eines sich rasant verändernden Amerikas notwendig sind.

Szenenwechsel. Wir befinden uns an der Grenze zwischen Arizona und Mexiko, einer fruchtbaren Region, in der Viehzucht, Acker- und Bergbau betrieben werden und in der man auf Schritt und Tritt über Grenzposten und -patrouillen stolpert. Warum? Nicht allein wegen der illegalen Immigranten, sondern weil dieses Grenzgebiet das Zentrum eines florierenden Drogenhandels von Mexiko in die Vereinigten Staaten ist. Es ist Frühling Anfang 2009, und es sind Semesterferien. Aufgrund der derzeit äußerst gefährlichen Situation wurden amerikanische Studenten davor gewarnt, die mexikanischen Strände zu besuchen, wie sie es zu dieser Jahreszeit oft tun.

Zurzeit findet im mexikanischen Grenzgebiet ein Drogenkrieg statt, an dem Hundertschaften von schwer bewaffneten Kämpfern beteiligt sind. Das mexikanische Drogenkartell will seine Unabhängigkeit vor einer Verfolgung durch die Regierung bewahren. Während wir eine einsame Landstraße entlangfahren, passieren wir bis an die Zähne bewaffnete Kontrollposten, wie man sie üblicherweise in Afghanistan oder im Nahen Osten erwartet. Ein junger Grenzpolizist mit Namen Lopez fragt höflich, ob wir amerikanische Staatsbürger sind. Das sind wir eindeutig, und so winkt er uns durch. Dieser Kontrollposten befindet sich mindestens 50 Kilometer vor der eigentlichen Landesgrenze.

Zweiter Szenenwechsel. Dieses Mal nach Phoenix, Arizona, bis vor kurzem die am schnellsten wachsende Stadt der Vereinigten Staaten. Noch vor 25 Jahren hatte sie weniger als eine Million Einwohner. Inzwischen liegt diese Zahl bei fünf Millionen; damit ist

Phoenix die fünftgrößte Stadt der Vereinigten Staaten. Phoenix war eines der Zentren der Immobilienblase; in den letzten Jahren sind die Preise für Wohnimmobilien jedoch um mehr als 30 Prozent gefallen. Die Zahl der Hypotheken-Zwangsvollstreckungen liegt inzwischen bei über 20.000.

Während wir durch die endlosen Reihen an Einkaufszentren fahren, die parallel zu der wachsenden Einwohnerzahl errichtet wurden, treffen wir auf ein neues Phänomen: »Geister-Zentren« – fertige neue Einkaufs-Zentren, deren Geschäfte sich nicht vermieten lassen. Nagelneue, voll eingerichtete, leer stehende Ladengeschäfte, mitten in Wohnvierteln, die zwar geplant, aber nie gebaut wurden. Selbst in älteren Wohngegenden findet man regelmäßig leere Läden. Das bedeutet weiteren Druck auf den Präsidenten. Er muss den Immobilienmarkt wiederbeleben.

Als Nächstes wenden wir uns den amerikanischen Medien zu. Die Wirtschaftsnachrichten sind schlecht, und der öffentliche Ärger wächst. Der Vorstandsvorsitzende der Bank of America wird in der Presse dafür an den Pranger gestellt, dass er mit einem Privatjet nach New York geflogen ist, nur um den Regulierungsbehörden mitzuteilen, dass er die Liste der im Vorjahr an Investmentbanker ausgezahlten Boni nicht herausgeben kann. Da die Regierung inzwischen Teileigentümer der Bank of America ist, will sie diese Liste sehen.

Die Debatte wird noch erhitzter, als der Versicherungskonzern AIG Bonuszahlungen an seine Banker verkündet, nachdem der Konzern im Jahr 2008 satte 40,5 Milliarden Dollar Verlust gemacht und gleichzeitig von der Regierung Unterstützung in Höhe von 170 Milliarden Dollar kassiert hat.

Einen Tag später teilte der Wirtschaftsberater des Weißen Hauses Larry Summers in einem TV-Interview mit, das Finanzministerium habe alle rechtlichen Optionen geprüft und festgestellt, dass die Regierung keine Handhabe besitze, um die Bonuszahlungen zu stop-

pen. In den 24 Stunden, die zwischen diesen beiden Aussagen lagen, wurde die Regierung von der Welle der öffentlichen Wut über
die Bonuszahlungen von AIG schier überwältigt. In dem Versuch,
der Kritik entgegenzuwirken, ergriff Präsident Obama die Initiative und bezeichnete AIG als »einen Konzern, der sich wegen seiner
Raffgier und Rücksichtslosigkeit in finanziellen Nöten« befinde.

Der populäre TV-Satiriker John Stewart fing die allgemeine Stimmung in seiner täglich stattfindenden Sendung ein, indem er Jim
Cramer, Kommentator des TV-Finanzsenders CNBC, der noch bis
einen Tag vor Beginn der Bankrottwelle den Kauf von Bankaktien
empfohlen hatte, erbarmungslos in die Mangel nahm.

> »Unzweifelhaft gibt es einen starken populistischen Auftrieb«,
> sagte Joel Berenson, Obamas Umfrageexperte, der *Washington
> Post*. »Das brodelte schon seit nahezu vier Jahren vor sich hin.
> Seit den letzten zwei Jahren ... glauben die Amerikaner, eines der
> größten Hindernisse für den Fortschritt in der Bewältigung der
> wichtigsten Herausforderungen – Gesundheitsversorgung und
> Energie – sei der Einfluss von Partikulär- und Unternehmensin-
> teressen auf die Agenda der Regierung.«

In einer Gesellschaft, die das Vertrauen in ihre politische und wirtschaftliche Elite verloren hat, wächst die Verärgerung. Obamas Umfragewerte bleiben hoch, doch das öffentliche Vertrauen in die Regierung ist nach wie vor gering. Der Präsident muss innerhalb von
zwei Jahren Erfolge vorweisen, wenn er seine Mehrheit im Kongress behalten will. Er weiß, dass er das nicht erreichen kann, solange sich die Wirtschaft und vor allem das Finanzsystem nicht erholen.

Allerdings steht die Wirtschaftselite des heutigen Amerikas wegen ihres Versäumnisses, die Wirtschaft erfolgreich zu führen, sowie für ihre nachweisliche Unanständigkeit, Raffgier und Inkompetenz, die täglich neue Höhepunkte zu erreichen scheinen, unter
ständigem Beschuss. Der Präsident weiß, dass er eine gesunde Ge-

schäftskultur braucht, damit Amerikas Wirtschaft genesen kann. Er braucht dringend einen Erfolg.

Die Ereignisse werden sich so überstürzen, dass das amerikanische Verhalten wahrscheinlich eine Zeit lang verwirrend sein wird. Es wird wichtig sein, sich daran zu erinnern, dass die amerikanische Politik ein Land regiert, das sich inmitten radikaler Umwälzungen befindet und nicht nur damit beschäftigt ist, eine Wirtschaftskrise zu überwinden. Für Nichtamerikaner ist es wichtig zu erfahren, wie Amerikas Veränderungsbedarf verstanden und gemanagt werden muss, anstatt ungläubig abzuwarten und schließlich zu der Schlussfolgerung zu gelangen, mit den Amerikanern könne man unmöglich zusammenarbeiten. Oder schlimmer noch – wie es in den letzten Jahren gelegentlich der Fall war – zu der Feststellung zu gelangen, das amerikanische Verhalten sei so bizarr, dass das Land, auf das die Welt zur Wahrung der Stabilität am meisten angewiesen ist, selbst zu einer Ursache für Instabilität geworden ist.

Dreimalige Erneuerung

Lassen Sie uns bei Obamas Vision eines neuen Amerikas beginnen. Die Amerikaner überstrapazieren das Wort »neu«. Wir sind Produkte dieser »neuen Welt«, und daher muss alles, was wir sagen oder tun, per definitionem »neu« sein. Wie in vorhergehenden Kapiteln beschrieben, ist die Quintessenz der amerikanischen Existenz die Neuerfindung. Die ersten Einwanderer wollten die westliche Gesellschaft neu erfinden. Die Immigranten des 19. Jahrhunderts wollten sich selbst in einer neuen Umgebung neu erfinden. Und das gilt auch für die amerikanische Regierung und Politik.

Doch nicht alle sind damit erfolgreich. Eisenhower war ein Republikaner, der kein Interesse daran hatte, den sogenannten »New Deal« zu beenden, und Bill Clinton war ein Demokrat, der ohne

Probleme in Koexistenz mit den Reaganomics lebte. Beide waren gute Präsidenten, aber sie verwalteten im Wesentlichen eine bestehende Ordnung.

Barack Obama weiß, dass er sich an einem Wendepunkt der Geschichte befindet, und spürt die Chance, ein echter *transformational leader* vom Kaliber eines Roosevelt oder Reagan zu werden. Nach fast 40 Jahren des Laisser-faire-Kapitalismus machen sich die Wähler mehr Sorgen über ihre wirtschaftliche Zukunft als über die Wirtschaftstheorie. Die Kulturkriege der siebziger Jahre sind lange vorüber. Die Menschen wollen keine Ideologie mehr hören. Sie verlangen, , dass die Regierung ihre Interessen schützt. Obama hat den Auftrag, Amerika in eine neue, fürsorglichere und pragmatischere Gesellschaft zu verwandeln.

Peter Beinart beschreibt diese Situation im *Time Magazine* wie folgt:

> »Das ist gleichzeitig Obamas größte Herausforderung und seine größte Chance. Wenn ihm gelingt, was FDR[2] gelang – den amerikanischen Kapitalismus stabiler und weniger hemmungslos zu machen –, wird er eine demokratische Mehrheit etablieren, die die US-Politik für die nächste Generation bestimmen wird.«

Amerika befindet sich in der Defensive. Es fühlt sich inner- und außerhalb seiner Grenzen unter Beschuss. Unter solchen Umständen würden sich die meisten Länder so verhalten, wie Europa derzeit mit der Wirtschaftskrise umgeht – Stabilität für die Zukunft aufbauen.

Barack Obama macht genau das Gegenteil. Er ist bestrebt, die Instrumente einzusetzen, die ihm zur Bewältigung der Rezession und zum Aufbau eines neuen Amerikas zur Verfügung stehen. Ein Großteil seiner Handlungen ist im In- und Ausland umstritten. Trotz der Verkündung erster Erfolge wird es eine Weile dau-

---

[2] In den USA geläufige Abkürzung für Franklin Delano Roosevelt.

ern, bis sich die Ergebnisse seines Konjunkturpakets beurteilen lassen.

Obama griff dieses Thema in seiner Antrittsrede als US-Präsident auf, als er sagte: »Von heute an müssen wir die Ärmel aufkrempeln, den Staub abschütteln und uns an die Erneuerung Amerikas machen.« Wie viele Regierungsführer hätten in ihrer ersten Ansprache an die Bevölkerung eine derart leidenschaftliche Aufforderung gewagt? Nicolas Sarkozy versuchte etwas Ähnliches und erntete dafür Hohn und Spott. Kein echter Franzose würde jemals glauben, seine komplexe Nation ließe sich von Grund auf erneuern.

Doch in Obamas Fall war dieses Versprechen nicht einmal neu. Sein Plädoyer für die Überwindung der Ära des konservativen Republikanismus glich Ronald Reagans Versprechen zur Eliminierung der letzten Überreste von Roosevelts »New Deal«, das er bei seiner Wahl im Jahr 1980 abgab, fast bis aufs Haar. Franklin Roosevelt hatte nach seinem Einzug ins Weiße Haus im Jahr 1933 beinahe mit allem aufgeräumt, wofür seine republikanischen Vorgänger standen. Tatsächlich haben wir in den letzten 75 Jahren eine dreimalige Erneuerung Amerikas erlebt.

Und hier gibt es eine wichtige Nuance. Die meisten Länder der Welt funktionieren auf der Basis eines stabilen Fundaments aus Geschichte, Sitten und Gebräuchen und Verhaltensweisen, die sich über Jahrzehnte und Jahrhunderte entwickelt haben. Für sie handelt es sich bei dem neuen Amerika, das Obama versprochen hat, um einen umfangreichen Machtwechsel von einer Partei zur anderen, aber sicher nicht um die Erneuerung einer Nation. Inmitten einer Krise vorzuschlagen, das gesamte Fundament zu »erneuern«, würde an politischen Selbstmord grenzen.

Selbst nach Epochen dramatischer Umwälzungen, wie sie im 20. Jahrhundert stattgefunden haben, griffen Gesellschaften wie Deutschland, Japan oder selbst China auf traditionelle Verhaltensweisen zurück, auf die sie ihre neue Existenz aufbauten. Willy

Brandts Wahl zum Bundeskanzler im Jahr 1969 war zwar ein wichtiges Ereignis, aber keines, das die Ankunft eines »neuen Deutschland« einläutete. Selbst Charles de Gaulle galt eher als Wiederhersteller französischer Traditionen denn als Erneuerer der Nation.

Die amerikanische Geschichte wird jedoch nicht in Jahrhunderten, sondern in Kapiteln geschrieben. Sie fokussiert sich nicht auf Institutionen, sondern auf Personen und Visionen. Jede neue Ära repräsentiert mehr als einen Machtwechsel zwischen den Parteien; vielmehr repräsentiert sie die Erfassung der Stimmung der Regierung und der Öffentlichkeit durch eine vollkommen andere Gruppe von Menschen mit einer vollkommen anderen Agenda. Neue Zeitalter beginnen mit einer neuen Vision und einem neuen Kapitel des amerikanischen Lebens. Für Amerikaner beschreibt der Beginn eines solchen neuen Kapitels in der Tat ein »neues Amerika«.

Aus europäischer Sicht hatte Oscar Wilde recht mit seiner Behauptung, Amerika sei das einzige Land, das von der Barbarei zur Dekadenz übergegangen ist, ohne den Umweg über die Zivilisation zu nehmen. Aus seiner Perspektive stellt »Zivilisation« das Netzwerk an Traditionen, Gepflogenheiten und Interpretationen der Politik und Kultur dar, das den Rahmen für das europäische Leben bildet. Die Zivilisation bietet feste Strukturen, die die Gesellschaft trotz wiederholter Veränderungen zusammenhalten. Und sie verleiht dem täglichen Leben eine Profundität und eine Vielfalt, die dem Einzelnen bei der Bewältigung der existenziellen Herausforderungen Trost und Orientierung bieten. In solchen Kulturen spielen Intellektuelle eine herausragende Rolle. Sie genießen einen Sonderstatus als Außenseiter, die ein ansonsten statisches soziales Geflecht interpretieren und verändern. Sie gelten als Quelle für das Verständnis der eigenen Kultur.

In Amerika sind sie dagegen eher ein Störfaktor. Intellektuelle genießen keinen Sonderstatus, und sie werden auch nicht gebraucht, um Veränderung zu definieren. Das ist einer der Gründe, warum europäische Intellektuelle sich oft so herablassend über Amerika äußern. Das soziale Geflecht verändert sich so schnell, dass Amerikaner keine Zeit für intellektuelle Diskurse haben, die der Kultur mehr Tiefgründigkeit und Nuancen verleihen. Bei der Bewältigung der Wirtschaftskrise betrachtet Obama nicht die Jahrhunderte an gewachsenen Traditionen, die europäische, indische oder chinesische Entscheidungsträger leiten. Tatsächlich lehnt er sie zugunsten der Bildung von etwas Neuem – dem neuen Amerika – sogar ab.

Nach meiner Erfahrung schränkt diese Eigenschaft die Fähigkeit der Amerikaner ein, mit ihren ausländischen Partnern einen Konsens zu erzielen. Amerikaner glauben, dass ihre eigenen Instinkte die einzige Orientierung sind, die sie benötigen. Diese Instinkte ignorieren jedoch oft die Komplexitäten anderer nationaler Systeme.

Das ist es, was viele Nichtamerikaner an diesem rauen, aufregenden Land wahrscheinlich stört, aber es dauert eine Weile, bis sie genau artikulieren können, was es eigentlich ist. Und dann beklagen sie die Oberflächlichkeit, die Unaufrichtigkeit sowie den Mangel an dauerhaft gültigen Standards in den Vereinigten Staaten. Was sie nicht immer begreifen, ist der Dynamismus, den eine solche Kultur wiederholt generiert. Und sie haben öfters große Schwierigkeiten, dieses Verhalten in ihre eigenen Strategien einzubauen.

In Kapitel 4 erwähnten wir die vornehme Engländerin Mrs. Frances Trollope, die Ende der zwanziger Jahre des 19. Jahrhunderts mehrere Jahre in Amerika lebte. Sie schreibt über diesen Aspekt des amerikanischen Charakters Folgendes:

> »Wenn die Bürger der Vereinigten Staaten tatsächlich die großen Patrioten wären, als die sie sich bezeichnen, würden sie sicher nicht in der eingefleischten, starrköpfigen Überzeugung verharren, dass sie das erste und beste Volk der menschlichen Rasse sind; dass es nichts zu lernen gibt als das, was sie andere lehren können, und dass sich nichts zu besitzen lohnt, was sie nicht besitzen.«

311

Ein neuer Populismus

Amerikanische Präsidenten sind in Wirklichkeit gewählte konstitutionelle Monarchen, deren Politik, Verhalten und sogar deren Familie letztlich die Ära bestimmen, während der sie im Weißen Haus residieren. Die Gründungsväter lehnten die Erbaristokratie und die Monarchie nach europäischer Tradition ab. Aber sie wussten, dass ein derart vielfältiges Land eine starke Exekutive brauchte. Die Macht des Präsidenten wird durch das Prinzip der Gewaltenteilung beschränkt – eines der Fundamente der Konstitution. Doch sein Amt, seine freie Meinungsäußerung und seine Statur positionieren ihn eindeutig über jedem anderen Regierungsvertreter. Der amerikanische Präsident ist Amerikas einzige nationale Figur.

Theodore Roosevelt glaubte, ein Präsident sollte eher ein Prediger als ein Politiker sein, und da hatte er wahrscheinlich recht. Die Hauptquelle der Macht des Präsidenten liegt in seiner Fähigkeit, die Agenda zu bestimmen und die Richtung der gesamten Nation zu definieren; nicht der Regierung, sondern der Nation. Wie in Kapitel 4 erwähnt, geht Obamas Definition eines neuen Amerikas in erster Linie auf die neue Dynamik der amerikanischen Gesellschaft zurück, die in den vergangenen 15 Jahren entstanden ist.

An früherer Stelle haben wir über die Wichtigkeit des nationalen Mythos gesprochen, welche die Basis des amerikanischen politischen Einflusses bildet. Alexander von Humboldt versuchte dieses Phänomen dem preußischen König mit den folgenden Worten zu erklären: »Eure Majestät, es ist eine Regierung, die niemand sieht und niemand fühlt, und doch ist sie viel mächtiger als die Regierung Eurer Majestät.«

Die Unordnung, die Amerikaner derzeit in Panik versetzt, ist nicht zivilisatorischer, sondern wirtschaftlicher Natur. Die Millenniumsgeneration kümmert sich wenig um die ideologischen Gefechte der Vergangenheit, aber sie macht sich intensive Gedanken über die Wiederherstellung der Ehrbarkeit und des Wohlstands der amerikanischen Gesellschaft. Das bedeutet, dass Obama erhebliche Zeit damit verbringen muss, der Nation auf eine Weise »zuzuhören« und im ganzen Land mit Bevölkerungsgruppen zu sprechen, wie es nur wenige Regierungsführer anderer Länder in Erwägung ziehen würden. Er hat seine ausgedehnte Internetpräsenz sowie sämtliche weiteren Kanäle für den Kontakt mit der Öffentlichkeit bereits entsprechend gerüstet. Registrierte Mitglieder empfangen mehrere Botschaften pro Woche zu verschiedenen Themen, die alle der Unterstützung für die Regierung Obamas dienen.

Zum ersten Mal in der Geschichte wird ein amtierender Präsident auch außerhalb des Weißen Hauses eine politische Organisation leiten, die unabhängig von seiner Partei ist. Neue elektronische Instrumente werden dazu beitragen, ein neues Zeitalter der virtuellen, volksnahen Regierung zu etablieren. Obamas Definition eines neuen Amerikas wird sich auf substanzielle Weise aus diesen Kontakten ableiten. Es ist noch zu früh, um eine Prognose darüber abzugeben, welche Effekte diese neue Art des Populismus auf die bestehenden Regierungsinstitutionen oder die Verbindungen zu anderen Ländern haben werden, aber wahrscheinlich werden sie ganz erheblich sein.

Mit anderen Worten, Obamas neues Amerika wird von einem intelligenten, modernen Präsidenten mittels einer einzigartigen Synergie mit der Nation aufgebaut, die ihn gewählt hat. In einem parlamentarischen System nach europäischem Muster wählen die Parteien ihre Kandidaten, formulieren ihre Programme und stellen diese den Wählern vor. Und dann entscheiden die Wähler, wer die Regierung bilden soll, die anschließend vereidigt wird.

Nach den Wahlen ist die Kommunikation zwischen der Regierung und dem Volk jedoch eher mager und formal in ihrem Ausdruck. Direkte Appelle, wie sie amerikanische Präsidenten so gerne an die Bevölkerung richten, sind beinahe unbekannt. Verhandlungen über Ziele und Programme finden im Allgemeinen innerhalb der strukturierten Institutionen des Parlaments und der Regierung statt.

Diejenigen, welche die amerikanische Verfassung formulierten, diskutierten monatelang darüber, wie groß der Anteil der direkten Demokratie in der Regierung sein sollte. Am Ende einigten sie sich auf einen komplexen Kompromiss, der die Macht zwischen den drei Gewalten aufteilte und diese anschließend innerhalb jeder Gewalt noch einmal unterteilte. Den Bundesstaaten wurden zwei Arten der Autorität übertragen, eine über ihre eigenen Angelegenheiten und eine über die nationale Regierung mittels der Entsendung von Abgeordneten nach Washington. Jeder, der einmal ein Kongressbüro in Washington besucht hat, erkennt sofort, dass ein Abgeordneter seinen Bundesstaat und nicht die Nation als Ganzes repräsentiert.

Die Basis der politischen Macht in Washington konzentriert sich wie überall dort, wo der Wähler seine Stimme abgibt, insbesondere und am direktesten bei den Wahlen. In den Vereinigten Staaten ist dieser Kanal nicht der Präsident, der für jeweils vier Jahre gewählt wird und nur einmal wiedergewählt werden darf, und auch nicht der Senat, der alle sechs Jahre gewählt wird und dem jeweils zwei Abgeordnete eines jeden Bundesstaats angehören, sondern das Repräsentantenhaus mit seinen 475 Mitgliedern, die *alle zwei Jahre* gewählt werden und deren Verteilung auf Basis der nationalen Volkszählung jedes Jahr neu bestimmt wird.

Das bedeutet, dass sich Washington in einer ständigen Wahlkampagne befindet. Selbst Politiker, die nicht dem Repräsentantenhaus angehören, müssen ihren Kalender nach den Anforderungen der im Zweijahresrhythmus stattfindenden Wahlen ausrichten. Und die Gründungsväter machten die Gleichung noch komplexer, indem sie dem Repräsentantenhaus das exklusive Recht zur Initiierung von Regierungsausgaben übertrugen. Ohne die Unterstützung des Sprechers des Hauses wird nicht ein Cent ausgegeben oder auch nur ein entsprechender Vorschlag diskutiert. Nicht ein Dollar wird zugewiesen, ohne dass der entsprechende Ausschuss des Repräsentantenhauses dem Vorschlag zugestimmt hätte.

Es war kein Zufall, dass Barack Obama den Kongressabgeordneten von Chicago, Rahm Emanuel, der einer der einflussreichsten Mitglieder des Repräsentantenhauses war, zum Stabschef des Weißen Hauses ernannte. Ebenso relevant und bisher einmalig in der modernen Geschichte Amerikas ist der Umstand, dass sowohl der Präsident als auch der Vizepräsident und die Außenministerin direkt vor ihrer Wahl beziehungsweise ihrer Ernennung Senatoren waren.

Die Tatsache, dass die Demokraten sowohl im Repräsentantenhaus als auch im Senat über eine satte Mehrheit verfügen, ist zwar ein Vorteil, doch er ist vielleicht nicht ganz so groß, wie man meinen könnte. Laut Verfassung der Vereinigten Staaten ist die Legislative – der Senat und das Repräsentantenhaus – dem Präsidenten gleichgestellt, was die Regierung des Landes betrifft. Der Präsident des Repräsentantenhauses steht in der politischen Rangordnung der Nation an dritter Stelle.

Eine derart große Mehrheit ist sowohl eine Stärke als auch eine Schwäche. Selten winken die Kongressmitglieder automatisch alle Vorschläge des Präsidenten durch. Noch seltener tun sie das, wenn sie über eine so große Mehrheit verfügen, dass sie praktisch die gesamte Gesetzgebung bestimmen können.

Die Rolle des Kongresses war während der Debatte über das Konjunkturpaket des Präsidenten deutlich erkennbar. Nicht nur war Obama gezwungen, mit den Republikanern zu verhandeln, er musste außerdem hier und bei einem nachfolgend vorgelegten Ausgabenprogramm den Demokraten nachgeben, die fest auf ihren eigenen Vorstellungen beharrten. Der größte Druck kam vom Repräsentantenhaus, in dem viele Demokraten, die sich in ihrer ersten Amtszeit befinden, in weniger als zwei Jahren vor der Wiederwahl stehen.

Obamas Programm wird auf vielfältigen neuen und wichtigen Wegen populistisch sein, auch wenn er selbst populistische Methoden ablehnt. Er wird emotional an die Visionen der neuen Generation gebunden sein, die während der Wahlen »Yes we can!« rief und ihm in seine Position verhalf. Das bedeutet progressive Ansätze zur Lösung von sozialen und Umweltproblemen. Mehrere dieser Ansätze hat Obama in seinen ersten Wochen als Präsident bereits angekündigt. Indem er Themen wie Guantánamo, Umweltschutz, Stammzellenforschung, Rechte von Homosexuellen et cetera angeht, kann er seine populäre Basis festigen.

Schwieriger wird es sein, die Loyalität im Kongress zu erhalten. Bei 50 Bundesstaaten gibt es so viele Partikulärinteressen, dass kein Programm sie alle abdecken kann. Und dann sind da noch die besonderen Kongressprobleme wie Lobbyfirmen und die sogenannten *earmarks* – also die von einzelnen oder kleinen Gruppen von Kongressabgeordneten favorisierten Lobbyprojekte, die während der Ausschussverhandlungen mehr oder weniger heimlich in das zur Verhandlung stehende Ausgabenprogramm gemogelt werden, ohne überhaupt in einem inhaltlichen Zusammenhang damit zu stehen und ohne offizielle und namentlich genannte Verantwortliche, sodass es kaum rechenschaftspflichtige Personen dafür gibt. Obama und auch John McCain haben sich mit aller Entschiedenheit gegen solche Praktiken ausgesprochen. Dennoch wurde Obama vom Kongress gezwungen, viele davon zu tolerieren, um Zustimmung zu seinem Ausgabenprogramm zu erhalten.

Ein weiteres Thema von internationaler Bedeutung, das wahrscheinlich von seinem populistischen Unterton betroffen sein wird, ist der internationale Handel. Seit Beginn seiner Wahlkampagne hat sich Obama bei diesem Thema vor und zurück bewegt. Er behauptet von sich, ein Verfechter des Freihandels zu sein, und seine bisherige Bilanz lässt darauf schließen, dass das auch stimmt. Doch die Demokratische Partei genießt einen großen Rückhalt in industriell geprägten Bundesstaaten, und die Wiederwahl zahlreicher Kongressabgeordneter hängt von ihren Wählern aus der Arbeiterklasse ab. Das sind genau die Bevölkerungsgruppen, die von Outsourcing, Importen und Handelsvereinbarungen betroffen sind.

Wenngleich Ökonomen argumentieren, Abkommen wie NAFTA hätten die amerikanische Industrie sogar gestärkt, halten die Gewerkschaften dagegen, sie seien für den Verlust von mindestens eine Million amerikanischer Industriearbeitsplätze verantwortlich, und weisen darauf hin, dass allein das amerikanische Defizit im Handel mit Mexiko von 10 Milliarden Dollar im Jahr 1994 auf 74 Milliarden Dollar im Jahr 2006 gestiegen sei. Über diese Zahlen lässt sich streiten, aber es bleibt die Tatsache, dass ein Großteil der amerikanischen Wähler glaubt, der Freihandel schade ihrem Land.

Die Regierung Obamas hat versucht, eine Konfrontation zu vermeiden, indem sie ihre Unterstützung des Freihandels bekräftigt, aber gleichzeitig deutlich gemacht hat, dass sie bei jedem neuen Handelsabkommen eindeutigere soziale und Beschäftigungsstandards verlangen wird. Nachdem es derzeit nicht danach aussieht, als käme in absehbarer Zeit irgendein neues Handelsabkommen zustande, ist dieser Punkt größtenteils akademisch, aber das Thema Freihandel an sich wird in Gesprächen mit Handelspartnern wahrscheinlich für eine Weile ein Streitpunkt bleiben.

Wandel und Erneuerung

Wie wir in diesem Buch versucht haben zu beschreiben, ist Amerika nicht nur ein geografischer Ort und nicht nur ein Land, sondern im Wesentlichen eine Reise. Im Leben eines jeden amerikanischen Immigranten oder auch geborenen Amerikaners handelt es sich dabei um eine symbolische Reise von der ungefestigten Vergangenheit in einer alten Welt in die strahlende Zukunft in einer neuen Welt.

Barack Obama unterstrich diese nationale Reise, auf der sich Amerika befindet, in den drei Tagen vor seiner Amtseinführung, indem er eine Zugfahrt auf exakt derselben Route unternahm, die Abraham Lincoln 1861 genommen hatte und die ihn von Springfield,

Illinois nach Washington führte, um das Amt des Präsidenten der Vereinigten Staaten zu übernehmen. Auf dieser Reise betonte Obama bei jedem Zwischenstopp sein Ziel, das Land zu transformieren. In Philadelphia, »der Stadt, in der unsere amerikanische Reise ihren Anfang nahm«, zog Obama eine Verbindungslinie zwischen seinen Zielen und den Zielen der amerikanischen Gründungsväter, indem er Abraham Lincolns Antrittsrede zitierte:

> »Wir brauchen eine neue Unabhängigkeitserklärung, und zwar nicht nur für unser Land, sondern auch für unser eigenes Leben; Unabhängigkeit von Ideologie und Kleinlichkeit, von Vorurteilen und Bigotterie. Dies ist ein Appell, der sich nicht nur an unsere einfachen Instinkte richtet, sondern auch an unsere besseren Engel.«

Hier endet unsere eigene Mission für Amerika, zumindest einstweilen. Die Vereinigten Staaten treten derzeit in eine Phase der Erneuerung ein, wie es sie in der Geschichte des Landes bisher nicht gegeben hat. Die USA werden aus dieser Transformation als veränderte Nation hervorgehen, und die Welt wird sich mit ihnen verändern. Wir können alle nur hoffen, dass uns unsere »besseren Engel« im Sinne Abraham Lincolns bei dieser Aufgabe begleiten werden.

Danksagung

Die Autoren bedanken sich bei Tessa Fanelsa und Thomas Montasser für die professionelle Begleitung des Projektes und das wertvolle Engagement.